岗课赛证 GKSZ

教育类专业“岗课赛证”融通配套教材

RE++ 理实一体 入眼·入脑·入手 易教·乐学

幼儿园环境创设与利用

YOU'ERYUAN HUANJING CHUANGSHE YU LIYONG

主　编：何桂香
副主编：张　霞

北京师范大学出版集团
BEIJING NORMAL UNIVERSITY PUBLISHING GROUP
北京师范大学出版社

图书在版编目（CIP）数据

幼儿园环境创设与利用 / 何桂香主编 .– 北京：北京师范大学出版社，2023.9（2025.8 重印）

ISBN 978–7–303–28493–1

Ⅰ.①幼… Ⅱ.①何… Ⅲ.①幼儿园–环境设计 Ⅳ.① G617

中国版本图书馆 CIP 数据核字 (2022) 第 242335 号

出版发行：北京师范大学出版社 https://www.bnupg.com
北京市西城区新街口外大街 12-3 号
邮政编码：100088

印　　刷：鸿博睿特（天津）印刷科技有限公司
经　　销：全国新华书店
开　　本：889 mm × 1194 mm　1/16
印　　张：14.5
字　　数：320 千字
版　　次：2023 年 9 月第 1 版
印　　次：2025 年 8 月第 2 次印刷
定　　价：39.80 元

策划编辑：姚贵平　　　　责任编辑：张　爽
美术编辑：焦　丽　　　　装帧设计：焦　丽
责任校对：陈　民　　　　责任印制：赵　龙

致同学

走进一所幼儿园，我们首先关注的便是幼儿园的环境。幼儿园环境是幼儿园办园理念的呈现，也是幼儿园课程的一个缩影。

在新的课程理念之下，我们该怎样看待幼儿园环境，如何创设幼儿园环境，一直以来都是困扰一线教师的问题。对于幼儿园环境创设的内容，不同的人有不同的理解：有的人认为，幼儿园环境是给领导和检查者看的；有的人认为，幼儿园环境没有文字，别人看不懂；有的人认为，幼儿园环境是一种装饰，是为了美观；还有的人认为，幼儿园环境是我们对做过的事的一种记录等。

如何看待幼儿园环境，如何利用幼儿园环境体现办园者的观念，是幼儿园的儿童观、教育观、教师观、课程观的具体体现。《幼儿园教育指导纲要（试行）》中指出："环境是重要的教育资源，应通过环境的创设和利用，有效地促进幼儿的发展。"我们认为，幼儿园环境应体现儿童化、教育化和艺术化的特点。从幼儿园环境的创设来说，从幼儿角度来看，幼儿园环境应该是幼儿喜爱和能够与之交互的；从教师角度来看，幼儿园环境应该更加关注对幼儿发展性、引导性的支持作用，同时潜移默化地影响幼儿的秩序感和美感。从幼儿园环境的利用来说，幼儿园环境应突出对幼儿生活、行为、习惯等方面的积极影响及幼儿与环境的交互作用。无论是对幼儿园环境的创设还是对幼儿园环境的利用都要以有用和有效为标准。具体来说幼儿园环境要突出以下几方面的作用。

一是提示和引导的作用。幼儿园环境通过提示，帮助幼儿养成良好的习惯。这个提示可以是生活提示、学习提示、健康提示、游戏提示、交往提示等，旨在对幼儿的习惯和行为起到积极的引导作用。

二是展示和表现的作用。幼儿园环境应展示幼儿感兴趣的事，展示的内容可以是幼儿个性化的作品和幼儿的想法，可以是幼儿收集的材料、活动的线索、多样性的玩法和幼儿关注的问题等，为幼儿提供相互学习的平台。

三是梳理和整合的作用。在班级活动开展过程中，幼儿的经验一般是零散的，幼儿园环境可以帮助幼儿提炼活动中的经验，建构新的想法，从而促进幼儿的发展。

四是评价与激励的作用。幼儿园环境也具有评价的功能，通过鼓励幼儿的积极行为，引导幼儿朝着积极的方向发展。

本书以习近平新时代中国特色社会主义思想和党的二十大精神为指导，全面落实立德树人根本任务，着力培养有理想信念、有道德情操、有扎实学识、有仁爱之心的“四有”好老师。本书内容分十个专题，包括认识幼儿园环境创设、幼儿园公共环境创设、幼儿园班级环境创设、幼儿园生活活动环境创设、幼儿园区域游戏活动环境创设、幼儿园主题活动环境创设、幼儿园体育游戏活动环境创设、幼儿园环境创设中的材料选择与利用、幼儿园特色活动环境创设、幼儿园环境创设的作品展示。

每个专题既有总体介绍，又有思维导读，突出全面性；既有幼儿园环境创设的理念，又有实操案例，突出操作性；既有幼儿园整体环境的设计，又有不同类别活动环境的具体设置，突出实用性。本书无论是对于在校的学生还是对于幼儿园工作的一线教师，都有学习和借鉴的价值。

参与本书编写的人员有教科研部门的研究人员、师范院校的老师、区县教研员、幼儿园园长、业务干部和骨干教师，他们既有理论基础，又有实践经验；书中的案例及图片均来自优质园所。具体编写分工：专题一由张霞、陈娟、陈亚雯、张博编写，专题二由何桂香、张霞、陈娟、宫亚男编写，专题三由何桂香、张霞、高小芳、陈亚雯编写，专题四由何桂香、宫亚男、李晓萍、郑玥编写，专题五由何桂香、丁文月、陈亚雯、范靖编写，专题六由何桂香、张霞、杨君、陈亚雯编写，专题七由何桂香、叶奕民、韩鹈、丁文月编写，专题八由丁文月、刘丽新、刘彩云、张晓雪编写，专题九由何桂香、周立莉、张霞、叶奕民编写，专题十由何桂香、刘丽新、张霞、叶奕民编写。相信本书能对在校学生的学习和一线教师的实践工作起到指导作用。感谢参与编写的老师贡献智慧，感谢参与编写的幼儿园提供丰富的案例及图片。由于时间较紧，书中如有不足之处，请读者提出宝贵的意见与建议（发邮件至 yaoguiping@126.com），以便我们不断修订、完善。

北京教育科学研究院早期教育研究所
何桂香

目　录
CONTENTS

专题一

认识幼儿园环境创设

学习目标

- 理解幼儿园环境的内涵、价值和基本原则。
- 理解幼儿园环境创设的基本原则。
- 掌握幼儿园环境创设的指导要点。

学习导航

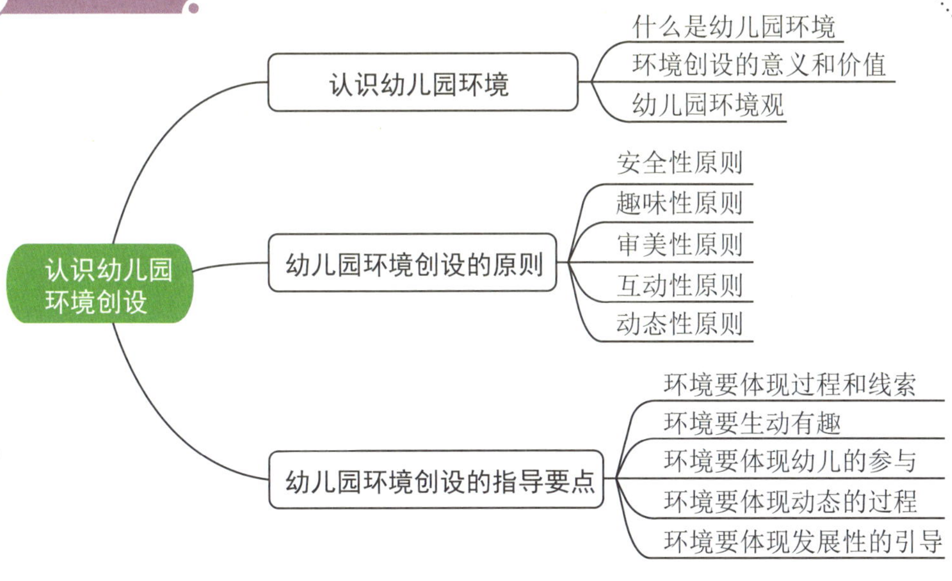

幼儿园环境是幼儿生活、学习、发展的空间和系统，创设温暖、宽松、民主、优美的幼儿园环境，是幼儿园教育的重要组成部分，也是幼儿园教师的重要工作。

学习主题1 认识幼儿园环境

环境是人类赖以生存和发展的空间和各种条件的总和。世界卫生组织公共卫

学习笔记

生专家委员会认为，环境是指在特定时刻由物理、化学、生物及社会各种因素构成的整体状态，这些因素可能对生命机体或人类活动直接或间接地产生现时或远期作用。人一出生，无时无刻不生活在环境之中，也无时无刻不接受来自环境的影响，并在与环境的交互作用中不断学习和成长。影响儿童身心发展的基本要素包括遗传、教育和环境。环境对儿童的发展至关重要。

一、什么是幼儿园环境

《幼儿园教育指导纲要（试行）》强调：“环境是重要的教育资源，应通过环境的创设和利用，有效地促进幼儿的发展。”那么什么是幼儿园环境呢？幼儿园环境作为幼儿环境的一部分，指幼儿园教育的环境，是幼儿生活、学习发展的一种微环境。教育家陈鹤琴认为，幼儿园环境是儿童所接触的，能给他以刺激的一切物质。朱家雄认为，幼儿园环境指的是幼儿本身以外的，影响幼儿或者受幼儿发展所影响的幼儿园中的一切外部条件和事件。[1] 也有研究者认为，广义的幼儿园环境是指幼儿园教育赖以进行的一切条件的总和，包括幼儿园内部的小环境，园外的家庭、社会、自然、文化等大环境。[2] 具体而言，幼儿园环境是指在幼儿园教育生态系统中，对幼儿身心发展产生影响的一切物质条件、精神条件的总和。它既包括幼儿园内各种空间、工具材料、信息技术等物质条件，也包括幼儿园所处区域的文化环境，幼儿园的教育理念、课程模式、师幼关系等。它既包括静态的、可见的外部环境、资源，也包括动态的学习发展过程中师幼之间的各种交流与互动，问题解决过程中的知识能力建构等；既包含保育的功能和要求，也包含教育性。它既呈现出一定的稳定性，同时又蕴含着对幼儿学习发展的动态反馈。它既具有一定空间场域的封闭性，又不可避免地受到外部文化、环境等的影响而具有开放和包容的性质。它不仅受到有形的外部地理条件、空间的环境影响，也受到特定文化环境、特定区域、特定历史发展阶段的影响。

（一）幼儿园环境的类型

研究者对幼儿园环境进行了类型划分。有研究者将学习环境划分为物理学习环境、资源学习环境、技术学习环境、情感学习环境；也有研究者将环境划分为静态环境和动态环境等。总体而言，我们可以从环境的属性、空间位置等角度来了解幼儿园环境。

从环境的性质上看，幼儿园环境可以划分为物质环境、精神环境。

物质环境是指幼儿游戏、生活、学习所处的外部物质性条件，涵盖可见的空间、条件、资源等，具体包括幼儿园所处的地理环境，幼儿园的空间规划与设置等条件，图书、音像、视频、玩教具等教育资源和活动材料，幼儿园各类设施设备和绿化美化等。它既包含地面的环境、墙面的装饰，也包含空间中的空气、光

---

❶ 朱家雄等：《幼儿园环境与幼儿行为和发展的研究》，上海，世界图书出版公司，1996。
❷ 张萌：《基于儿童本位的幼儿园环境创设思考》，载《基础教育研究》，2020（13）。

照以及空中环境等；既包含园所内部的环境（见图1-1），也包含园所周围的地理条件、社区环境等。这些环境为幼儿学习发展提供了外在的物质场域，构成了幼儿园物质环境。

图 1-1 园所内部环境[1]

精神环境是指幼儿园通过教育观念、规章制度、情感营造、师幼互动等形成的园所氛围和师幼关系，是一种看不见摸不着，却实实在在地影响着幼儿身心发展的精神氛围。具体而言，精神环境既包括幼儿园教育观念、课程模式、教育形式与方法等教育理念和实践层面形成的园所教育观，幼儿园规章制度及其实施所形成的规则环境和集体氛围，也包括教师与幼儿互动的方法、模式等师幼关系，还包括幼儿学习观念、学习动机等心理因素。这些因素和环境交织在一起，形成了幼儿园精神环境生态系统，对身处其中的幼儿园管理者、教师、幼儿和家长产生重要的影响。

从空间上看，幼儿园环境可以分为园所内部环境和园所外部环境。

图 1-2 室内环境

园所内部环境是指“幼儿园”这一特定空间范围内的环境。具体而言，园所内部环境又可以划分为室内环境（见图1-2）和室外环境。室内环境根据环境的功能和作用来看，包括活动室、睡眠室、盥洗室、功能教室、公共室内活动区、公共走廊和大厅，以及办公用房、厨房等后勤用房等。室外环境包括户外活动场地、户外种植区、户外沙水区、其他各种类型的户外活动区和绿化带等。

园所外部环境是指“幼儿园”这一特定空间所处的外部地理环境、社会环境和文化环境等，包括不同地理条件下的幼儿园、不同文化背景下的幼儿园、不同经济社会发展水平的社区幼儿园。例如，白族地区的幼儿园和藏族地区的幼儿园，其园所外部文化环境、社会风俗、自然环境等显然是不同的；海边的幼儿园、草原上的幼儿园、山区的幼儿园，其自然地理条件的差异也带来园所外部环境的差别和教育资源的差异。

（二）幼儿园环境的重要作用

如前文所述，幼儿园环境是指在幼儿园教育生态系统中，对幼儿身心发展产生影响的一切物质条件、精神条件的总和。环境对幼儿的成长至关重要，幼儿园环境的质量是影响幼儿园教育质量、幼儿学习发展的重要因素。

1. 幼儿园环境是幼儿学习和发展的背景和中介

幼儿园的物质环境是幼儿学习发展的条件。以环境中的空间设计和材料提供为例，幼儿园的园舍要根据幼儿的年龄特点和身心发展需要进行专门化的规划、

学习笔记

---

[1] 图1-1至图1-4，由江苏省南京市江宁区东山街道天惠路幼儿园陈娟老师提供。

设计与建造，要能为幼儿生活、学习提供科学、适宜的环境。幼儿的年龄特点决定了幼儿的学习不是书本的学习，而是在空间与环境之中进行的，是在与环境和材料的互动之中逐步发展和建构的，因而环境和材料的适宜性、丰富性、可操作性、发展性等在很大程度上影响着幼儿学习发展的可能性和知识能力的建构程度。同时，幼儿园的精神环境是影响幼儿心理状态的重要因素。以师幼互动为例，宽松、良好的师幼互动为幼儿学习提供了开放的、温暖的、积极的心理氛围，这种良好的心理状态为幼儿好奇心、创造力、深入而持续的探究能力等的发展提供了支持。已有研究发现，当教师的情感支持达到较高水平时，幼儿表现出更好的状态。[1]

相关链接

党的二十大报告提出，中国式现代化是物质文明和精神文明相协调的现代化。物质富足、精神富有是社会主义现代化的根本要求。物质贫困不是社会主义，精神贫乏也不是社会主义。我们不断厚植现代化的物质基础，不断夯实人民幸福生活的物质条件，同时大力发展社会主义先进文化，加强理想信念教育，传承中华文明，促进物的全面丰富和人的全面发展。

2. 幼儿园环境是幼儿学习发展的课程要素

幼儿在幼儿园环境中、与环境的互动中学习，而幼儿园环境的创设是幼儿学习发展的重要课程。幼儿园环境是幼儿的环境，是以满足幼儿生活、学习发展需要为目的的环境，因而幼儿怎么看待幼儿园环境，想要什么样的环境，怎么创设自己喜欢的环境等，是幼儿园环境创设的决定性要素之一，而参与设计与规划环境，创设自己喜欢的环境，美化环境，不断更新和维护环境等，也是幼儿学习发展的重要课程之一。幼儿在思考设计环境过程中、在创设环境过程中、在寻找材料装饰和美化环境过程中、在保护环境和更新环境过程中获得自己对环境的认识和理解，体验环境创设和问题解决的快乐，体验美的创造，体会环境的意义，获得多方面的学习发展机会。

3. 幼儿园环境有助于幼儿多方面能力的发展

幼儿的学习是在与环境的各种要素进行多形式、多维度、多层次的交互作用中不断发生的。多项研究已经证明，有效的幼儿园环境设计在促进幼儿发展方面具有积极作用，幼儿园采用有效的设计，特别是在运动、舒适、提高能力和控制方面增强设计的有效性，可满足不同幼儿的发展需求，促进幼儿运动、语言、社会性、审美等方面的发展。[2] 以下列举几个方面来说明。

运动方面，幼儿园运动环境的规划和设计、幼儿运动时间的规划和安排、幼儿园运动类活动的设计与实施等，对幼儿运动能力的发展、身体健康等产生重要影响。已有研究发现，户外运动有助于促进幼儿动作能力的发展，提高其运动技能、操作能力，户外环境的开放性、自由性和灵活性有助于激发幼儿广泛的社会性行为。[3]

学习笔记

---

[1] BRIDGET E HATFIELD, MARGARET RBURCHINAL, ROBERTC PIANTA, et al, "Thresholds in the Association Between Quality of Teacher – Child Interactions and Preschool Children ' s School Readiness Skills," *Early Childhood Research Quarterly*, 2016 (36).

[2] LEINONEN J, VENNINEN T, "Designing Learning Experiences Together with Children," *Procedia Social and Behavioral Sciences*, 2012 (45).

[3] 佛罗斯特、沃瑟姆、赖费尔：《游戏和儿童发展》，唐晓娟、张胤译，159—415页，南京，江苏教育出版社，2011。

学习笔记

语言方面，幼儿早期语言的发展受到师幼互动语言的影响，其中师幼互动中语言的频次、即时性、反应性、复杂性等，对幼儿语言的发展具有积极影响。幼儿园课程质量（包括情感氛围与教学支持）能正向预测幼儿的语言、识字和数学技能。[1] 一些研究也发现，幼儿园活动室的区域规划、游戏材料与幼儿语言或词汇发展呈线性关联[2]，也就是说，区域规划和游戏材料提供的适宜性、合理性、丰富性、可操作性等影响着幼儿语言的发展。

图 1-3　良好的同伴关系

社会性方面，研究发现，心理氛围（班级中师幼间、幼幼间、教师间在互动中形成并体现出的总体性的社会心理环境，主要指班级中的人际关系）与幼儿情感的社会性发展呈线性关系，与幼儿语言或词汇、数学认知的发展呈非线性关系。[3] 也就是说，班级人际关系以及由此形成的班级氛围对幼儿的社会性发展、语言和数学认知等产生重要影响，良好的心理氛围有助于幼儿情感表达、语言和数学认知的发展（见图 1-3），反之则产生消极影响。

图 1-4　优美的幼儿园环境

审美方面，幼儿审美能力的发展受到所处环境、审美经验的影响。优美的幼儿园环境（见图 1-4）能潜移默化地对幼儿审美意识、审美经验和审美偏好产生影响；同时，幼儿园美育课程的设计与实施、各类课程中审美意识的融合和渗透也在不断建构着幼儿的审美能力。幼儿时期的审美经验对其终身审美偏好产生重要影响。

二、环境创设的意义和价值

学习笔记

环境创设是幼儿园重要的工作内容之一，也是幼儿教师必备的能力之一。在 2012 年教育部颁布的《幼儿园教师专业标准（试行）》中，明确提出把“环境的创设与利用”作为幼儿教师必备的七大专业能力之一。明确幼儿园环境创设的重要性，有利于促进幼儿园适宜环境的创设。

很早以前，我国就对环境育人的重要影响有所论述。“近朱者赤，近墨者黑”，

[1] ROBERT C C，IRINA L M，et al，“Cumulative Classroom Quality During Pre-kindergarten and Kindergarten and Children’s Language，Literacy，and Mathematics Skills，”*Early Childhood Research Quarterly*，2019（47）.

[2] 侯莉敏、罗兰兰、吴慧源：《幼儿园学习环境质量与幼儿发展结果的相关分析及其阈值效应》，载《学前教育研究》，2021（1）。

[3] 侯莉敏、罗兰兰、吴慧源：《幼儿园学习环境质量与幼儿发展结果的相关分析及其阈值效应》，载《学前教育研究》，2021（1）。

学习笔记

说的就是环境对人的影响。“孟母三迁”的故事说明培养人才要重视环境的选择。

幼儿的成长离不开环境，环境对幼儿发展的影响是深远的。我国古代教育家颜之推认为，环境是通过潜移默化的方式对幼儿产生影响的，而这种影响是深而持久的。瑞士心理学家皮亚杰认为，人的潜力就是适应能力，环境是影响幼儿发展的重要因素之一。在瑞吉欧教育体系中，环境被称为幼儿的第三任教师。

环境是重要的资源，特别是对以实际操作活动和直接经验为基础的幼儿来说。良好的环境对幼儿学习有积极的帮助。

幼儿是幼儿园环境的主人，幼儿园环境创设要满足幼儿的发展需要，包括安全需要、认知发展需要、探索需要、体验学习需要、挑战需要等。

（一）安全需要

安全的环境是幼儿发展的必备条件，幼儿园安全的环境包括安全的物质环境及安全的精神环境。安全的物质环境是幼儿一切活动的前提和基础，在建筑设计、活动材料、食品及生活卫生等方面都需要把好安全关。安全的精神环境指教师与幼儿建立亲切、平等、和谐的师生关系；幼儿与幼儿建立互助、友爱的伙伴关系。这样的师幼关系及同伴关系让幼儿在环境中感到安全、愉悦、放松。对处于分离焦虑中的小班新入园幼儿来说，教师更要关注其安全的、愉快的精神环境的营造，尽快地帮助幼儿建立起对幼儿园环境及老师的安全感和信任感，从而顺利地适应幼儿园的生活。

（二）认知发展需要

幼儿认知能力的发展是指其感知觉、记忆、想象、思维等认知过程及品质的发展。皮亚杰认为，幼儿的认知发展是在不断地与环境的相互作用中获得的，在这个过程中，幼儿积累了丰富的经验，逐渐认识和理解客观事物。

因此，环境的设计、材料的投放要符合幼儿的认知发展规律。例如，幼儿有机会与沙、水、动物、植物等产生积极的互动；幼儿会通过触摸来感知这个世界，由此，幼儿园环境在创设时应增加可以感知的元素。

（三）探索需要

幼儿天生好奇，好问，好探索。为幼儿提供无尽探索可能的环境会让幼儿产生无尽的问题，从而激发幼儿更加主动地投入发现问题、探索问题的活动中。例如，光线透过几扇不同样式的窗户会产生变化的光影，这也许会成为幼儿探索的对象。在探究这个话题时，教师要根据幼儿的探究需要提供适时的支持，例如，在环境中提供探究工具、资料等，引发幼儿的持续与深度探究。

（四）体验学习需要

幼儿的学习是以直接经验为基础、在游戏和日常生活中进行的。因此要创设良好的游戏环境，为幼儿提供深度游戏的机会，引导幼儿在玩中学。创设具有丰富操作材料的环境，支持幼儿的自主活动，引导幼儿在做中学。尊重幼儿的年龄特点、认知规律、知识经验，为幼儿提供能满足其体验需要、操作需要

学习笔记

和探索需要的环境，最大限度地支持和满足幼儿通过实际操作和亲身体验获取经验的需要。

（五）挑战需要

幼儿喜欢挑战，其发展也需要挑战，当他们成功地完成了一个挑战时，他们关于这个挑战的经验也建构了起来，同时获得满满的成就感，这会激励他们不断尝试新的挑战。一个精心创设的环境，应为幼儿提供一系列的挑战。例如，在室内游戏区提供多种类、多层次的游戏材料，在创设户外环境时可为幼儿准备有趣、富有挑战性的场地与设施。

三、幼儿园环境观

（一）生态系统理论的环境观

生态系统理论（ecological systems theory）发展心理学中，由布朗芬布伦纳（U. Bronfenbrenner）提出的个体发展模型，强调发展个体嵌套于相互影响的一系列由近到远的环境系统之中，在这些系统中，系统与个体相互作用并影响着个体发展。布朗芬布伦纳认为，环境是一组嵌套机构，每一个嵌套在下一个中，就像俄罗斯套娃一样。

基于这样的认识，布朗芬布伦纳将环境与人的交互分为五个系统：微观系统、中介系统、外在系统、宏观系统和时间系统。其中，微观系统指个体可以直接体验的活动、角色和人际关系的系统；中介系统是个体所处的各微观系统之间的联系；外在系统不直接参与，但是影响中介系统或微观系统；宏观系统主要从国家政策、社会文化方面影响各子系统；时间系统作为研究个体成长变化的参照体系，强调将时间的推移与环境相结合，从而考察个体的动态发展过程。对幼儿而言，家庭、幼儿园是其接触最为频繁的、互动最为密切的微观系统，幼儿生活在幼儿园环境中，受到来自幼儿园环境中物质环境、人际环境等各要素的直接影响。幼儿园所处区域的社会环境、区域及区域文化等作为外在系统，对幼儿的性格态度、文化意识等的形成产生潜移默化的影响。国家的文化传统、意识形态、政治生态等外在的、宏观层面的环境，通过社会文化、教育观念、课程等多种形式间接对幼儿的成长和发展产生影响。同时，幼儿园内部环境作为微观系统，不仅与社区、区域产生各种形式的联系和互动，还受到来自国家文化传统、教育政策等的影响和规范。各种系统之间产生不同形式的相互作用和交互反馈，构成生态系统中的中介系统。而时间系统则隐含在一日生活的过程和环节之中，隐含在幼儿园课程之中，隐含在儿童的发展过程中，成为与幼儿成长相伴的动态系统。

（二）蒙台梭利的环境理论

蒙台梭利非常重视环境的教育作用。她认为，在教育上，环境所扮演的角色相当重要，因为幼儿从环境中吸取所有的东西，并将其融入自己的生命之中。[1]

[1] 【意】玛丽亚·蒙台梭利：《童年的秘密》，马荣根译，36 页，北京，人民教育出版社，2005。

学习笔记

教师的任务就在于遵循儿童生长发育的规律，提供一个有准备的环境，激发幼儿的成长潜能，在温暖有序的环境中实现自我成长。她认为，我们的教育体系的最根本特征是对环境的强调。[1]

在蒙台梭利教育理论中，“儿童之家”应当是一个真正的“家”，这个家的环境应当是愉快而适宜的，应该有一些房间和一个花园，孩子们就是这间房子的主人。这意味着，环境应当充满了家庭的温暖氛围，拥有家一般的舒服感和适宜感；各种空间规划和设施设备等均应适合于幼儿的年龄特点和身体发育。蒙台梭利认为，教师应当随着儿童发展阶段的不同而改变自己的工作方式，第一阶段，教师应该成为环境的保持者和管理者。[2] 一方面，教师应创设并保持环境的舒适、整洁、有序和平和，使儿童产生愉悦的心理；另一方面，教师本身也是一种环境因素，而且是儿童生活环境最为重要的部分[3]，因而教师应当注意自己的形象、言行和举止，为幼儿提供良好的审美示范。

（三）瑞吉欧的环境理论

在瑞吉欧教育观念中，环境被置于非常重要的位置上。马拉古奇曾经说过：教育乃是由复杂的互动关系所构成，也只有环境中各个因素的参与，才是许多互动关系实现的决定性因素。[4] 在这个意义上，环境是教育得以实现的重要条件，没有了环境的中介与参与，教育的诸多方面难以实现。同时，瑞吉欧非常重视环境本身的教育价值，认为环境不应仅仅视作学习或者被动进行活动的场所，其实，环境也是学习的一部分，并为活动进行身份定义，环境是可以支持社会互动、探索与学习的容器，也是具备教育性的内容，是每个班级两位教师之外的“第三位老师”。[5]

开放与互动是瑞吉欧幼儿园环境创设的重要理念。这种开放性一方面表现为幼儿园内部空间非常强调开放和融通。非常典型的空间规划特征是，瑞吉欧幼儿园通常大量使用透明的玻璃墙体，引入充足的光照，促使室内外联为一体；同时拥有自己的“中心广场”，这个广场不仅仅是教室的延伸，还代表了幼儿活动的主广场。广场的设置能激发幼儿多种不同形式的接触和活动，孩子们在这里相互交流、游戏；这个广场与教室和活动室有一段距离，但也是相互连通的。另一方面也表现为幼儿园园所与所在社区、所在城市的开放与融合。马拉古奇认为，理想中的儿童中心应当是城市规划中的重要组成部分，将学校的生活体系扩大至家庭的生活圈，让家庭知道学校在做什么并参与进来，这对我们一直都很重要。而

---

[1] 【意】蒙台梭利：《有吸收力的心灵》，高潮、薛杰译，285 页，北京，中国发展出版社，2003。
[2] 【意】蒙台梭利：《有吸收力的心灵》，高潮、薛杰译，298 页，北京，中国发展出版社，2003。
[3] 【意】蒙台梭利：《有吸收力的心灵》，高潮、薛杰译，312 页，北京，中国发展出版社，2003。
[4] 【意】马拉古齐等：《孩子的一百种语言：意大利瑞吉欧方案教学报告书》，张军红、陈素月、叶秀香译，133—192 页，台北，光佑文化事业股份有限公司，1999。
[5] 【美】爱德华兹、甘第尼、福尔曼：《儿童的一百种语言》，罗雅芬、连英式、金乃琪译，268 页，南京，南京师范大学出版社，2006。

学习笔记

且我们还将学校教育系统扩展至整个城市。互动性则表现为：瑞吉欧认为儿童的学习是在与环境和材料的互动中建构自己的知识体系和价值体系的，幼儿与环境的互动，对各种工具材料的操作和摆弄，与教师、家长及同伴的交往互动，都构成了幼儿学习的空间和机会。在环境创设中，应设计有各种特征、提供刺激性的环境，以引发儿童丰富的感官体验。教师们为儿童设计的各种引人入胜的空间结构和材料，成为促进儿童积极探索的重要因素。它们被特意放置以提供交流的机会，包括人与人、人与物之间的交流互动。

记录与展示则是瑞吉欧教育环境创设的重要特点。马拉古奇认为，校园内所有的墙壁都是幼儿和教师们的作品临时或永久性的展示空间：墙壁是会“说话”与“记录”的。记录并讲述儿童与教师的故事是瑞吉欧班级墙面的核心功能之一，教师常常通过墙面展示儿童活动的照片，以及教师对活动过程的观察记录，较为真实地呈现儿童活动的状况。瑞吉欧教育者认为，只有档案记录才能让儿童和教师的研究及行动过程得以显现，即使儿童不在场也能讲述他们的故事。同时墙面记录和讲述儿童的故事可以激发儿童、教师、家长之间的对话和交流，帮助家长了解儿童在幼儿园做了什么，教师做了什么，以及幼儿的成长体现在哪里，等等。不仅如此，瑞吉欧教育者认为，墙面的记录展示也是儿童和教师塑造学校的空间和构建特定园本文化的一种方式。

学习主题 2 幼儿园环境创设的原则

在幼儿园环境创设的过程中要换位思考幼儿喜爱什么样的环境，幼儿园环境如何支持幼儿的探索与发现，环境如何体现对幼儿审美、生活及行为的影响。在创设幼儿园环境的过程中要遵循以下原则。

一、安全性原则

幼儿年龄小，自我保护意识薄弱，容易受到环境中各种因素的伤害。因而在幼儿园工作中，保障幼儿的安全是首要任务。教师要树立以幼儿健康为本的理念，遵循国家安全卫生标准，遵循幼儿年龄特点和身心发展规律来创设环境。

（一）愉悦的精神环境

幼儿园的精神环境是潜在的、无形的，但是对幼儿的情绪情感、个性品质、社会交往、认知等多方面的发展产生重要影响。教师注重为幼儿营造宽松、自主、接纳和尊重的心理环境，注重建立和谐的师幼关系和同伴关系，用包容接纳的态度尊重幼儿，理解幼儿，支持幼儿，形成互相信任、互相关爱、共同成长的精神氛围。

（二）安全的物质环境

1. 设施安全卫生

幼儿园整体环境整洁卫生，规划合理，安全检查到位，设施无损坏，无松动，

学习笔记

无漏电，环境需结合幼儿特点进行创设，避免幼儿接触电源。门框、转角、家具等进行软包处理，门缝、窗户等进行安全处理。楼梯、通道等位置尽量减少环境布置及物品的摆放，符合消防安全要求，避免干扰，保证畅通，并在容易出现危险的位置进行安全提示。

设施设备提供及摆放要符合幼儿年龄特点，注意采光、视距、桌椅高度与身高比例等问题。环境布置不要遮挡窗户及光源，避免悬吊过多装饰，以免干扰儿童视线，保障幼儿身体健康。

2. 材料安全环保

幼儿园玩具和材料购置要做到严格安全准入，符合玩具安全国家标准，质量过关，表面光滑，无毒无刺激性味道。废旧材料收集使用，要严格洗刷消毒和日晒，含有毒害物质的废旧材料严禁在幼儿园使用。不建议投放过于细碎的材料。对于有尖锐部分的工具及材料、需要用电的器材，要注意安全教育和提示，特别是产生热和明火的器具必须在教师的监护、指导下使用。

二、趣味性原则

幼儿具有与生俱来的好奇心及探究欲望，喜欢生活中新奇有趣的事物。基于幼儿的学习特点，在环境创设上要充分研究环境创设的趣味性，从幼儿的年龄特点、经验和兴趣出发，做到新颖有趣，操作性强，能够充分满足其感知与操作需要，有利于激发其探究兴趣和游戏行为。

（一）善于发现幼儿的兴趣

环境趣味性的挖掘应当注重以幼儿的兴趣为基础，敏锐地发现幼儿感兴趣的事物，创设相应的环境支持幼儿的兴趣和持续的探索。例如，教师应当密切关注最近幼儿谈论的热点话题，如喜欢的游戏、图书、事物、形象、感兴趣的事件等，通过环境的创设反映幼儿的兴趣点，回答幼儿的疑惑和问题，支持幼儿对兴趣点进行深入的探究。

（二）依据年龄特点巧妙设计

不同年龄幼儿的特点及需要不同，在环境创设的趣味性上，幼儿园应当结合不同年龄幼儿的特点进行有针对性的环境创设，能够事半功倍地激发幼儿兴趣，让环境更具吸引力，更有利于发挥环境的教育价值。例如，以故事情节为依托，用情境拟人化、形象鲜明可爱的动物形象或卡通人物形象，以能动手感知发出声响、体现不同触感材质、满足小肌肉动作发展、能重复操作的材料吸引小班幼儿的关注，这些均有利于其学习和发展。生活中的热点事件、真实情境的探究问题，以及更具有操作性、挑战性、互动性、分层性的环境，更有利于引发中大班幼儿的关注及参与。

（三）借助有趣的材料引发探究兴趣

幼儿园环境创设中选择新奇有趣、材质多样、富于变化的材料，可以更好地激发幼儿的探究愿望，满足幼儿多种感官参与探索和学习的需要。例如，主题环

学习笔记

境中用棉花制作的小羊的毛，能够一按就响的汽车喇叭，安装电池后会亮的机器人的眼睛，洗衣机软管设计制作的滚球滑道等，从视觉吸引到不同材质的触觉、听觉吸引等，可以有效地引发幼儿持续的感知与探索兴趣。

三、审美性原则

环境的浸润是对幼儿进行审美教育的有效途径之一，幼儿置身于美的环境中，不但有利于他们审美感受能力和欣赏能力的提高，而且有助于其艺术创造性的发挥。在环境育人的理念下，在研究其教育价值和意义的过程中，教师不能忽视环境审美的教育价值。要与幼儿共同创设富有审美情感色彩的一日生活环境，要注意室内环境装饰与布置，内容有情趣，符合幼儿的审美偏好。

环境的审美性原则主要体现在幼儿对审美属性的感知上，尤其是对具体形象、形状、色彩、空间布局等视觉审美元素的感受。在环境创设过程中，要充分考虑幼儿的身心特点及审美喜好和需要，创设视觉心理舒适、有利于激发审美情感体验、具有艺术欣赏价值的环境。需要注意的是，在注重审美价值挖掘时，要考虑环境审美的适宜性。

在内容上要选择符合幼儿的生活经验和认知水平，利于幼儿理解和感受，能激发幼儿的兴趣和审美体验的素材。例如，引导幼儿欣赏国画艺术，可从选择有具体、生动的动植物形象的作品入手。小班环境创设的主体形象可以选择幼儿喜欢的小动物和动画形象等。

在视觉感受上追求视觉、心理感受的舒适，避免“过度”审美，要降低色彩刺激，留有空白。环境创设不是追求“色彩鲜艳”“五彩缤纷”，而是追求“平衡”“和谐”“节奏”，大面积的底色或背景要降低色彩的明度，主体形象或需要点缀的地方可以突出鲜艳的颜色。在教室环境的布局上，要注意留有空白，避免墙壁环境创设过满、过高或过低，房顶、楼道吊饰和窗户上的装饰要合理创设，楼道走廊的作品环境等，不能过于繁杂，不要影响光线，不要遮挡幼儿的视线。

四、互动性原则

互动性原则一方面强调幼儿的参与性，不仅仅在“动手层面”参与，还在“策划层面”起到更为积极的作用；另一方面强调环境的互动价值，使环境真正成为幼儿学习的载体，成为师幼、幼幼相互作用的媒介。

（1）突出幼儿的参与性。环境创设应体现幼儿的喜好和意愿，要以幼儿作品为主体。一方面不同年龄班级的幼儿可以根据发展特点，在环境创设中力所能及地进行一些环境材料的搜集和整理，进行各类环境创设作品的制作和呈现，进行环境的装饰和美化等活动；另一方面教师可通过增加环境创设的游戏性、可操作性，引导幼儿通过触摸、摆弄、操作等多种方式与环境发生更多有价值的互动。

（2）突出环境与幼儿的互动作用。环境创设中注意留白，更多的空间留给幼儿作品的展示和交流。教师应能够依据目标提出有价值的问题，增加幼儿的经验，引导幼儿通过实物、图片、绘画表现、制作等多种方式表达自己的思考，支

学习笔记

持和促进幼儿与环境的交流与互动。

五、动态性原则

新课程理念下的环境是伴随着课程的推进不断地发生变化的，是在一个个有意义的互动中产生的。环境的动态性，不仅表现为内容上和形式上的变化，而且表现为教育目标的层层落实，引导幼儿学习的层层深入。例如，主题环境创设可以体现季节、节日、社会热点的变化，在玩具材料投放中不断更新材料以增加学习的挑战，提供新的形式和有创意的欣赏作品，引导幼儿产生新的创意等。环境的动态变化需要教师做到心中有目标，并能够敏锐地关注到幼儿发展的需要，依动态调整，支持幼儿持续地学习和探究。

学习主题 3 幼儿园环境创设的指导要点

在幼儿园环境创设过程中，如何让环境发挥教育价值，这需要教师从儿童的视角出发，创设支持幼儿发展的环境。

一、环境要体现过程和线索

环境中我们经常看到的是对活动结果的展示，对活动过程的呈现非常少。这样幼儿无法看到自己在活动中经历了怎样的问题、方法等，所以我们在环境创设时要尽量呈现出活动的过程。

（一）避免展示结果多、呈现过程少

教师呈现结果性的作品，是由于其目的性很强，对结果更加看重，用结果代表幼儿的学习成果，这样的方式其实反映了教师不适宜的教育观和儿童观。幼儿的学习过程比学习结果更重要，在环境中需要体现出幼儿的学习过程，从而能够更好地发挥环境对幼儿的教育价值。

（二）注重环境的过程性、线索性内容

教师要更关注幼儿活动中的过程，看到幼儿在活动中的思考、发现、解决方法等，这样的环境更能体现正确的儿童观。比如，在开展探索类活动时，教师可以将幼儿在探索过程中发现或遇到的问题梳理清楚，并将幼儿的解决方法或想法呈现出来；或者将幼儿的探索活动的过程记录呈现出来。这样的环境能够发挥提示和交流的功能，也能让幼儿看到自己在活动中经历了怎样的过程。

二、环境要生动有趣

趣味性在整个幼儿教育中都非常重要，这是由幼儿的年龄特点和思维方式决定的，但现在的很多环境都存在文字解释多、趣味少的问题。这样的环境无法吸引幼儿，也无法调动幼儿对环境的关注，所以，在创设环境时，教师应该增强趣味性。

（一）避免文字解释多

环境中文字过多、过密，会带来幼儿看不懂、看不清的问题，这样的文字对于幼儿的指导效果并不显著。所以环境中呈现的文字一定要符合幼儿的年龄特点，

学习笔记

对幼儿具有切实意义和价值：① 重要物品可以用幼儿自己能够理解的图片或图文结合的方式来提示；② 用文字记录幼儿对自己作品的表达；③ 幼儿自己书写、设计的文字是可以呈现的。所以，教师在文字上墙时一定要反问自己："这能否建立与幼儿的有效联系？"这样创设的文字环境才能真正培养幼儿的前书写和前阅读能力。

（二）注重环境的吸引性、趣味性

环境设计的形式和内容一定要符合幼儿的心理特征，环境中可以有一些吸引幼儿摸、听、看、玩的内容。比如，运用一些形象生动、童趣十足的造型，营造一个新奇、独特的童话意境；创设一些好玩的游戏墙，吸引幼儿的眼球，使幼儿乐于参与，和环境进行互动；投放的材料尽可能好玩，可操作性强，可以一物多玩，满足幼儿游戏中的乐趣体验。比如，量身高的环境，可以设计卡通形象的身高测量背景，并提供幼儿可以自行操作的测量工具，这样的环境能够吸引幼儿参与其中，并自主进行测量和记录。

三、环境要体现幼儿的参与

环境创设的过程应该是幼儿与教师共同参与合作的过程，但是在创设环境的实践时，一些教师会认为幼儿年龄小，无法参与环境创设，且教师直接创设更加省事，这就导致环境存在呈现的教师想法多、幼儿参与少的问题。

（一）避免教师想法多、幼儿参与少

幼儿园环境创设仅仅依靠教师，仅由教师一手包办必定难以避免以成人的价值标准展现幼儿环境的问题，最终影响环境本身教育功能的发挥。另外，幼儿是幼儿园环境的主体，幼儿参与环境创设的过程也是学习的过程，幼儿会思考想要怎样的环境，可以为班级的环境做什么。幼儿在思考和参与的过程中，既发展了主体意识，又培养了责任意识，并且对班级、幼儿园更有归属感。

（二）注重幼儿主体性、互动性

教师可以与幼儿共同商议需要怎样的空间、怎样的环境、怎样的游戏区域等，倾听幼儿的需求，从而使创设的环境获得幼儿的喜欢。教师可以引导幼儿参与材料的准备、环境素材的创作等，使幼儿看到自己在环境中的贡献。教师还可以引导幼儿在环境中记录自己的学习过程或者探索发现，比如，在益智区投放"三只小猪"的材料，创设游戏闯关的记录环境，幼儿可以将每次游戏闯关的方法和进度记录在环境中。

四、环境要体现动态的过程

幼儿的成长发展是动态的，他们的潜能也是不断激发的，这就需要环境的设计在内容上和形式上满足幼儿不断变化的需要和兴趣。

（一）避免固定内容多、变化内容少

现在幼儿园的很多环境固定内容比较多，一学期、一学年甚至好几学期都不改变，没有体现出幼儿园或者班级当前的活动主题和活动进展，这样的环境无法

学习笔记

带来幼儿的持续关注，也无法满足幼儿活动中的发展需要。这样的环境与幼儿、教师、幼儿园的发展过程是相剥离的，相互之间的联系和互动也会逐渐减弱，无法发挥环境的教育价值。

（二）注重环境的变化性、动态性

教师要考虑到幼儿在发展中的个体差异，对幼儿园环境做出适宜的变化和调整，以此来激发幼儿的内部潜能，更好地促使幼儿不断地与环境互动，不断生成新的问题、新的经验，引导幼儿在一种有趣、生动、有意义的氛围与环境中展开“对话”。例如，教师可根据幼儿的需要，与幼儿一起更换室内摆设的位置，让幼儿感受室内的变化。墙面上的幼儿作品也可因活动主题的不同而做出更换。室内的颜色也可随季节的不同而重新调整。总之，环境中的各种教育元素都需要定期地、有序地进行更新、调整，以满足全体幼儿的发展需要。

五、环境要体现发展性的引导

要引导幼儿在与环境的相互作用中获得身心发展，这需要环境具有发展性和引导性。

（一）避免就事论事多、引导发展少

教师经常将游戏活动、认知经验的照片等直接布置在环境中，以呈现出活动的静态结果。这样的环境可以让幼儿和教师知道近期“我们做了什么”，但是无法继续引导幼儿的持续关注和深入发展，或者无法引导幼儿运用已有认知进行深入探索。

（二）注重环境的发展性、引导性

环境应该体现出幼儿园的课程，体现出幼儿思维的发展，可以记录幼儿在活动中遇到的问题，呈现幼儿在活动过程中新的经验和新的探索。环境应当发挥积极的引导作用，比如，对培养良好的生活习惯发挥提示作用的喝水互动环境、健康饮食环境等，或者引导幼儿进行区域设计的环境，或者通过图示向幼儿传递游戏玩法的环境等。教师在创设环境时，要有目标和想法，而不仅仅是为了装饰和展示。

学习提示

本专题重点在于理解幼儿园环境创设背后的理念和基本原则，并在幼儿园环境创设实践中有意识地运用和体现环境的教育价值和作用。

思考与练习

1. 请结合自己上学的经历，谈谈你对幼儿园环境的理解。
2. 请结合一所幼儿园，谈谈该园环境创设中呈现出来的理念。
3. 请结合一所幼儿园，谈谈该园环境创设的优点、不足与你的建议。

学习反思

云测试

学习笔记

专题二

幼儿园公共环境创设

学习目标

- 掌握幼儿园公共环境创设的内容、特点及实施策略。
- 学习幼儿园公共环境创设的案例，进一步理解公共环境创设的原则。

学习导航

- 幼儿园公共环境创设
  - 幼儿园公共环境创设的内容和特点
    - 幼儿园公共环境创设的内容
    - 幼儿园公共环境创设的特点
  - 幼儿园公共环境创设的实施要素和策略
    - 幼儿园公共环境创设的实施要素
    - 幼儿园公共环境创设的实施策略
  - 幼儿园公共环境创设的经典案例
    - 以课程为根基，以育人为目标——“书香乐园“公共环境创设

蒙台梭利曾说：“儿童的大脑从周围环境中吸收所有的营养，他们大脑的发展，依赖于他们从外界环境吸收了什么养料。”[1]幼儿的学习源于与周围环境及环境中材料的互动，在互动过程中他们会联系已有经验，建构新的经验。因此，环境对于幼儿的发展具有非常重要的影响。什么样的环境才是适合幼儿的？如何创设能引发、支持幼儿学习的环境是本专题的主要内容。

[1] 【意】玛利亚·蒙台梭利：《有吸收力的心灵》，高潮、郭志鹏译，天津，天津社会科学院出版社，2010。

学习笔记

学习主题1 幼儿园公共环境创设的内容和特点

幼儿园公共环境，是指幼儿园公共区域中对幼儿身心发展产生影响的一切物质条件和精神条件的总和。幼儿园公共区域是非专属于幼儿或教师的活动场所，更多地指大家能够进入并进行活动的公共空间。

幼儿园的公共环境又可进一步分类。从范围上看，可分为室内公共环境和户外公共环境。室内公共环境包括门厅、走廊、楼梯、多功能活动室等区域的环境，户外公共环境包括自然环境及活动环境。从功能上看，可分为园所互动空间、阅读空间、运动空间、探究空间、展示空间等。

一、幼儿园公共环境创设的内容

（一）室内公共环境创设

幼儿园室内公共区域指非专门为某部分教师或幼儿活动的室内场所，是任何进入园所的人员都可能经过的区域，如门厅、走廊、楼梯、多功能活动室等。

1. 门厅

门厅是幼儿、教师及家长每天入离园的必经区域，是幼儿园公共环境创设的焦点所在，也是园所文化、教育理念集中体现之处。门厅的环境设计，以大方、美观为主，在装饰上要考虑与幼儿园整体风格和谐统一，也可根据季节或幼儿园的活动主题进行动态调整。在空间布局上，充分利用墙面、地面及空中空间。门厅可单独设置一面墙面，介绍园所文化、教育理念，也可展示园所获得的一些荣誉挂牌等；在门厅内，可用展板的方式不定期展示近期幼儿园开展的活动，如主题教学活动、节庆活动及其他特色活动，同时可根据节日布置一些小景，烘托气氛。

2. 走廊

走廊是离幼儿最近的公共区域，也是幼儿每天接触最多的公共区域。走廊环境的打造可以是班级课程环境的延伸，如一些游戏性区域的设置，衣帽柜等家具的摆放，幼儿主题学习墙面及供家长了解班级学习生活动态的家园联系栏。

走廊也可以以整个楼层为整体进行主题式的设计，如阅读长廊、建构长廊、幼儿艺术作品廊等。需注意的是，如果走廊内需悬挂物品，要考虑悬挂的高度是否影响室内采光及幼儿正常的活动。

3. 楼梯

楼梯首先要保证幼儿的上下楼梯安全，应根据幼儿的身体发育特点设置合适的高度及宽度，并配置扶手、护栏等防护设施。台阶表面要防滑，边缘要磨圆，以防幼儿上下楼梯时滑倒、跌落等。在对楼梯进行装饰时，材料应以软质为主，突出必要的行走标识及主题内容，同时避免过于丰富的装饰，以免幼儿长时间驻足观看引发上下楼时的意外。

4. 多功能活动室

多功能活动室既可以是幼儿的活动场地，也可以是接待活动如家长入学校、园际交流学习等的场地，因此场地内宜留有大面积无障碍区域，以便用桌椅灵活布置不同活动所需的场地。

学习笔记

（二）户外公共环境创设

幼儿园户外公共环境主要包括自然环境及户外活动环境两大部分。幼儿园自然环境是指园内直接或间接影响人的身心发展的自然因素的总和，包括园内绿化（种植园地）、沙水区、饲养区等基本区域。户外活动环境主要指幼儿使用各种器械或材料进行运动的环境，包括大型玩具区、运动区、游戏区等基本区域，幼儿园可根据园所自身的户外条件设计泳池、植物迷宫、山坡地道等个性化的户外活动区域。

1. 自然环境创设

陈鹤琴先生指出："大自然、大社会是活教材。"[1] 大自然中的一切都是幼儿认知自然的素材，能激发幼儿巨大的潜能。

（1）园内绿化

在满足幼儿活动场地的情况下，应尽可能地扩大绿地面积，努力为幼儿营造原生态的环境。

用于绿化的树木、花草宜多样化。花卉可选择不同形状、色彩、味道的且在不同季节开放的安全品种。除了观赏性植物外，幼儿园可根据地域条件种植一些果树，为幼儿营造春有花、夏有荫、秋有果的户外自然环境。

种植园地活动是幼儿园一项重要的科学课程，种植园地空间越大，越有利于开展种植活动，幼儿园要根据户外空间巧妙规划种植空间。在种植内容上也要进行科学设置，种植内容既要考虑种类、时节，又要考虑幼儿发展和学习的需要。要关注种植过程中的管理，引导幼儿亲自参与到种植与管理中，管理的过程也是重要的观察、探索过程，教师要重视这一过程，让种植园地真正成为幼儿自由探索的一方乐土。

绿化小路可铺设不同材质的路面，如鹅卵石小道、木板小道、砖块小道、草皮小道、水泥小道、玻璃小道等供幼儿探索。

（2）沙池、嬉水区

沙池、嬉水区既可以设置成单独的两个区域，也可以结合在一起创设，但即使是单独的区域，也要尽量在沙池附近设置水池，这样既为沙水组合游戏创造更多玩法，也方便幼儿玩耍后清洗手足。沙地可设置遮阳棚或在周围种植高大的树木，方便夏天遮阳。沙地里的沙要定期筛一筛，对结块的沙进行处理，清理出小石子等。在沙地里可埋设一些"宝藏"供幼儿寻找。沙地旁还可设置一个收纳区域，存放一些玩沙玩水的工具。嬉水区在内容及形式的设计上可多样，可以是蜿蜒曲折的小沟渠，可以是鱼菜共生的微型生态系统，也可以是供幼儿观赏、嬉戏的嬉水乐园。

（3）饲养区

动物是幼儿成长中的亲密伙伴，幼儿园饲养活动能让幼儿真切地感受到动物的生长变化，感受到动物生命的存在，感受到自己的行为与动物生长之间的关系，

---

[1] 陈鹤琴：《活教育》，37页，南京，南京师范大学出版社，2012。

学习笔记

从而帮助幼儿理解关于生命的内容。幼儿园应创造条件使幼儿获得饲养小动物的经验和经历，有条件的幼儿园可以在园内开设一个饲养区。饲养场地要根据饲养动物的生活习性进行创设，饲养种类可以根据幼儿园地域特点和资源优势，也可根据季节、幼儿的兴趣、课程内容等进行选择。最后要特别注意饲养区的卫生条件，避免对幼儿的健康产生不利影响。

2. 户外活动环境创设

户外环境为幼儿锻炼和发展大肌肉运动技能提供了条件，在户外，有足够大的空间供幼儿奔跑、运动及游戏。户外环境既可以用来开展运动类活动，也可以用来开展游戏类活动，如大型建构活动、交往游戏等。

（1）大型玩具区

这可能是幼儿园里最受孩子们欢迎的区域。此区域一般铺设塑胶地面或草坪，根据场地大小设置组合滑梯、攀爬架、秋千、跷跷板、晃桥、蹦床等中大型玩具。如果园所户外场地较小，可考虑把大型玩具区与沙地、绿化区组合在一起。

大型玩具区供全园三个年龄段的幼儿活动使用，因此在大型玩具的选择上要考虑到不同年龄段幼儿的需求，如组合滑梯里既要有适合中小班幼儿的低矮直道滑梯，也要有适合大班幼儿的高一点的直道和弯道滑梯。在大型玩具的选择上还要考虑其功能，促进幼儿钻、爬、跳、平衡等多种动作能力的发展。

（2）运动区

运动区一般铺设塑胶地面或草坪，要宽敞平坦，方便幼儿开展各种运动，如锻炼期间，可摆放一些小型运动器械，与大型玩具的健身功能互补，全方位调动幼儿参与运动。也可由教师组织幼儿开展专项体育游戏或教学活动，当然还有早操活动。一般在运动区的边缘设置合适的区域用来摆放器械，器械置物架不宜过高，不宜拥挤，要方便幼儿参与器械的收拾整理。最好有遮雨棚或防水罩保护器械。

（3）游戏区

这里的游戏区是指非运动型的游戏：一种是具有特定功能性的游戏区域，如涂鸦区；另一种是不限游戏内容，只是共享这个场地，在活动时段上错峰活动。这个场地的游戏内容充满各种可能，可以开展大型建构游戏，可以开展户外自由探索活动，甚至可以在晴天的时候，把室内的区角游戏搬到这里开展。

二、幼儿园公共环境创设的特点

良好的幼儿园公共环境应具有开放性、展示性、动态性等特点。

（一）开放性

幼儿园公共环境应具有开放性，包括空间、时间、材料、心理氛围等方面的开放。这样的开放可以弥补班级环境创设受空间限制的不足，能够有效促进幼儿主动与周围环境进行互动，引导和支持幼儿通过与环境的相互作用主动获取有益的经验。

学习笔记

（二）展示性

幼儿园公共环境是园所物质文化和精神文化的集中体现，因此承载着重要的宣传、展示功能，它就像幼儿园的一张名片，无声地传递着幼儿园的办园理念、育人目标等。

（三）动态性

幼儿园公共环境的创设应体现动态性的特点，应随着幼儿身心发展及园所发展不断地变化。这样的动态变化，不仅在形式上促进幼儿与环境的多元互动，而且在内容上激发幼儿不断地想象、思考与操作，引发教师、幼儿、家长、环境之间的有效互动和相互支持，形成良好的动态环境。

学习主题 2 幼儿园公共环境创设的实施要素和策略

幼儿园公共环境是了解一所幼儿园课程理念、文化建设、儿童发展、办园特色等内容的窗口，同时环境对幼儿的行为习惯也起着引导作用，因而幼儿园整体环境创设要考虑这些因素。

一、幼儿园公共环境创设的实施要素

幼儿所在的环境影响他们的情绪、建立关系的能力及活动质量，甚至是健康。因此，一个温馨舒适的整体环境显得尤为重要，我们在创设时要关注以下要素。

（一）精神氛围的营造

幼儿园的精神环境在幼儿园的环境系统中是一种看不见、摸不着却又实实在在地影响着教师和幼儿的隐形环境，具有潜在的、长期的影响。幼儿园应营造爱与尊重的心理氛围，建立理解与支持性的师幼关系，以及良好的学习与发展环境和氛围，为幼儿快乐自主的学习发展提供支持。

1. 以爱为前提，营造尊重、民主的班级氛围

爱是教育的重要前提和基础。教师对幼儿的爱应是无条件的、真诚的关心和爱护；应是无差别的、面向全体幼儿的，不应掺杂个人好恶，不厚此薄彼，不受幼儿的外表、经济条件、家庭环境等外部因素的影响。正如苏霍姆林斯基所说的，教育技巧的全部奥秘就在于如何爱护儿童。

尊重幼儿的独立人格，把幼儿看作一个平等的、独立的个体，以平等、民主的态度与幼儿相处，尊重幼儿的兴趣和需要，保护幼儿的自尊和自信；不能将幼儿看作无知的、无能的附属者，不可采用上对下、管教或压制的姿态对幼儿进行管控，严禁体罚、变相体罚或采用任何形式讽刺挖苦幼儿。尊重幼儿意味着尊重幼儿游戏的权利，保障幼儿充分的游戏时间，尊重幼儿游戏的选择权和自主性，支持幼儿在游戏中充分地探索和体验。尊重幼儿还包含尊重幼儿的学习特点与个体差异，鼓励幼儿在游戏中亲身体验和在实际操作中进行体验性学习；同时，教师应认识到，由于遗传、环境和教育等多种因素的影响，每个幼儿都是独一无二的，每个幼儿的发展具有不同的速度和节奏，具有较强的个体差异。教师应允许并支持幼儿按照自己的速度和节奏成长，而不能用一个僵化的标准来评价和要求

学习笔记

幼儿。

2. 建立理解和支持性的师幼关系

师幼关系是影响教育质量、影响幼儿学习与发展的关键要素。在教育实践中，教师应努力发现每个幼儿的闪光点，能够欣赏幼儿，形成积极的、良好的师幼交往氛围。教师应当注重在幼儿园一日生活中观察、了解幼儿，理解幼儿，敏锐地关注和发现幼儿的兴趣和需要，以此为基础支持幼儿开展多样化的、有深度的探究和学习。教师应鼓励幼儿表达自己的想法，鼓励幼儿提出不同的观点，勇敢自信地表达自我；同时，幼儿的学习过程包含不断地探索和试误，教师应当包容和理解幼儿的试误过程，保护幼儿的好奇心和探索欲，为幼儿持续性的探究奠定心理基础。教师应以观察和理解幼儿为基础，给予幼儿及时的、正向的、支持性的回应和反馈，形成良好的互动关系。

3. 建立良好、积极的学习氛围，支持幼儿主动学习与探索

良好的学习氛围是幼儿园精神环境的重要组成部分。教师应努力营造良好、积极的学习氛围，支持幼儿主动学习与探究。兴趣是最好的老师。在幼儿园教育实践中，教师应注重通过游戏化的、情境化的方式组织一日生活，从而唤起、激发和保护幼儿进行学习探索的兴趣；在活动中，应注重幼儿的亲身体验和实际操作，注重幼儿在身体力行中持续的探索和学习，获得愉快、成功的学习体验，进而保护和增强幼儿持续学习与探索的兴趣。与此同时，教师还应尊重幼儿在一日生活中的主体地位，鼓励幼儿提出问题并想办法解决问题，在问题的持续和深度探究中建构自己的经验。

（二）设计元素的考虑

幼儿园环境是重要的教育资源，良好的环境可以有效促进幼儿的发展。环境中呈现的色彩、质地、密度会产生不同的教育效果。基于幼儿的身心发展特点，在幼儿园整体环境创设中，要关注软装饰、质地、颜色、采光等元素。

1. 软装饰

软装饰容易营造一种温馨感，其柔软的材质能保护幼儿的安全，也可以减少环境中的噪声。

2. 质地

用感官探究、区别及解释现实世界是幼儿与生俱来的能力。丰富的感官体验能促进幼儿的学习，因此幼儿园应该为儿童提供丰富的感官体验环境。例如，在户外铺设不同质地的地面，如水泥、砖头、木板、玻璃、塑料、草地、石头等；在室内提供不同质地的家具及游戏材料，如竹制的、毛绒的、大理石的、金属的、木制的等。幼儿在与不同质地材料的互动操作中，既体验了新奇带来的乐趣，又发展了幼儿的触觉。

3. 颜色

颜色会让人产生空间被扩大或被缩小的错觉，因此在无法改变空间大小的前提下，可以尝试用颜色去调整空间的视觉效果。不同的色彩明暗度、饱和度还会

学习笔记

激发幼儿不同的情绪。特别明亮的色彩易让人产生兴奋，幼儿园适宜选用中性色彩，利于幼儿情绪稳定，心情愉悦。

4. 采光

采光影响空间的美感、视觉的明暗度及居住者的心理健康，良好的采光不仅使空间变得美丽舒适，也会让人产生积极的情绪，使人放松或精力充沛。幼儿园应尽可能地使用自然光，同时为了避免光线过度刺眼，自然光至少要从两个方向照进来。当然，为了满足不同时段和场景的需求，其他采光方式也是必要的。

5. 密度

空间密度对幼儿的影响也很大，高密度会增加压力，易致攻击性行为、破坏性行为和增强社会抽离现象，并降低社会互动的积极性、幼儿的成就感和注意力。空间密度也不是越低越好，低密度会导致幼儿的社会互动减少。因此要根据空间的大小、用途、使用频率等实际情况合理调整空间密度，也可以根据使用需求采用一些可移动隔断灵活地调整空间。

6. 噪声

噪声会影响幼儿的记忆力、注意力、语言的使用，特别是影响阅读和语言的发展；噪声还会增加压力。因此，幼儿园有必要将噪声降到最低，例如，引导幼儿轻言细语，选用噪声较少的设施设备，装修上采用隔音材质的天花板或墙面等。

二、幼儿园公共环境创设的实施策略

幼儿园公共环境在创设时不仅要关注物质环境的创设，也应当重视精神环境的营造。既要着眼于幼儿的当前需要，也要关注幼儿后续发展的需要，让环境在变化中不断地促进幼儿的发展。

（一）充分运用环境中的三维空间

幼儿园的公共环境创设，要充分利用室内外的地面、墙面和空间，尽可能多地为幼儿提供接受各种信息刺激的机会和条件，以提高幼儿的无意识学习的能力。

地面上可以画一些游戏路线，楼梯台阶上可以贴一些规则标志，一方面可供幼儿游戏使用，另一方面可引导幼儿了解不同环境中不同的规则。墙面上根据不同的位置和需要进行相应布置，如公共空间可以展示一些幼儿的美术作品、幼儿园活动剪影等，走廊的墙面可以展示班级主题活动内容。整体空间可通过悬挂或展示一些节日或季节性的内容营造氛围，或者根据幼儿活动需要进行相关物品的展示。

（二）关注幼儿的动态发展，适时调整环境

幼儿的学习是一个持续的、渐进的动态发展过程，同时也呈现出一定的阶段性特征，因此公共环境的创设要根据幼儿的兴趣、实际发展需要、课程内容、季节、节日的变化进行动态调整，以促进幼儿多方面的能力发展。

在环境更新的时间节点和频率上要合理把握，过度频繁地更新环境会影响幼儿的秩序感，也不利于引发幼儿的深度学习，还会导致教师在环境创设中花费过

多的时间与精力，同时要避免因频繁更换环境而产生的资源浪费。

（三）适当“留白”，可由幼儿“补白”

幼儿园的公共环境创设并非越满越好，而应适当地“留白”。“留白”可以激发幼儿的想象力与创造力，充分发挥幼儿的主动性进行选择和创作，在“留白”处大胆“补白”。

总之，幼儿园公共环境创设是一项复杂的工程，没有标准的模板，也没有绝对的对错评判。要树立正确的环境创设理念，根据各个幼儿园实际的场地、布局及园所特色进行合理的规划，充分考虑幼儿的实际发展水平和需要，不断探索优化，创设出幼儿喜欢并能引发、支持幼儿探索的良好环境。

图 2-1 “书香乐园”室内公共环境

学习主题 3 幼儿园公共环境创设的经典案例

以课程为根基，以育人为目标
——“书香乐园”公共环境创设[1]

幼儿园以“书香乐园”文化为园所文化，以“‘有字之书’——绘本，‘无字之书’——自然和社会”为园本课程核心内容，旨在培养幼儿热爱阅读、乐于交往、健康自信的良好行为品质及可持续发展能力。

图 2-2 “海洋世界”公共环境

结合园本课程理念，在构建整体环境时，园所以蓝色、绿色、紫色作为各楼层主色调（见图 2-1），分别代表海洋世界、森林世界、现代城市，寓意着幼儿可以在海洋和森林中亲近自然，探索自然，认识自然，在现代城市环境中体验社会生活，发展交往能力，培养爱国情感。

图 2-3 “海洋世界”楼道环境

一层是海洋世界。本楼层以浅孔雀蓝为主色调，以深蓝色作为点缀，以海洋动物、帆船、波浪、气泡等元素设计墙饰内容，呈现出轻松、活泼、灵动的“海洋”环境韵味（见图 2-2）。在楼道里，利用轮船、气泡等海洋元素设计幼儿绘本书架、作品展板，用以摆放幼儿喜爱的海洋主题绘本，展示幼儿的艺术作品（见图 2-3）。利用走廊创设“海底水景走廊”（见图 2-4），以白色海沙铺底，以海螺、贝壳和海星进行装饰，呈现出逼真的海底世界景象，吸引幼儿观察、认识常见的海洋动物，充分迎合了位于一层的小班幼儿喜爱海洋生物、海洋环境的兴趣。

图 2-4 “海底水景走廊”

[1] 案例由北京师范大学石景山附属幼儿园提供。

学习笔记

二层是森林世界。本楼层以浅绿色为主色调，以深绿色作为点缀，壁画内容以错落的树木、抽象的飞鸟、零星的鸟窝为主要元素，凸显清新、富有生机的“森林”环境特色（见图2-5、图2-6）。基于与四季变化、植物生长息息相关的“二十四节气”，利用二层中班幼儿阅读“二十四节气”主题绘本后绘制的水墨画作品创设“阅读四季”墙饰（见图2-7），彰显园所注重将幼儿绘本阅读与探索自然相融合的课程理念。

图2-5 “森林世界”楼道环境

图2-6 “森林世界”公共环境

图2-7 “阅读四季”

三层是现代城市。本楼层以淡紫色为主色调，以深紫色为点缀，以老北京的屋檐、四合院院落、扇形木质画框为主要背景，勾勒出北京现代特色与传统文化相融合的城市样貌，引导幼儿感受优美、富有内涵的“城市”环境（见图2-8）。基于“古代六艺”——礼、乐、射、御、书、数，结合幼儿五大领域的活动，利用木质画框创设“六艺墙”（见图2-9），展示了三层大班幼儿在幼儿园中养成的勤于锻炼、友好交往、爱读乐阅、善思好学的良好习惯和学习品质。

图2-8 “现代城市”公共环境

图2-9 “六艺墙”之“书”

“书香乐园”公共环境的设计和创设以融合“艺术性”和“教育性”为首要原则，利用三大主色调以及深浅色搭配，创设主题明确、层次分明、特色凸显的整体环境，同时充分彰显幼儿在环境创设中的主体地位，将幼儿喜爱的绘本元素以及幼儿的绘画、泥塑、剪纸等作品充分运用到整体环境创设中，从而实现“硬装”、固定装饰与“软装”、幼儿绘本和作品三者的有机融合。

学习提示

了解幼儿园公共环境的内容和特点，在创设幼儿园公共环境时要全方位考虑环境的内容，既要有宽松的精神环境，又要因地制宜，整体规划，有效利用空间，创设温馨的、幼儿喜爱的环境。

思考与练习

1. 幼儿园公共环境指什么？包括哪些部分？
2. 幼儿园户外自然环境包括哪些？
3. 谈一谈种植园地可以怎样规划与设计。

云测试

学习反思

学习笔记

专题三

幼儿园班级环境创设

学习目标

- 明确班级环境的概念及基本构成。
- 理解班级环境创设的内容及特点。
- 掌握班级环境创设的实施策略。

学习导航

- 幼儿园班级环境创设
  - 幼儿园班级环境创设的内容和特点
    - 幼儿园班级环境创设的内容
    - 幼儿园班级环境创设的特点
  - 幼儿园班级环境创设的实施策略
    - 幼儿园班级环境创设的基本要求
    - 从审美角度进行设计
    - 从幼儿发展角度进行创设
  - 幼儿园班级环境创设的经典案例
    - 宜家“小筑”
    - “品阅书香味，浸润传统美”

当你拥有了和孩子在一起的班级后，你想做些什么？不知道你是否想过。同样的教室会因为进入不同的班级而不一样，班级应该是有情感、有温度、有思想的小环境，教师不仅要创设班级的环境，而且要真正地建立一个属于教师和孩子的温馨的生活学习空间。下面的学习将开启你作为一名教师的构筑班级环境的思考。

学习主题1 幼儿园班级环境创设的内容和特点

幼儿园班级环境主要划分为物质环境、精神环境两个方面；不仅包括物质条件的创设，而且包括人、事、物等多个要素的整合。需要教师从幼儿本位出发，依据幼儿的年龄特点和身心发展规律、生活游戏需要，从课程目标的落实和促进幼儿发展的角度去综合思考班级环境的创设。

一、幼儿园班级环境创设的内容

班级环境分为物质环境、精神环境两部分，这里先讲精神环境。

（一）精神环境

班级环境中最重要的一个组成部分就是精神氛围的营造，教师要尊重热爱每一名幼儿，使每一名幼儿在班级中感受到安全、愉悦、被接纳，有归属感。班级氛围应是和谐融洽的，这不仅体现在师幼之间，也体现在幼儿之间、教师之间，表现为人际关系平等、民主、和谐及相互信任等。

班级氛围和谐的关键在于师幼关系，好的师幼关系是从理解幼儿开始的，因此教师要了解所在班级幼儿的特点及需要，以幼儿视角同孩子们相处、交流，这样才能成为孩子最喜欢的教师，孩子们才会对教师产生信任感和亲近感，这是我们期待的班级精神环境最好的状态。

归属感一般指幼儿在集体中渴望被接纳、被认同的一种感受，希望和教师、小朋友们建立良好的关系。那么这种归属感是怎样建立起来的呢？这需要教师给幼儿更多的自主选择、发表观点的机会，在班级环境的创设中或者在班级活动的组织中让幼儿真正地参与进来，并充分尊重幼儿的审美、喜好，按照幼儿的期待，创设幼儿喜欢的环境。这一点是班级环境创设中最重要的一点，不仅体现在精神环境创设中，也体现在物质环境创设中，教师要和幼儿共同构建以幼儿发展为中心的环境。

（二）物质环境

班级环境中物质环境包括教室内空间的布局、设施的摆放、环境的创设及玩具材料的投放等方面。班级的物质环境要从幼儿的实际需要出发，尊重幼儿的身心发展需要、学习特点、审美感受、兴趣爱好，为幼儿提供舒适的生活环境，满足幼儿游戏、学习的需要，以促进幼儿全面而富有个性的发展。

1. 教室布置

在教室的布置上，结合教室的面积、格局，依据幼儿的生活和游戏需要，首先进行功能区域的划分。一般先划分出活动室、睡眠室、盥洗室三大区域。由于房间基础格局的不同，很多幼儿园的班级只有一间面积较大的教室，没有将活动室和睡眠室分开，存在“一室两用”的情况。在三大区域划分的基础上，针对幼儿一日活动的组织与课程的实施情况，结合幼儿生活活动、区域游戏活动、学习活动的需要，对教室空间的利用及设施的摆放进行合理的设置。

结合幼儿生活活动的需要，合理地设置更衣区、饮水区、盥洗区、进餐区等。

结合幼儿区域游戏活动的需要，设置益智、图书、建构、美工、科学探索、表演等区角。

结合幼儿学习活动的需要，合理地安排教学媒体、桌椅位置等。

学习笔记

相关链接

党的二十大报告提出，教育是国之大计、党之大计。培养什么人、怎样培养人、为谁培养人是教育的根本问题。育人的根本在于立德。全面贯彻党的教育方针，落实立德树人根本任务，培养德智体美劳全面发展的社会主义建设者和接班人。

学习笔记

教室的布置需要进行合理的区域划分和功能设计，同时也要关注幼儿的实际需要，教室环境的布置是一个动态调整的过程，根据不同活动内容的安排，从幼儿的生活游戏的需要出发进行随时的、适宜的调整。

2. 互动环境创设

互动环境是幼儿园班级环境中非常重要的一部分。互动环境是环境教育价值的体现，环境对儿童生活、游戏、学习起到支持作用，是与课程相适应的环境。根据幼儿的一日生活的安排，其分类包括：生活活动环境、区域游戏环境、教育主题环境等。

互动环境的创设，需要结合近期的发展目标，契合幼儿感兴趣的活动内容，在与幼儿的交互过程中不断变化。互动环境，一方面体现了教育目标，另一方面呈现了儿童的学习探究、问题解决的过程，是幼儿之间思维碰撞、经验交流的载体。

3. 游戏材料投放

班级环境中的游戏材料对幼儿起到重要的作用，幼儿是通过对材料的直接感知和动手操作获得经验的，因此材料是环境创设中最为重要的一个方面。

游戏材料包括玩具和材料两类，玩具中有购买的玩具，也有教师自制的玩具。除玩具之外，还需要配备一些其他材料和物品，包括图书资料、扮演用的服装道具、纸张、工具、颜料、装饰物等，还有生活中的自然材料、废旧材料等。

在游戏材料的投放上，需要按照六大类游戏的需求配备数量充足、种类丰富的材料，并研究玩具材料投放的适应性，能够按年龄特点配备难易程度适中的材料，材料投放要有层次性，以满足班级中不同能力水平的幼儿需求。

在玩具材料的投放上提倡从生活中取材，更多地投放生活化、低结构的材料。玩具材料要具备游戏性、趣味性和可操作性，并具有变化性，为幼儿的探索提供更多空间，通过对材料的摆弄，满足幼儿多种感官的直接体验，获得丰富的经验。

在这里需要明确的是，教室的布置、墙饰的互动、材料的投放是一个整体设计的过程，合理地进行教室的布置是后期进行墙饰创设、材料投放的基础。本专题将重点介绍班级环境中教室布置的要求、特点及策略，引导教师从幼儿需要出发，以整体化的思想来创设班级环境，而不能仅仅思考一个区域的材料。

二、幼儿园班级环境创设的特点

幼儿园班级环境的创设要考虑以下几方面的因素。

1. 体现年龄特点

幼儿园班级教室的布置，要结合不同年龄段幼儿的特点进行创设，遵循幼儿的身心发展规律、认知特点及生活经验，对教室的空间布置及环境创设要符合本年龄段幼儿实际的生活需要和游戏需要。

2. 突出班级个性

幼儿园的教室布置在符合基本要求规范的基础上，可以突出每个班级的特点。

学习笔记

教师可从幼儿实际需求出发，从开展班级活动的需要出发，对班级的空间格局利用、家具摆放、区域设置、环境创设等进行具有创造性的个性化设置，体现本班教师和幼儿的审美情趣和班级特点，在这一过程中教师要充分考虑幼儿的兴趣和需要，与班级的生活及课程相关联。

3. 强调动态变化

幼儿园的班级教室布置不是一成不变的，是随着课程的实施、活动开展的需要不断调整的过程，在动态的调整过程中，教师要注意观察教室环境设置与幼儿发展之间的关系，及时发现幼儿生活游戏的新需要或环境对幼儿游戏探索的局限，从而变化调整教室环境，支持幼儿的学习和发展。

学习主题 2 幼儿园班级环境创设的实施策略

在班级环境创设过程中，教师要考虑本班实际情况，依据幼儿的年龄特点和兴趣爱好，整体规划班级环境，包括空间的有效利用、区域的合理设置和幼儿活动方便等因素。

一、幼儿园班级环境创设的基本要求

班级环境分为活动室、睡眠室、盥洗室三大功能区，应结合不同区域的需要进行基础设施的建设和家具的摆放。这里依据幼儿园办园条件的基础要求、幼儿生活学习的实际需求明确对三大功能区的基本要求。

（一）活动室

第一，需要结合幼儿人数、身高比例配备数量充足、高度合适的桌椅。需要注意的是，桌面的面积要满足孩子的操作需求。桌椅的高度要有差异性的选择，满足不同身高幼儿的需要。

第二，需要依据六大游戏区的需要，配备足够数量的玩具柜，包括玩具架、书架、作品展示架等不同功能的柜子。可配备部分无背板的玩具柜，透明的材料框或托盘，方便幼儿取放玩具。玩具柜尽量配有滑轮，便于移动，方便活动区的动态调整。

第三，活动室互动白板等演示设备的设置，一定要考虑教室的采光，如果墙面条件不允许，可以考虑移动的演示架。

第四，活动室一定要保证足够的采光，窗户及灯的光线不要被遮挡。

第五，依据班级情况可在临近盥洗室和楼道的位置设置幼儿饮水、更衣等生活区域，合理有效地利用空间，方便幼儿活动。

（二）睡眠室

第一，班级的睡眠室可以结合本班实际空间条件和不同年龄的特点，选择固定床和移动床。一般情况下，建议“一室两用”或者“班级面积较小”的幼儿班尽量选择移动床，可以为幼儿游戏提供更充足的空间。

第二，睡眠室要选择遮光性能较强的窗帘，为幼儿提供利于睡眠的条件。

学习笔记

（三）盥洗室

第一，洗手台高度及宽度的设置需注意与幼儿身高、臂长相适宜。洗手池龙头开关便于幼儿旋拧，不建议使用感应设置，避免浪费水资源。

第二，毛巾架的位置要临近洗手台，避免幼儿洗手后取毛巾不便，导致盥洗室地面水迹太多，带来安全隐患。另外，毛巾架前空间要充足，避免幼儿停留造成拥堵。

第三，如厕设施依据实际条件，须为男孩女孩分厕创设条件。结合幼儿的年龄特点提供带扶手的挡板，创设温馨、富有童趣的如厕环境，减少幼儿如厕的不便和心理压力。

二、从审美角度进行设计

（一）空间布局

从审美的角度看，班级活动室的布局，主要是指班级区域设置、玩具柜及桌椅摆放的平面布局设计。结合活动室的空间特点，从审美的角度来规划区域，摆放家具物品，在设计方面需要整体考虑教室地面形状特点、门窗的位置，对区域功能需求进行整体布局。在布局上要对整个场地充分利用，不要出现四周摆放紧密、中间利用不充分的情况。桌椅的摆放排列方式要结合区域形状的特点，体现整体协调均衡的美感。例如，幼儿园的桌子现在以长条桌居多，便于组合摆放，因此在狭长的区域，桌子可以短边连接变成长桌摆放，在场地充足的区域可以将两张桌子拼成方形或者三张桌子拼在一起。按照场地条件，桌子摆放的方式不同，可以让平面空间的利用更充分。

（二）空间利用

立体空间的利用可以让活动室的布置更加有层次，还可以更好地挖掘和扩充原有活动室布置上的功能。房屋高度在3.5米以上的活动室，可以扩充两层空间，一方面增加原有活动室的面积，另一方面可以让设计更独特，让孩子更喜欢。在美工区、表演区等区域的房顶上设置吊轨，在需要的墙面夹角或墙面上安装隔板，可以为区域增设立体的展示空间。幼儿园墙面的利用，还可以做更多的优化，可以提供软质的板面便于用订书钉进行作品的布置，也可以提供黑板、白板、有机玻璃板等多种材质的便于清理的涂鸦墙板，为孩子提供使用不同画材涂鸦的自由表现机会。还有许多更为巧妙的空间利用设计，起到扩充空间、增加使用的作用，例如，创设推拉的主题墙板，墙板后面是多媒体设备，打开墙板就可以进行教学演示，不打开就是可以随时互动的主题交流白板。

（三）色彩和谐

班级活动室布置要关注整体色彩的和谐，环境中体现秩序感和美感，这能够帮助幼儿建立安全感，使其视觉感受舒适、心理情绪稳定。教师在创设环境过程中，从幼儿角度设置环境，减少大面积色彩明度高、浓度重且多种色彩并存的装饰，颜色过多、内容过满容易使幼儿产生疲劳感和不安的情绪。活动室布置的整体色彩，要结合教室采光的情况，选择柔和的、视觉舒适的淡色作为墙面、窗帘、

学习笔记

家具的基础色，整体设施尽量选择同一色系或相近的颜色，避免过多颜色的混杂。墙饰大面积的背景颜色也要选择明度低的颜色，体现整个环境中色彩的和谐，突出主体形象。

三、从幼儿发展角度进行创设

（一）符合幼儿审美情趣及生活游戏需要

幼儿喜欢周围一切美好的事物，喜欢小动物、自然的美景，喜欢动画和绘本里的人物，喜欢去可以自由游戏的地方，例如，公园里的游乐场等。在班级环境创设的过程中，要结合幼儿的审美情趣和生活游戏的需要，创设舒适的生活环境、有趣的游戏情境。在班级环境创设中多考虑幼儿喜欢的活动内容、形象元素和色彩。例如，在活动区游戏时提供足够的软质地面和各种坐垫靠垫，营造像家一样的温暖舒服的氛围。角色区里有带小滑梯的房子、小帐篷，小帐篷里贴满了反光的星星，活动室中间的柱子变身成为一棵神奇的大树，两个区域之间设置神秘的钻桶通道等，这些都可以引发幼儿参与游戏的兴趣。其实活动室应该是什么样子，里面可以有什么好玩的内容，教师可以多听听幼儿的想法，幼儿也可以参与到班级环境的规划和设计中，真正体现幼儿是环境的小主人。

（二）强调幼儿参与，促进幼儿多方面能力及学习品质的发展

幼儿参与到班级环境的创设中，不仅仅使幼儿对班级更有归属感，更重要的是这个过程能体现幼儿的想法，是对幼儿思维、行为习惯、学习品质等的引导过程。

在班级环境的创设中，特别是中大班的幼儿，我们要相信他们是天生的艺术家和创意者，教师要善于引发幼儿的思考，倾听幼儿对环境创设的想法和意见，并能够尊重和采纳幼儿的想法，要给幼儿尝试的机会，不以成人的视角来判定是否可行，而要放手为幼儿提供更多体验的机会。教师将问题抛给幼儿，并引发幼儿大胆想象环境创设的方案，积极表达自己的想法和意见。对于一些活动，可以调动幼儿参与的积极性，有计划地实施引导。教师与幼儿之间、幼儿和幼儿之间在讨论中完善方案，在计划的基础上实践幼儿的想法。这里特别强调的是，幼儿是真正的实施者，而不只是简单的讨论者，这是引导幼儿进行实践、亲历设计、搜集准备材料、创造实施、改进调整的全过程。在这一过程中，幼儿学会调动已有的生活经验，随着问题的解决获得新的经验，教师引导幼儿协商合作，引导其尝试主动沟通和大胆表达，在这一过程中获得更多能力及学习品质的发展。

（三）环境支持和引发幼儿建立良好生活学习习惯

班级教室布置的科学性、合理性，对于幼儿生活、游戏的有序进行起着关键作用，渗透着对幼儿习惯的培养。其科学合理性主要体现在：是否从幼儿的实际活动需要出发？是否有利于幼儿生活、游戏的有序进行？我们经常发现一些对班级环境设计规划的不合理现象，导致幼儿活动的不顺畅，进而导致幼儿难以养成良好的习惯。因此在班级教室环境布置中需注意以下方面。

学习笔记

1. 空间规划合理

大到一个区域，小到一件物品，没有依据幼儿实际需要摆放到合适的位置，都可能影响幼儿有序生活和游戏的开展。例如，将安静的图书区和喧闹的表演区放在了一起，我们就会看到被表演吸引而不专注读书的幼儿。餐巾纸盒摆放不合适，就可能导致幼儿在生活环节来回穿梭冲撞。我们需要依据幼儿活动的实际需要来科学合理地规划区域和摆放物品，并特别注意在活动中要有意识地观察，及时地进行动态调整。例如，区域游戏中，玩插塑材料的幼儿越来越多，全挤在一张桌子前。此时，教师应及时发现，及时增加桌面游戏所需的桌子和相应的游戏材料。

在布置教室的过程中，应注意一方面要从幼儿一日生活常规的有序开展方面科学规划，另一方面要及时发现实际问题并做出动态的调整。

2. 物品摆放有序

班级物品的整理和收纳体现的是一种规则的建立，也是一种审美的教育，这体现的是一种秩序美，有利于幼儿有序的生活、学习习惯的培养，其过程本身就是幼儿学习发展的过程。物品摆放有序，看似是一件小事，但渗透着大教育，可以引导孩子学会做事，学会生活。

在幼儿园的教室里，我们经常看到一些现象：图书摆放得无序，积木乱糟糟地堆放在柜子里，游戏过后一片狼藉。教师经常苦恼于怎样引导小朋友养成良好的整理习惯，其实好的整理习惯在于环境的设置和规则的建立，一开始就对物品收放进行规范设计，并和孩子达成共识是非常重要的。例如，为图书柜贴好对应的收放标记，增加图书布袋，提供更多放置空间，和小朋友共同讨论“怎样摆放图书更整齐”等，这样大体可以改变图书摆放无序杂乱的问题。

因此在教室的物品摆放上，需要结合不同区域、物品特性进行归纳设计，通过不同的器具、标记引导幼儿合理归纳，并在这一过程中与幼儿共同发现问题，商议规则，帮助幼儿建立良好的习惯。

学习主题 3 幼儿园班级环境创设的经典案例

一、宜家“小筑”[1]

（一）环境创设意图

刚入园的小班幼儿，情绪波动大，易受环境的刺激和影响，对周围的环境有一种陌生感。在这个阶段，幼儿园环境最重要的是能够稳定幼儿情绪，满足他们获得安全感的需要，让他们对班级有归属感。这时可以带领幼儿玩关于“家”的游戏。“家”让人感到温馨、亲切、安全，家中有爱他们的爸爸、妈妈、爷爷、奶奶……在游戏中，教师不仅要引导幼儿体验、理解“家”之爱的无私和伟大，更要引导孩子把这种感受通过游戏行为充分表现、表达出来。那么，如何创设“娃娃家”呢？

[1] 案例由北京市丰台区政府机关幼儿园提供。

学习笔记

1. 思考一：情境的创设

班级的“娃娃家”，就是模拟家庭环境而创设的一种游戏化区域，它是一个开放性的活动空间。在位置的选择上，我们从幼儿的实际需要出发，将“娃娃家”与班级环境融为一体，布置真实的家具、生活用品，在班级中营造出温馨的家庭氛围，让幼儿身临其境，有一种回家的感觉，幼儿的情绪在“家”的环境氛围中得到缓解和放松，引导幼儿在感受“家”的温馨时，“还原”和“再现”生活情景，从而促进幼儿的交流与交往，迈开他们角色游戏的第一步。

2. 思考二：合理的布局

“娃娃家”区域的设计要善于利用幼儿园的墙壁、地面和各种空间资源，无论是空间的整体规划布置，还是某一部分的装饰，都尽量力求布局合理。

色彩上要求美观温馨，色调要协调，风格要与色彩和谐，做到繁简适度、浓淡相宜，使幼儿感受到清新美好。明亮而温馨的桌布、舒适的沙发，都能够令幼儿感受到浓郁而温馨的家庭氛围。

在区域布置上，角色区格局应符合幼儿的生活经验，能引发幼儿游戏兴趣，布置色彩柔和的家具，利用隔断、地毯、吊灯、绿植等物品将空间区域进行分割，形成“一区多玩”的区域格局，幼儿们可以在角色区给“宝宝”做饭，哄“宝宝”睡觉，给“宝宝”晾晒衣服，看顾“宝宝”在餐厅用餐等。为幼儿发挥想象与创造力提供有效的场地，使幼儿在一个或多个相关区域中探索，主动提高自我服务能力，获得多方面的经验，从而在潜移默化中增加自信。

3. 思考三：材料利用的合理性

直觉行动性思维是小班幼儿感知事物的主要特征，在“娃娃家”游戏中，他们往往只是模仿一些成人生活、劳动的片段动作，游戏的过程直接依赖于玩具材料，例如，生活中真实的锅碗瓢盆、奶瓶、围裙、电话、花瓶，符合幼儿身高的真实的宝宝床、衣架、小洗衣机等，这些玩具符合幼儿的日常生活经验，是他们喜欢操作的。孩子们会在“娃娃家”做饭，烧菜，喂娃娃喝奶，给娃娃洗澡、洗衣服，从饮水机里接水，体现了他们在家庭中获得的经验。所以在幼儿园小班“娃娃家”游戏的过程中，为幼儿提供丰富、形象化的玩具，引导幼儿合理地利用玩具，有利于游戏的开展，同时也让整个空间布局更加生动。

那么，教师应如何科学创设“娃娃家”环境，又该如何利用“娃娃家”环境进行活动指导呢？经过和幼儿的讨论及思考，我们将“娃娃家”的活动区划分门厅、小阳台、客厅、娃娃婴儿房、小厨房、小餐厅等区域。

（二）环境内容介绍

角色区整体环境图（见图 3–1）

图 3–1 角色区整体环境[1]

1. 门厅

门厅（见图 3–2）是“娃娃家”的门口，添置了换鞋凳，真实的高跟鞋和爸爸的大皮鞋，不同造型的假发，妈妈的梳妆台，具有性别特征意

[1] 图 3–1 至图 3–15，由北京市丰台区政府机关幼儿园庄慧君、张旭老师提供。

学习笔记

图 3-2　角色区——门厅

图 3-3　拼搭小阳台

义的帽子、领带、丝巾、挎包等。在这里，幼儿可以尝试不同的角色，通过真实体验和对真实行为的模仿，提升思维和认知能力，幼儿可以在操作中体验成功感：换好鞋，拿着遮阳伞，爸爸妈妈带着宝宝出门啦！

2. 小阳台

图 3-4　洗衣区

小阳台是家中富有生活气息的环境之一，贴近真实生活，是一个有助于幼儿自主发展的合理性开放或半开放空间。为了满足幼儿的需求，和幼儿一起利用轻砖拼搭出小阳台的外形，并根据小班幼儿的身高、视线调整到合适的高度。幼儿在阳台上摆放了各种各样的盆栽，为植物浇水，照顾植物，再现真实的生活场景。在游戏的过程中，幼儿会与其他区域的伙伴交流，增进同伴间的情感（见图 3-3）。

阳台也是晒衣服的场所，我们利用一个衣架做隔断，把“娃娃家”的阳台进行功能区的划分，如卫生间、洗衣区和晾晒区（见图 3-4）。

图 3-5　晾晒游戏——小袜子配对

在阳台的角落开辟出一个空间作为卫生间，提供宝宝坐便器，通过游戏场景，幼儿知道有大便、小便时要及时去厕所。教师在幼儿体验照顾宝宝的过程中，引导幼儿学会正确穿、脱裤子和如厕的方法。卫生间的右侧摆放儿童小洗衣机作为洗衣区，尝试小空间大利用。结合幼儿的兴趣及年龄特点，我们收集了幼儿小时候的衣物、围兜，以及颜色不同、花纹不同的袜子，幼儿在晾晒游戏中锻炼小肌肉，同时也初步了解了配对、点数等知识（见图 3-5）。孩子们在游戏中真正成为“娃娃家”的小主人，在培养自我服务中感受到父母对自己无微不至的关怀。

3. 客厅区域（阅读区）

图 3-6　娃娃家里的阅读区

客厅区域（见图 3-6）也被设计成阅读区，一区两用。我们打破以往图书角独立设置的思维，将阅读区融入角色区域游戏中，创设“家中的小客厅”，在客厅区域放置了一个非常舒适的 3 人沙发，颜色以视觉柔和的蓝色基调为主，布置温馨、柔和、幼儿喜欢的卡通靠垫，配上简单的茶几，带给幼儿家的感觉，对于小班幼儿来说，在这里可以获得安

学习笔记

全感。蓝白色的书架作为隔断将空间进行分割，有了温馨的阅读环境，这里不再是以往的阅读区，而是幼儿的起居室，幼儿可以窝在沙发里，围坐在地毯上，随意选择自己喜欢的方式，放松地进行休息、阅读，享受那份美好的时光。

4. 婴儿房

从门口处向前走，靠窗边的区域就是娃娃婴儿房（见图 3–7），这里投放了真实的婴儿床和小纱幔。温暖的阳光透过窗户洒在小床上，童趣的纱幔和淡蓝色的床品能唤起幼儿的兴趣，婴儿床下布置了一块云朵形、和婴儿床颜色相呼应的单色地毯，这块小地毯不仅能界定区域，还能定位家具，营造婴儿房的舒适感。在这里幼儿可以结合经验照料宝宝的日常生活，提高幼儿的生活能力。

图 3–7 婴儿房

5. 小厨房

小厨房（见图 3–8）是一个开放式的厨房，为了满足幼儿对动手操作和平行游戏的愿望，将日常物品融入教室环境中，这些真实的日常物品可以增加幼儿的生活经验，有助于模拟和再现生活。

图 3–8 小厨房

图 3–9 收集生活用品

我们发现，相比塑料制品的仿真玩具，真实的厨房用品对幼儿在游戏中感官的刺激更丰富。利用家长资源收集家中安全的闲置小家电，厨房置物架，不同种类、大小的锅，不同造型的锅铲及调料瓶、沥水架，不同质地的盘子等生活用品，添置到厨房区域，引发儿童的好奇心和兴趣（见图 3–9）。

小厨房中的操作材料柜选用四格柜，透明的收纳筐使幼儿对操作材料一目了然，便于幼儿收纳与整理。以往在“娃娃家”材料的投放上大多是仿制品，但是如何利用小厨房给予幼儿多感官的整体发展呢？我们选择投放一些真实安全的物品，如面粉、蔬菜、水果等，在幼儿进行游戏时，我们发现，真实的食物比仿真玩具更能激发幼儿的好奇心和探索欲望，更具吸引力（见图 3–10）。

图 3–10 包饺子

6. 小餐厅

这里是小餐厅（见图 3–11 至图 3–13），一块地毯将餐厅区域与厨房和婴儿房进行区分，在空间上有暗示的效果，选择适合幼儿高度的小餐桌、舒适柔软的小餐椅、漂亮的插花、“全家福”照片，在营造舒适温馨的氛围时，更多的是给幼儿创造一个家一般的空间。

学习笔记

图 3-11 温馨的小餐厅（1）

图 3-12 温馨的小餐厅（2）

图 3-13 温馨的小餐厅（3）

（三）互动过程

在班级中，结合幼儿的需求展开谈话活动，“老师，我们家的餐厅桌子上面还有一个漂亮的灯”，“对，我家也有，那叫吊灯”……于是教师和幼儿一起收集大小合适的纸，制作创意吊灯，纸灯在幼儿手中有百变的造型（见图 3-14）。

图 3-14 制作创意吊灯

图 3-15 晾衣架

为了满足班中幼儿的需求，我们利用家长资源将真实的婴儿床布置到区域中。幼儿在照顾宝宝时，有的说：“老师，我家小弟弟还在喝奶，不能吃饭，我会帮妈妈给他换尿布。”有的说：“我在家帮助妈妈晾衣服，晾袜子。爸爸妈妈的是大衣架，我的是小衣架。”……幼儿将家中的奶瓶、纸尿裤带来宜家“小筑”，晾衣架上也出现了大、小衣架（见图 3-15）。通过与幼儿的谈话，我们在区域中不断地进行材料的添加与调整，不拘泥于原有规划。为了使幼儿在区域中进行更多的尝试与探索游戏，我们决定重新对区域进行调整与规划，满足班级中幼儿的不同需求。

原先的客厅区域没有用地毯进行划分，幼儿在阅读时需要来回搬动桌椅，影响正常的阅读活动。由于图书区位于教室的中间位置，考虑到区域设置的灵活性，地毯收放的便捷性，拼图式的地毯正好可以满足幼儿活动的需求，让幼儿从视觉上产生专属感，拿起书就能席地而坐读起来，提升阅读空间的舒适度，幼儿还可以动手随意组合出大小适合的地毯，体验参与操作的乐趣。

（四）经验提示

在环境创设时，首先要尊重幼儿的想法和需要，站在幼儿的视角去考虑。真实家居物品的投放要注意安全，要适合幼儿的高度，要有目的性地进行布置。例如，在教室的入口处放置一张舒服的地毯，营造出一进教室就可以感受温馨的环境亮点。从幼儿的视角投放材料设施，避免放置高的家具，高的家具会妨碍幼儿

学习笔记

在教室中游戏，应依据幼儿的视线高度摆放置物架，让幼儿一进到区域里就能看到架子上的物品。减少不必要的置物架、玩具柜，创造更多的走动空间，使幼儿在角色区游戏时可以流动起来。

环境中的地毯能够很好地界定空间。但地毯的选择不宜太过花哨，过度花哨的地毯容易分散孩子的注意力。例如，长方形的地毯适合铺设在沙发和餐厅的位置，圆形、云朵形的地毯适合铺设在婴儿房的位置。在进行角色区设置时，整体颜色要统一以柔和温馨的基调为主，避免高饱和的颜色给幼儿带来视觉上的冲击。环境不是一成不变的，可以随着孩子的兴趣和能力发展进行随时调整，温馨的“娃娃家”会使幼儿在班级中找到归属感。

二、“品阅书香味，浸润传统美”[1]

（一）环境创设意图

中国传统文化博大精深，蕴含着中华民族特有的审美和情趣。大班幼儿生活经验、认知水平和情感体验不断丰富，具有一定的艺术欣赏能力和审美能力。因此在班级整体环境创设中，应尽量凸显中国传统文化风格，使幼儿在环境的熏染中，更加直观地感受和体验中国传统文化的无穷魅力。环境中渗透的一些中国传统文化内容，格调清新雅致，不乏童趣。

创设充满书香气息的阅读环境，让幼儿在静谧、舒适的环境中，感受阅读的快乐，体验文学经典中独有的审美价值和语言艺术。幼儿在阅览中国经典文学绘本时，可能对其中的传统色彩风格、人物形象特点和传统画面元素产生浓厚的兴趣，感受特有的传统艺术之美。

结合幼儿的兴趣需求，在班级环境的角落里，通过对传统文化要素的渗透，创设传统曲艺评书剧场、传统艺术皮影剧团，以及创设美工区中泥塑、皮影、面人、京剧人物等传统艺术内容，引导幼儿在游戏环境中感受传统艺术的魅力，促进幼儿自主表达，给予幼儿审美的熏陶。通过与环境的有效互动，幼儿能充分感受中国传统经典文化特有的艺术魅力。

同时，在班级环境创设中，温馨一角的打造，体现出班级文化、家文化的气息，让幼儿感受到班级如家的温馨。

环境创设要充分促进幼儿的主动参与和互动。发挥环境的教育作用，彰显文学美，促进幼儿审美能力、感受表达能力和情感体验的发展，从各方面提升幼儿的感受能力、审美能力和表达表现能力。

（二）环境内容介绍

1. 书香文化传承经典

班级环境的风格凸显中国传统文化特点，格调清新雅致，不乏童趣（见图 3-16）。

语言区的整体环境宁静惬意，充满书香气息（见图 3-17 至图 3-21）。

---

[1] 案例由北京市丰台区育英幼儿园提供。

语言区打造宁静惬意的阅读氛围，让幼儿在静谧、舒适的环境中，感受阅读的快乐，体验文学作品的语言艺术之美。投放种类齐全的图书，并结合文学经典创设经典片段、精彩配音秀、阅读笔记、取经路上那些事儿等多板块环境内容（见图 3-22 至图 3-25）。通过丰富的书香内容，充分发挥环境的作用，促使幼儿在语言表达、协商合作、解决问题等方面的能力得到提升。

图 3-16　班级环境

图 3-17　语言区环境（1）

图 3-18　语言区环境（2）

图 3-19　种类多样的图书

图 3-20　书架

图 3-21　语言阅读区环境

图 3-22　经典片段

图 3-23　精彩配音秀

图 3-24　阅读笔记

图 3-25　取经路上那些事儿

幼儿结合阅读经验，参与创设多种互动环境。幼儿与环境的互动，有助于深入理解文学经典故事，并能通过自己喜欢的方式，表达对作品的理解和创造。

2. 传统文化元素融入

班级环境还可以充分体现中国传统文化元素，幼儿在传统评书表演环境中，

学习笔记

以评书的方式，演绎中国传统经典故事，教师给予他们自主表达、表现的空间。在角色区“火锅店”的互动环境和浓郁的曲艺氛围中，幼儿体验了“评书小明星”的成功感，激发了对评书的表现欲望，从而感受中国传统的曲艺文化以及评书语言的独特魅力（见图 3-26、图 3-27）。

图 3-26　评书剧场（1）

图 3-27　评书剧场（2）

具有中国传统色彩、妙趣横生的“皮影”同样深受幼儿喜爱。教师可以与孩子们共同创设皮影表演环境，幼儿可以选择喜欢的经典故事剧本进行表演，可以创编新的剧本内容。教师应满足幼儿自主表现的愿望，鼓励幼儿之间相互合作，积极交往（见图 3-28 至图 3-33）。

图 3-28　“皮影”幕布

图 3-29　“皮影”戏剧角色

图 3-30　皮影表演

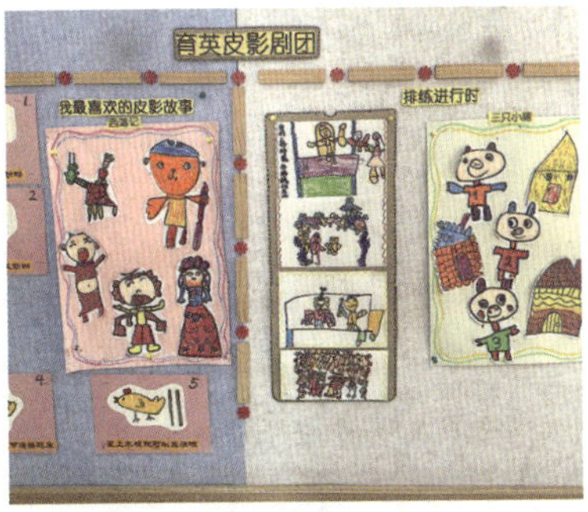

图 3-31　演出剧本设计

图 3-32　皮影人物角色

图 3-33　演员报名表

在美工区环境创设中，通过空间布局、色彩搭配、材料投放，充分体现自然、灵动而富有童趣的艺术气息。丰富的中国传统艺术要素，如泥塑、皮影、面人、京剧人物等，可以给予幼儿美的欣赏与感受。幼儿在美工区运用自己喜欢的传统艺术表现形式，大胆表达创造，丰富游戏内容（见图 3-34 至图 3-39）。

图 3-34　空间布局

图 3-35　材料台

图 3-36　欣赏展示空间

图 3-37　泥塑展示区（1）

图 3-38　泥塑展示区（2）

图 3-39　皮影艺术图案展示的美

3. 人文气息浸润心灵

学习笔记

在班级的角落，为幼儿营造如家一般舒适、温馨的环境。环境中的班级“全家福”和在树枝相架上展示的幼儿日常活动掠影，记录了幼儿成长的瞬间。幼儿在充满艺术的氛围中相互欣赏和交流，体验班级“家”的温馨。角落中还有幼儿喜欢的手写记事板和日历牌，他们可以自由地在记事板上记录美好的心情、想对老师同伴说的话或班级趣事。幼儿很喜欢来到这里，观看照片分享快乐，在记事板上涂涂画画，感受美好的自主空间与自由时光（见图 3-40、图 3-41）。

图 3-40　手写记事板

图 3-41　温馨的一角

（三）互动过程

幼儿置身于传统文化氛围浓郁的班级环境中，可以随处感受传统文化的独特魅力。充满书香气韵、宁静惬意的阅读环境，对幼儿的阅读兴趣和阅读习惯的养成起到潜移默化的作用。这使幼儿更爱来到这里静心阅读，走进图书的世界，汲取丰富的精神养料。以传统经典文学为主线创设的“大话西游”语言主题环境，充分体现了幼儿与环境的互动，渗透听、说、读、写各方面内容，激发幼儿自主阅读的兴趣，促进其语言、表达、创编、表演、前书写等能力的发展。同时，这种环境可以引导幼儿充分体验中国传统文学的艺术之美，提高幼儿的艺术欣赏能力和审美能力。

在充满传统文化氛围的班级环境中，如评书剧场中说书人绘声绘色、精彩纷呈的讲述，皮影剧中妙趣横生、活灵活现的表演，美工活动中形式多样、别具匠心的传统艺术表现，激发幼儿与环境的对话。在班级环境创设过程中，幼儿积极主动的参与，充分体现了幼儿是环境的主人。幼儿在发现问题、解决问题时，根据自己的需求，不断调整环境创设的内容，丰富游戏材料。教师应充分利用环境材料支持幼儿游戏，使游戏内容更加深入。在环境的熏染中，幼儿通过自己的方式大胆表达，这些都体现了孩子对传统文化的审美感受、审美想象和审美创造。

（四）经验提示

在班级环境的创设中，教师要注重班级环境的整体性，通过色调搭配、布局设计和传统文化要素的运用，突出主题内容。基于传统文化的渗透，环境创设在整体色调搭配中，要突出中国元素，给予幼儿审美的熏陶。环境创设布局能够结合班级空间特点，体现艺术感，注重立体空间的整体视觉效果，同时也注重布局的可变性，结合活动发展和幼儿需要，随时调整环境创设。环境材料的提供，应注重回归生活、回归自然，体现生活气息和人文特点。

1. 环境创设中需要注意的问题

（1）环境要注意整体性，通过色调、布局、要素的设计突出班级主题。

（2）环境布局要结合班级的空间特点以体现艺术感，注重立体空间的整体视觉效果。

（3）环境布局具有可变性，结合活动发展、幼儿需要，可以随时调整布局。

（4）环境材料回归生活，回归自然，体现生活化、自然化的特点。

2. 环境创设中互动引导的方法

（1）环境呈现的内容是幼儿能够看懂、读懂的，体现儿童化语言的特点。

（2）环境要源于幼儿，基于幼儿的兴趣和需要，体现幼儿的主体性。

（3）环境内容能够再现幼儿经验，体现活动发展的过程轨迹。

（4）环境真正实现与幼儿对话，激发幼儿深入活动的愿望，支持幼儿发展。

学习提示

本专题重点介绍的是幼儿园班级环境的概念及基本构成、内容及特点。在明确班级环境创设基本要求的基础上，从审美设计的角度、幼儿发展的角度提出幼儿园班级环境创设的实施策略，引导教师从幼儿发展的实际需要出发，从空间设置、互动墙饰、材料投放等方面整体化思考班级环境的创设。

学习资源

1. 图片示例

图 3-42　空间规划：门帘小门，划分空间[1]

图 3-43　个性化的家具陈设更具风格

图 3-44　打造艺术感的展示空间[2]

图 3-45　窗台植物架

图 3-46　种植箱角落展示架

图 3-47　情境展示区角

2. 推荐阅读资源

韩智、张敏：《图说：幼儿园环境规划与创设》，北京，北京师范大学出版社，2019。

崔岚、许玭：《孩子眼前一面墙：图解幼儿园班级主题墙的虚与实》，上海，华东师范大学出版社，2018。

---

[1] 图 3-42、图 3-43，由北京市丰台区政府机关幼儿园提供。

[2] 图 3-44 至图 3-47，由北京市丰台区嘉园第一幼儿园提供。

思考与练习

1. 班级环境包括哪些内容？
2. 班级环境创设应如何体现幼儿的主体性？
3. 以图书区为例，做一份班级图书区环境设计。

云测试

学习反思

学习笔记

专题四

幼儿园生活活动环境创设

学习目标

- 明确幼儿园生活活动环境创设的基本内容和特点，掌握幼儿园生活活动环境创设的主要方法、策略。
- 了解幼儿园生活活动环境创设和幼儿健康发展的关系，确立科学的儿童生活观、环境观。

学习导航

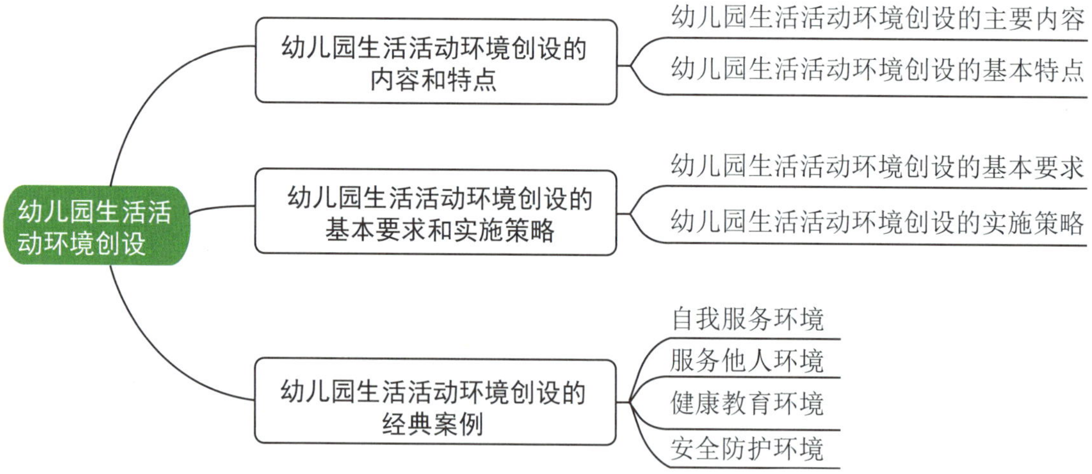

学习笔记

穿衣、吃饭、喝水、睡觉，这些再平常不过的事情，在幼儿身上都是重要的生活教育内容。幼儿园的生活活动作为幼儿在园一日生活的重要组成部分，有什么特点？针对幼儿在园的生活，生活活动环境创设应包含哪些内容？如何创设适宜的幼儿园生活活动环境？让我们结合案例来理解幼儿园生活活动环境创设的内容、特点及实施策略，理解生活活动环境创设与幼儿健康发展的重要关系。

学习主题1 幼儿园生活活动环境创设的内容和特点

《幼儿园教育指导纲要（试行）》提出了引导幼儿学习自我管理，有基本的生活自理能力的要求。幼儿教育必须关注幼儿生活，同时也应该回归生活，在生活中促进幼儿发展。良好生活活动环境的创设为幼儿生活活动的开展提供了重要保障，生活活动环境对于发展幼儿的自我服务意识、积累自理的生活经验、养成良好的生活习惯，以及获得安全生活的认识等具有重要意义。

生活活动通常是指幼儿的入园、进餐、喝水、盥洗、睡眠、离园等环节及活动。生活活动旨在帮助幼儿初步了解卫生知识和方法，遵循科学规律作息，培养基本的自理能力和良好的生活习惯，使幼儿在共同生活中能够安全、健康、轻松、愉快地成长。

生活活动环境创设是以生活教育为导向，以幼儿生活实际需求为依据，创设满足幼儿需要、促进幼儿发展的幼儿园生活活动环境，培养幼儿生活自理能力及良好的生活习惯，引导幼儿学会保护自己并适应集体生活。

一、幼儿园生活活动环境创设的主要内容

幼儿园生活活动环境可以按照不同的种类进行划分，可以利用幼儿园生活活动的具体事件进行划分，也可以按照幼儿年龄发展水平和需求，有目的、有计划地进行创设。

（一）自我服务环境

幼儿自我服务能力又称幼儿生活自理能力，是指幼儿日常照料自己生活的能力，主要体现在一日生活中的进餐、盥洗、便后的自理、穿脱衣服鞋袜和整理物品上。它是幼儿必须具备的最基本的生活技能。创设良好的生活环境有助于幼儿自我服务能力的提高和良好习惯的养成。

1. 进餐环境

现在很多幼儿存在挑食、偏食的情况，进餐环境的创设有助于培养幼儿良好的进餐习惯。如在中大班的班级生活区创设“营养膳食宝塔”的环境内容，有助于幼儿形象直观地了解不同食物的营养知识，引导幼儿明白各种食物都要吃，从而最大限度地解决挑食、偏食的问题。在小班幼儿进餐结束的擦嘴环节，教师可以通过创设“小鸡球球吃饼干”这样生动形象的环境，将正确擦嘴的方法用照片、图示的形式呈现出来，并把垃圾桶布置成幼儿喜爱的小鸡球球的形象，通过这样的隐性提示引导幼儿掌握正确的擦嘴方法。在饭后送餐具环节，可以在分餐桌上粘贴碗、盘的图示，引导小班幼儿能对应图片将餐具正确摆放，提升幼儿自我服

学习笔记

务能力并帮助他们养成良好习惯。

2. 盥洗环境

盥洗包含如厕、洗手、擦手等环节，盥洗室（卫生间）蕴含多样的教育资源，是培养幼儿良好生活习惯的重要场所。在布置盥洗室相关环境之前，可以先想一想，幼儿在盥洗室中进行的以上活动有哪些是可以通过环境的提示和引导来完成的，怎样结合幼儿的年龄特点进行有针对性的相关环境创设。

例如，为了帮助幼儿掌握科学的洗手方法，教师可以在幼儿洗手池的上方粘贴“七步洗手法”的步骤图。针对幼儿忘记关水龙头、浪费水的情况，教师可以创设“水龙头宝宝不哭”（小班）、“保护地球母亲”（中大班）的环境内容，潜移默化地培养幼儿节约用水的好习惯。在幼儿大便池的上方粘贴“健康便便”卡通图案，引导中大班幼儿根据图案了解自己大便的健康状况，从而自觉做到合理健康饮食。在男孩小便池的正中间粘贴“小靶心”的简单图案，提示幼儿不要将尿液洒在外面。而在等候的环节，我们也可以采取图标暗示的方法，如粘贴幼儿喜爱的动物图示，引导小班幼儿有序做事。幼儿在自然而有趣的环境中喜欢上了盥洗室中的各项活动，有助于养成良好的生活卫生习惯。

3. 睡眠环境

睡眠环境对于幼儿在园的睡眠质量、身体发育具有重要影响。良好睡眠环境的营造需要注意保持睡眠室的空气流通、温度适宜，要根据季节和温度的变化适当调整幼儿的被褥厚度以及空调温度。此外，简单、柔和的睡眠环境，适宜的光线，轻柔、放松的睡前故事及音乐都能给予幼儿安定的感觉，有助于稳定幼儿的情绪。如果是睡眠室和活动室合一的园所，更要注重保持幼儿的床铺与门窗的距离，不要让风直接吹向幼儿头部。此外，还可以布置一些图文搭配的简单环境内容，如提示幼儿睡前要轻轻走路，睡觉时小手要露出来，不露小肚皮等，培养幼儿良好的睡眠习惯。

4. 饮水环境

幼儿在园的一日生活中，饮水是重要的生活环节之一。饮水一般包括集中饮水和自主饮水。如何保证幼儿在园的饮水量？温馨的饮水环境有助于幼儿养成良好的饮水习惯。例如，针对小班幼儿不爱喝水的现象，教师可以结合小班幼儿喜爱小动物、有较强的具体形象思维的特点创设“小动物爱喝水”的环境，每个小朋友领养一只卡通动物（牌），幼儿多喝一杯水就可以在自己的卡通动物牌上增加一个水滴，以此激励幼儿主动喝水的愿望，从而达到引导幼儿自主喝水、适度喝水的目的。

5. 衣帽间环境

每个班级都会有衣帽间，一般位于班级入口处，衣帽间是幼儿更换衣服、存放物品的地方，巧用衣帽间可以让其成为重要的生活教育资源。例如，为了帮助小班幼儿掌握正确的穿脱衣步骤，教师可以在衣帽间粘贴正确的穿脱衣步骤图，以幼儿穿脱衣的步骤分解图片的形式呈现,或者以幼儿喜爱的动物卡通形象呈现，一些教师也会将穿脱衣服的方法编成朗朗上口的儿歌，幼儿边看图边说儿歌，更容易掌握穿脱衣服的正确方法。

每个幼儿的衣帽柜都是一个专属空间，如何进行区分呢？图示标识的设计既要符合幼儿的年龄特点，又要充分调动幼儿参与的积极性。如小班幼儿的衣帽柜可以以幼儿的大头照或者不同的动物贴纸作为标识，中班幼儿的衣帽间可以以打印名字结合自己的图画的方法呈现，大班幼儿则可以自己书写名字来呈现。

（二）服务他人环境

幼儿在中班、大班阶段开始从关注自己转向关注他人，从自我服务转向为他人服务，我们要为幼儿提供各种服务他人的机会。

1. 值日生环境

到了中大班，可以在班级开展值日生活动，幼儿轮流担当值日生的工作。一般来说，值日生工作可以包括幼儿报菜谱，照顾动植物，在盥洗环节提示同伴正确洗手，帮助同伴挽放袖子，进行天气播报等。关于值日生工作的具体内容，教师可以引导班级幼儿进行讨论，充分调动幼儿的积极性并尊重幼儿的意见。大家确定了内容之后，教师可以鼓励幼儿以图画文字结合的形式将值日生工作呈现出来，创设“我是小当家”墙饰环境，进而创设大家共同遵守的值日生工作准则，教师可以鼓励幼儿自己制作值日生牌，明确插牌规则，进一步培养幼儿服务他人的愿望和能力。当然，教师要密切关注幼儿值日生工作的情况、出现的问题及新的需求，不断反思调整、灵活变化相关的环境创设。

2. 天气预报环境

在生活活动环境创设中，天气预报环境也是常见的内容之一。结合幼儿年龄特点创设的天气预报环境，能够引导幼儿在收集、记录、统计与分析天气变化中感知天气变化与季节的关系，学会根据温度的变化适当增减衣物，同时在生活环节，为同伴播报天气也可以进一步萌发服务他人的愿望。

如在中班“天气预报”环境创设中，教师为幼儿提供了常见的气象图标（如晴、多云、下雨等）和记录卡，幼儿可以根据当天的气象情况选择对应的气象图标并插入当天的日期凹槽中，也可以自己尝试记录当天温度，并将温度记录卡也插到日期凹槽中。再如，在大班的“天天气象站”中，教师为幼儿创设了天气预报数轴图，幼儿尝试运用数轴进行气温变化的记录，这样的记录表征方式更加鲜明直观，也更便于大班幼儿对收集的信息与数据进行统计与分析。

3. 新闻播报环境

在大班的生活活动环境创设中，我们常常会看到关于“新闻播报”的环境内容。教师往往会利用生活过渡环节请幼儿进行新闻播报，这样的新闻播报有助于幼儿萌发关心身边的人、爱家乡、爱祖国的情感，也利于幼儿在播报过程中发展大胆表述的能力，激发幼儿大胆表达的愿望。大班幼儿会播报哪些新闻呢？一般来说，包括幼儿园的新闻、家乡的新闻、国家大事和自己感兴趣的事等，幼儿将自己要播报的新闻用图画、符号、文字结合的方式进行记录，播报后的新闻记录

学习笔记

还可以呈现在新闻播报站中，方便同伴随时浏览和欣赏。

（三）健康教育环境

健康教育环境是进行健康教育的重要环境资源，可以直观、形象地向幼儿传递健康防护知识，并产生良好的互动效果。如在大班“牙齿的秘密”健康教育环境中，教师用废旧泡沫制作成仿真牙齿，直观形象地引导幼儿了解牙齿的结构、不同牙齿的功能，又为幼儿提供记录卡，换牙的幼儿可以在自己的记录卡上记录自己换的是哪颗牙齿、换牙的时间等。同时通过与幼儿的充分讨论，教师与幼儿达成保护牙齿的约定，幼儿以绘画的形式将约定呈现在环境中，这体现了环境与幼儿的良好互动。针对过敏体质或营养不良的幼儿可以创设互动环境，提示幼儿注意饮食健康。

（四）安全防护环境

要为幼儿创设安全的生活活动环境，结合生活活动环境对幼儿进行安全教育，引导幼儿学习基本的安全知识和提升自我保护的能力。安全的防护环境，可以引导幼儿掌握自我安全防护的基本知识，学习一些自我保护的方法。例如，在“常用电话我知道”的环境中，教师将常用紧急电话 119、120、110 和与之对应的职业卡通形象进行关联，幼儿在直观形象的环境中会将紧急电话牢记心中；在“遇到火灾怎么办”的环境中，教师将“拨打 119”“湿毛巾捂口鼻”“低下腰前进”“向安全出口方向跑”等安全防护要点以直观的图画方式呈现出来，帮助幼儿掌握基本的防护知识。

二、幼儿园生活活动环境创设的基本特点

根据幼儿园生活活动的基本内容、基本特点及幼儿的生理特点、年龄差异，创设的幼儿园生活活动环境会呈现出独有的特点，主要包括以下内容。

（一）安全性

幼儿园生活活动环境的创设既要保护幼儿身体和心理的安全，又要引导幼儿养成初步的自我保护意识和能力。在物质环境创设方面，除了在园舍建筑、设施设备、活动场地、活动器材、玩具材料、空间布局方面要遵守国家相关规定，确保“硬环境”、安全设施符合要求外，还可以通过“安全教育环境”“我们的约定”等丰富的环境创设，引导幼儿养成良好的行为习惯，在一日生活的各个环节具有一定的自我保护意识，必要时能够采用简单的自我保护方法。在精神环境创设方面，教师可以在日常活动中营造平等、尊重、宽容的师幼互动、同伴交往的氛围，引导幼儿在宽松、自主、自由的环境中生活和游戏。

（二）渗透性

幼儿园生活活动环境创设的价值主要在于幼儿生活习惯和生活能力的培养，通常也渗透着社会、科学、语言等领域的教育内容。例如，中大班生活活动环境“光盘小明星”在引导幼儿养成不剩菜不剩饭习惯时，增强了幼儿节约粮食的意识。小班生活活动环境“我会放碗筷”引导幼儿餐后将碗筷分类放到指定位置，并以 5 个碗为一摞，其中渗透了集合与分类、“5 以内的点数”等数学方面的内容。

学习笔记

中大班生活活动环境“天气预报”，可以激发幼儿关注天气变化，根据冷暖适时增减衣物，还可与值日生活动相结合，培养幼儿大胆表达的能力。

（三）情境性

情境布置是幼儿学习环境的重要组成部分，生活环境中的情境创设以生活化、趣味化的形式使环境与幼儿产生有效的互动，对幼儿产生潜移默化的作用。

在幼儿园生活活动环境创设过程中，通常可运用游戏情境、故事情境使生活习惯和能力的培养更具趣味性。例如，在以鼓励幼儿自主喝水为目标的生活活动环境中，教师以“给小树苗浇水”的游戏情境引发幼儿喝水的兴趣，幼儿每喝一杯水便在贴有自己头像的“小树苗”上贴一个“水滴”标签，“水滴”用来给自己的“小树苗”浇水。类似的情境创设将生活习惯的培养转化为幼儿喜爱的游戏，以游戏情境激发幼儿主动参与生活活动。

（四）教育性

幼儿园生活环境的内容很丰富，涉及生活自理、服务他人、安全自护等内容，每一部分包含的内容极为细致、丰富，生活活动环境的创设旨在让幼儿在与环境的相互作用中养成良好的生活习惯，增强生活自理能力，因此每一处生活活动环境均蕴含明确的教育价值。

幼儿园生活环境所蕴含的目标从何而来？这应溯源于《幼儿园教育指导纲要（试行）》《3~6 岁儿童学习与发展指南》对不同年龄阶段幼儿生活习惯养成及生活自理能力培养的要求，以及本班幼儿的实际水平和需求。在此基础上，以科学、适宜的目标为出发点，采用适合的内容和形式进行环境创设。

学习主题 2　幼儿园生活活动环境创设的基本要求和实施策略

幼儿园生活活动环境的创设需要根据生活环节的具体内容，结合各年龄段幼儿的生活活动的特点，从幼儿需求出发，以人文化与全面化、互动化与情境化、简明化与步骤化相结合为基本要求，创设家庭式的生活环境、体验式的游戏环境、情境化的学习环境，促进幼儿养成良好的行为习惯和稳定的情绪状态。

一、幼儿园生活活动环境创设的基本要求

创设安全性、渗透性、情境性和教育性的幼儿园生活活动环境，需要教师着眼于幼儿园生活活动特点、幼儿身心发展特点和发展需要，并遵循以下基本要求。

（一）人文化与全面化

人文化要求教师在创设幼儿园生活活动环境时要以幼儿的身心健康发展为出发点，充分体现“以幼儿为本”的理念。全面化指既要为幼儿创设安全、卫生、有利于其生长发育的物质环境，又要营造温暖、轻松、平等的心理环境，促进幼儿身心健康发展。教师营造和创设幼儿园生活环境，可参考《3~6 岁儿童学习与发展指南》提出的生活与卫生习惯、自我保护能力、积极稳定的情绪情感等方面的内容，在幼儿一日生活中全面渗透健康行为习惯的养成要素。

学习笔记

（二）互动化与情境化

互动化指通过适宜的游戏情境、故事情境吸引幼儿与生活活动环境进行互动，适当地引导幼儿参与到生活活动环境的创设过程中。情境化是指依据不同年龄段幼儿的特点，创设幼儿感兴趣的具有游戏情境或故事情境的生活活动环境。互动化和情境化的生活环境通过多种方式与幼儿进行相互作用，例如，为引导幼儿养成将垃圾投入垃圾桶的良好习惯，小班教师制作了张着大口的小河马形象，将垃圾桶放置在小河马大嘴巴的后侧，并引导幼儿将擦嘴巴的纸巾叠成“小饼干”喂给小河马，边喂边说：“小河马，吃饼干吧！”幼儿在“喂小河马吃饼干”的游戏情境中与小河马进行互动，在有趣的游戏情境中逐渐养成良好的卫生习惯。大班的“光盘请亮灯”环境中，幼儿每次将食物吃干净后可点亮属于自己的一盏小灯，以记录和展示自己的光盘行动。

（三）简明化与步骤化

简明化和步骤化的生活活动环境能够在生活各个环节给予幼儿最明确、最直接的行为指引。简明化指幼儿园生活环境创设的内容及呈现形式应简单和清晰，便于幼儿在各项生活活动过程中迅速获得环境中传递的信息，及时形成或调整自身的行为，如备餐桌上贴的“小盘子”“小碗”“小勺子”的图片，能够直接传递出将餐具分类摆放的指引信号。步骤化指在许多生活环境中以清晰简明的步骤图呈现某些活动的程序，如擦嘴、洗手、穿叠衣物的正确方法步骤等，起到提示和引导的作用。

在遵循以上基本要求的同时，还应关注幼儿的个性化需求和幼儿行为习惯的变化，并据此适时调整生活环境的内容和呈现形式，有效引导和促进幼儿生活习惯和行为的养成。

二、幼儿园生活活动环境创设的实施策略

幼儿园生活活动环境的创设应以幼儿的需求和发展为中心，教师是环境的观察者、规划者，应当从幼儿的视角出发，创设符合幼儿需要、能让幼儿感到舒适、愿意参与、积极互动的环境。

（一）营造家庭场景，创设家庭式的生活环境

良好的生活活动环境关系到幼儿的正常发育与身心健康。从情感出发，营造家庭式的场景，创设家庭式的生活活动环境有助于引导幼儿在熟悉且有安全感的情境下开展活动，养成良好的生活习惯。如何创设家庭式的生活环境呢？教师要在家园沟通的基础上充分了解幼儿在家的生活习惯、养育环境，尽量将较适宜的家庭环境创设元素迁移到班级中。

例如，在针对小班初期幼儿的睡眠环境创设中，教师可以先通过家访等方式向家长了解幼儿的睡眠习惯，之后在班级创设家庭式的睡眠环境。可以让幼儿选择一张喜欢的照片带入园，请爸爸妈妈和孩子一起把装饰好的相框贴在睡眠室的墙面上，这样一张温馨的照片伴随着幼儿午睡，增加了刚入园幼儿的安全感，使之更快地进入梦乡。此外，很多刚入园的幼儿有自己午睡的“依恋物”，有的是自己的小被角，有的是一直陪伴自己的玩偶。面对有入园焦虑的小班新生，教师

学习笔记

应允许幼儿把自己的“依恋物”带到幼儿园，陪伴自己午睡。温馨的照片墙、心爱的布绒玩具及简单的装饰与布置让幼儿的睡眠环境充满了家的味道，这既美化了环境，又帮助幼儿建立了安全感、归属感。

（二）搭建生活场景，创设体验式的游戏环境

幼儿园生活活动环境的创设除了能感受到温馨、舒适外，还应注意引导幼儿充分体验、充分参与环境创设，幼儿在游戏化、生活化、体验式的场景中，逐步提高自理能力，养成良好的生活卫生习惯。幼儿一日常规生活，包含文明就餐、文明如厕等活动，应注意以游戏的方式，引导幼儿参与进来。

例如，在培养中大班幼儿节约粮食的生活活动中，教师创设了“光盘请亮灯”的游戏环境，鼓励幼儿在“光盘”后点亮属于自己的一盏灯。幼儿对这样富有操作性的小灯很感兴趣，都迫不及待地要去点亮自己的小灯。有剩饭习惯的幼儿，为了点亮自己的小灯，也很积极地把自己的饭菜吃干净。这样注重体验的游戏环境，逐步帮助幼儿养成文明就餐、节约粮食的习惯。

（三）遵循问题导向，创设情境化的学习环境

随着幼儿生活经验的积累，幼儿从依赖成人的照顾逐步发展到能够初步自理，进而再发展到为他人服务的水平。在这个过程中，教师应敏锐地发现幼儿在生活自理、健康习惯等方面的问题和需求，情境化的学习环境创设有助于幼儿生活经验的积累。

例如，大班初期的幼儿还不会系鞋带，经常需要教师的帮助。教师以“系鞋带”为问题导向，设计开展系列生活教育活动，帮助幼儿学习系鞋带的方法。教师将系鞋带的方法编成了儿歌，又以直观形象的图画呈现出来，朗朗上口的儿歌帮助幼儿很快记住系鞋带的步骤，幼儿边操作边观察，达到了事半功倍的效果。活动结束后，教师将方法步骤图贴到生活活动环境中，幼儿在生活中继续观察学习。教师通过生动有趣的儿歌、示范讲解、个别指导等方式，创设情境化的学习环境，帮助幼儿掌握了系鞋带的方法。

总之，生活活动环境的创设不仅承载着幼儿的感受、体验，而且引导着幼儿在平等、和谐、开放的环境中自由、自主地生活和游戏。

学习主题 3　幼儿园生活活动环境创设的经典案例

一、自我服务环境

（一）进餐环境

1. 中大班进餐环境示例

（1）环境名称：中大班进餐环境“光盘请亮灯”。

（2）环境内容如图 4-1、图 4-2、图 4-3 所示。

（3）环境材料：按钮灯（按照幼儿人数投放）、幼儿姓名（照片）。

（4）环境分析：为了帮助幼儿养成“节约粮食”的良好习惯，班级开展了“光盘请亮灯”活动。在生活活动环境中创设“光盘请亮灯”板块，教师

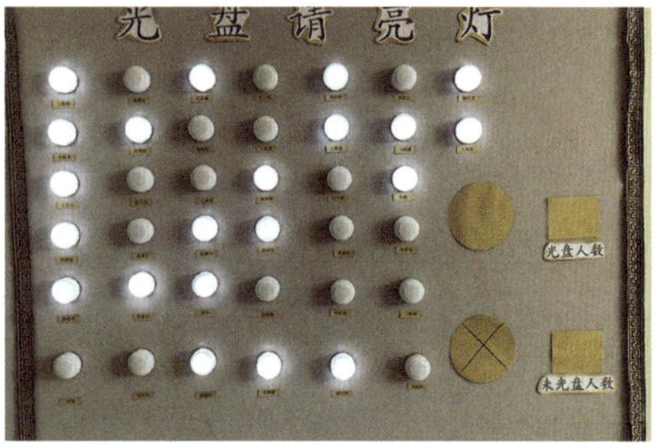

图 4-1　中大班进餐环境“光盘请亮灯”（1）[1]

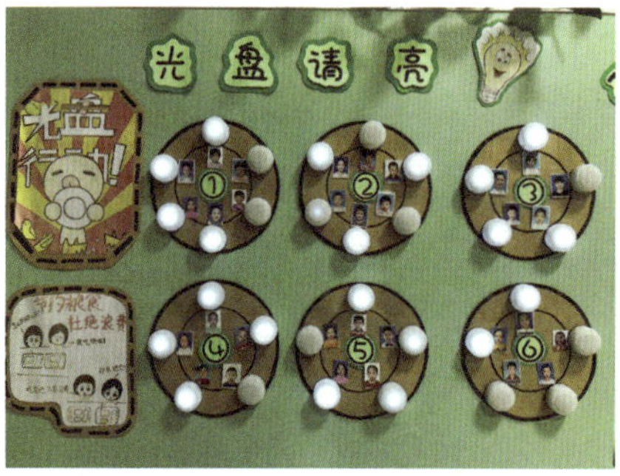

图 4-2　中大班进餐环境“光盘请亮灯”（2）

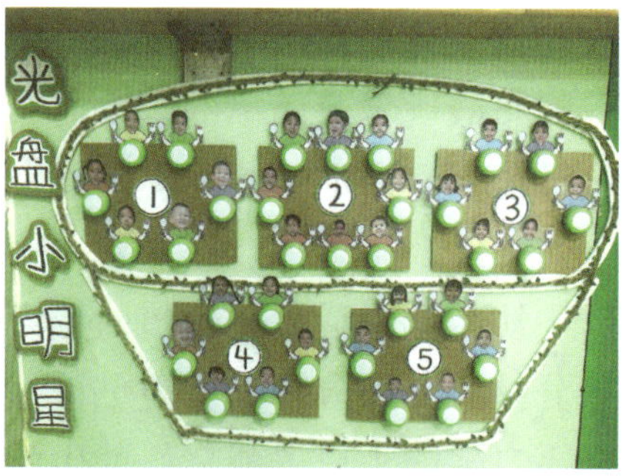

图 4-3　光盘小明星

为班里每名幼儿提供一个小灯，幼儿每次吃饭光盘后可以为自己点亮一盏“光盘小灯”，并由当天的值日生统计每餐的光盘人数、未光盘人数，每周累计光盘次数达到一定数量的幼儿可获得“光盘小明星”勋章，每月积累 3 个勋章及以上的幼儿可获得由厨师叔叔特制的糕点一份。

在不同的班级，可结合数学学科各年龄阶段的发展目标创设“光盘小灯”数数、小组亮灯数量比较、每餐亮灯数量统计等墙饰环境，在生活活动环境中渗透数学知识的学习。

2. 小班进餐环境示例一

图 4-4　小班进餐环境“送餐具宝宝回家”

（1）环境名称：小班进餐环境“送餐具宝宝回家”。

（2）环境内容如图 4-4 所示。

（3）环境材料：碗、勺子等餐具图片。

（4）环境分析：为了引导小班幼儿就餐后将餐具分类摆放，备餐桌上用形象的碗、勺子等餐具图片及与幼儿分组相对应的物品图片引导不同小组的幼儿将自己的餐具摆放到指定位置。

图 4-5　小班进餐环境“我会擦”

学习笔记

3. 小班进餐环境示例二

（1）环境名称：小班进餐环境“我会擦”。

（2）环境内容如图 4-5 所示。

（3）环境材料：小鸡球球塑封图片、纸巾。

（4）环境分析：小班进餐环境“我会擦”使用的是幼儿喜爱的小鸡球球形象，通过小鸡球球来展示将纸巾一步一步折叠成“小饼干”的四个简单清晰的步骤，引导小班幼儿学会使用纸巾擦嘴巴。此环境可在幼儿收放

[1] 图 4-1 至图 4-26，由北京市石景山区杨北幼儿园提供。

学习笔记

餐具的备餐桌旁边创设，引导幼儿收放餐具后及时擦干净小嘴巴。这一墙饰还可以用箭头或者一至四个圆点标明四个步骤的顺序，便于小班幼儿明确步骤顺序。

（二）盥洗环境

1. 小班盥洗环境示例一

（1）环境名称：小班盥洗墙饰“不一样的便便”。

（2）环境材料：教师或幼儿绘画作品、彩色卡纸。

（3）环境分析：

为了引导幼儿养成均衡饮食的良好习惯，在盥洗室厕池旁创设“不一样的便便”环境内容，包含三组图片，图片内容分别为：蔬菜水果——正常便便；垃圾食品——干燥便便；变质食品——稀软便便。一目了然的图片内容能让幼儿初步理解饮食与便便的关系，通过三组图片的对比，引导幼儿初步形成健康饮食的意识，培养幼儿多吃蔬菜、水果的良好习惯。

2. 小班盥洗环境示例二

（1）环境名称：小班盥洗环境“不一样的哗哗”。

（2）环境内容如图 4-6 所示。

（3）环境材料：幼儿或教师绘画作品、彩色卡纸。

（4）环境分析：为了引导幼儿养成多喝白开水的良好习惯，可在盥洗室小便池旁创设“不一样的哗哗”环境内容，教师可引导幼儿在小便时观察尿液的颜色，并结合环境中三组图片初步理解饮水量与尿液颜色的关系——喝水多时尿液清，喝水少时尿液黄。

图 4-6 小班盥洗环境“不一样的哗哗”

3. 中班盥洗环境示例一

（1）环境名称：中班盥洗环境“小手洗干净”。

（2）环境材料：教师或幼儿绘画作品、彩色卡纸、麻绳。

（3）环境分析：中班盥洗环境“小手洗干净”以“七步洗手法”为内容，将洗手步骤以图文并茂的形式呈现，视觉上一目了然。每一张图片清晰地呈现出洗手步骤的细节，引导幼儿清楚地观察和学习洗手步骤的要点。同时，利用数字符号提示幼儿洗手顺序。

4. 中班盥洗环境示例二

（1）环境名称：中班盥洗环境“我会掖衣服”。

（2）环境材料：幼儿绘画作品。

（3）环境分析：秋冬季幼儿穿着的衣服较多，室外温度较低，若幼儿未将衣服掖好便外出进行户外活动，容易使小肚子受凉生病。在中班盥洗室创设“我会掖衣服”环境，以清晰步骤图的形式在便池旁向幼儿呈现掖秋衣的四个步骤，即掀开外套、拉出秋衣、掖进裤子、整理外套，培养中班幼儿自我服务的意识。此墙饰也可利用照片呈现，便于幼儿清晰观察掖衣服的各个步骤。

学习笔记

（三）睡眠环境

1. 小班睡眠环境示例一

（1）环境名称：小班睡眠环境“上床睡觉”。

（2）环境内容如图 4-7 所示。

（3）环境材料：不织布、棉布、藤球。

（4）环境分析：为了吸引小班幼儿喜欢在幼儿园睡午觉，结合绘本《上床睡觉》画面创设幼儿喜欢的故事人物形象，以身穿睡衣的卡通形象营造温馨、轻松的睡眠环境，教师可在午睡环节结合睡眠墙饰内容为幼儿讲一讲有趣的绘本故事，帮助幼儿缓解更换午睡环境的紧张感，帮助幼儿适应幼儿园的睡眠环境。

图 4-7　小班睡眠环境“上床睡觉”

2. 小班睡眠环境示例二

（1）环境名称：小班睡眠环境“我会叠”。

（2）环境内容如图 4-8 所示。

（3）环境材料：不织布、彩色卡纸。

（4）环境分析：在幼儿睡眠室内可创设叠衣服环境，将不织布剪裁成长袖上衣、长裤的形状，依次呈现上衣、长裤的叠衣步骤，教师可结合简单的儿歌引导幼儿在尝试模仿中学会叠衣服的方法，培养幼儿自主整理衣物的良好习惯。

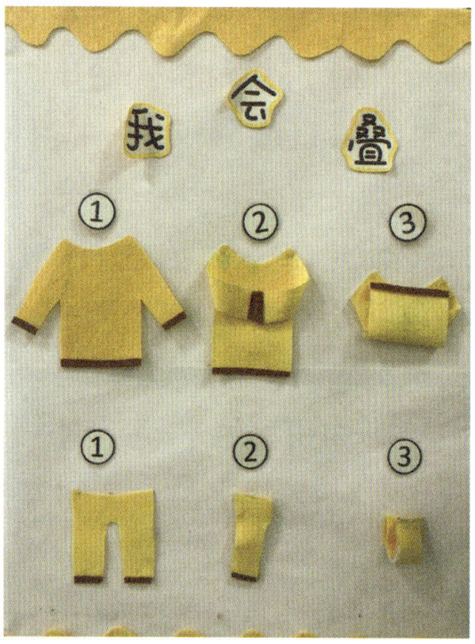

图 4-8　小班睡眠环境“我会叠”

（四）饮水环境

1. 小班饮水环境示例一

（1）环境名称：小班饮水环境“给小鸡球球喝杯水”。

（2）环境内容如图 4-9、图 4-10、图 4-11 所示。

图 4-9　小班饮水环境“给小鸡球球喝杯水”幼儿球球部分

图 4-10　小班饮水环境“给小鸡球球喝杯水”杯子卡片盒部分

图 4-11　小班饮水环境“给小鸡球球喝杯水”

学习笔记

（3）环境材料：幼儿照片、不同颜色的水杯图案若干、撕拉扣、小鸡球球图片。

（4）环境分析：为了激发刚入园的幼儿喝水的兴趣，保证幼儿充足的饮水量，班级教师利用幼儿喜爱的绘本故事《小鸡球球》中的小鸡球球的可爱形象作为背景元素，利用撕拉扣、幼儿照片及小杯子卡片，在靠近盥洗室的玩具柜背板上创设“给小鸡球球喝杯水”的环境内容，请幼儿在每次喝完水后都给属于自己的小鸡球球“喝一杯水”，每天午睡前、放学前数一数自己的小鸡球球喝了几杯水，以此培养幼儿爱喝白开水的良好生活习惯。此外，这一环境也便于教师及时关注每一个幼儿的饮水量，有针对性地护理饮水量不足的幼儿。

2. 小班饮水环境示例二

（1）环境名称：小班饮水环境“爱喝水的小花”。

（2）环境内容如图 4-12 所示。

（3）环境材料：不织布、纸杯。

（4）环境分析：小班饮水环境“爱喝水的小花”采用了“小蜜蜂给花朵浇水”的情境，每组幼儿喝完水后由一名幼儿将一朵小花放进与本组相对应的纸杯里，以此来记录本小组喝水的次数。小组的喝水次数几乎每次都是相同的，但这并不影响幼儿在每次喝水后通过与环境的互动来进行自我肯定，这个过程满足了幼儿动手操作的体验欲望，同时渗透了 5 以内数数、比较等数学元素。

图 4-12　小班饮水环境“爱喝水的小花”

3. 中班饮水环境示例

（1）环境名称：中班饮水环境“我会接水”。

（2）环境内容如图 4-13 所示。

（3）环境材料：幼儿绘画作品、彩色卡纸。

（4）环境分析：为了保证幼儿有充足的饮水量，避免因接水过多而造成洒水现象，在饮水机旁边可利用幼儿的绘画作品或者照片提示幼儿接水的适宜水量。在图 4-13 中，三幅图通过不同的水位线、人物表情及简单文字的对比，引导幼儿理解接水时要注意水杯中的水量，不能太少也不能太多，水杯的一半多一点是恰好的。

图 4-13　中班饮水环境“我会接水”

学习笔记

二、服务他人环境

（一）值日生环境

1. 大班值日生环境示例

（1）环境名称：大班值日生环境“小小值日生”。

（2）环境内容如图 4-14 所示。

（3）环境材料：值日生表格、姓名卡、值日生工作绘画图示等。

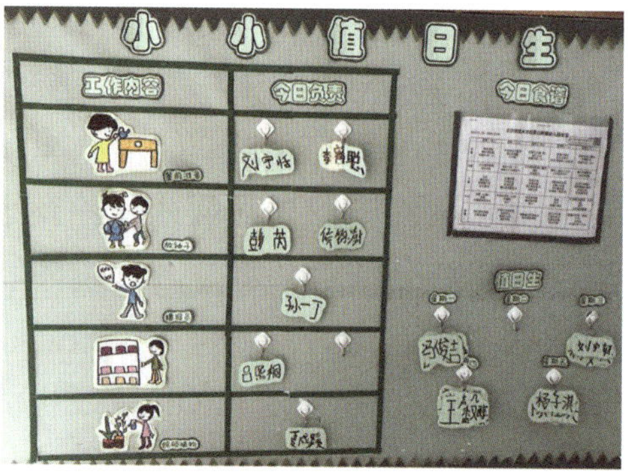

图 4-14 大班值日生环境“小小值日生”

（4）环境分析：“小小值日生”的环境包含“工作内容”“今日负责”“今日食谱”“值日生”四部分。教师在与幼儿共同讨论“值日生可以为大家做哪些事情”之后，形成了在班级内对值日生工作内容的共同约定，班级幼儿分成五组，每天都有一组值日生为大家服务。当轮到自己值日时，幼儿把自己的名签挂到表格中对应的位置上。明确值日生分工，这极大地激发了幼儿主动参与值日积极性和为集体服务的自豪感。

2. 中班值日生环境示例

（1）环境名称：中班值日生环境“小小值日生”。

（2）环境内容如图 4-15 所示。

（3）环境材料：值日生卡（雪糕棍粘贴幼儿照片装饰）、值日生职责图（幼儿绘制）、自制插卡槽、值日生工作照片。

图 4-15 中班值日生环境“小小值日生”

（4）环境分析：值日生环境包括“今天我当家”和“我会这样做”两个部分。首先，在前期活动中，教师引导幼儿说出作为值日生可以帮助大家做哪些事情，进而共同确定了浇花、摆椅子、放水壶、报菜谱等职责。每一天都有轮换的幼儿做值日生，值日的幼儿将自己的值日生卡插到对应的卡槽中。其次，“我会这样做”的墙饰环境，以照片的形式呈现值日生工作的注意事项，如“早早来到幼儿园”“认真洗手讲卫生”“微笑礼貌我真棒”“认真帮忙顶呱呱”，引导中班幼儿共同遵守约定。

（二）天气预报环境

1. 小班天气预报环境示例

（1）环境名称：小班天气预报环境“小鸡球球报天气”。

（2）环境内容如图 4-16 所示。

学习笔记

（3）环境材料：立体小鸡，星期标志，太阳、云朵等天气卡片。

（4）环境分析：“小鸡球球报天气”以小班绘本《小鸡球球》的主人公小鸡球球为题材，创设了小鸡球球报天气的情境。环境色彩明快、温暖，幼儿可以根据当天的天气情况选择天气卡片粘贴到对应日期的小鸡球球下方，这可以引导小班幼儿对天气变化进行初步的感知。

图 4-16　小班天气预报环境“小鸡球球报天气”

2. 中班天气预报环境示例

（1）环境名称：中班天气预报环境“天气播报站”。

（2）环境内容如图 4-17 所示。

（3）环境材料：自制天气转盘（晴天、多云、雾霾、雨天、大风、雪天），播报员姓名卡，日期卡（年月日数字、星期卡片），幼儿姓名卡袋。

（4）环境分析：“天气播报站”简洁，直观，符合中班幼儿的认知特点。教师引导中班幼儿在与墙饰环境互动中初步认识天气，了解天气。幼儿轮流做天气播报员，首先选择数字卡片粘贴到“年月日”区域，将自己的姓名卡粘贴到“播报员”处，幼儿可以根据当天天气情况将指针转到对应的天气卡片上。这样以转盘为主要形式的环境给了幼儿动手操作的机会，较好地调动了幼儿参与的积极性。

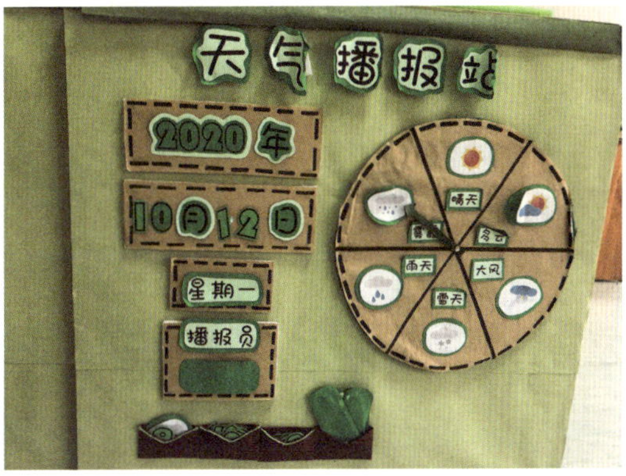

图 4-17　中班天气预报环境“天气播报站”

3. 大班天气预报环境示例

（1）环境名称：大班天气预报环境“小小气象站”。

（2）环境内容如图 4-18 所示。

（3）环境材料：气象统计表、温度统计表、数字记录卡、笔等。

（4）环境分析：“小小气象站”包含“气象统计表”“温度统计表”两个部分。幼儿以图画的形式将当天的天气情况记录在“气象统计表”中，

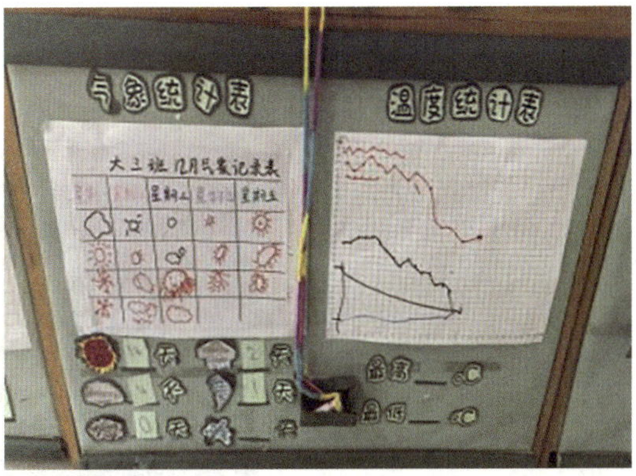

图 4-18　大班天气预报环境“小小气象站”

学习笔记

最后对当月晴天、阴天、下雨的天数进行统计。同时，在“温度统计表”的曲线图中，幼儿对照横纵坐标找到当天的日期，并以画圈的方式在表格中对当天的温度进行标注，最后形成当月温度统计的曲线图。幼儿在播报天气、记录天气、统计天气的过程中，发展了大胆表达、表现的能力，初步感知了季节变化的周期性，积累了用图画、符号、图表进行记录的经验。

（三）新闻播报环境

（1）环境名称：大班新闻播报环境“新闻角”。

（2）环境内容如图 4-19 所示。

（3）环境材料：新闻播报记录纸、姓名卡。

（4）环境分析：大班新闻角包含“幼儿园新闻”和“身边趣事”两部分。鼓励大班幼儿将幼儿园和自己身边发生的有趣、新鲜的事情以图画和文字相结合的方式记录下来，并在集体中进行新闻分享。幼儿在发现新闻、记录新闻、分享新闻的过程中，发展了前书写能力和在集体面前大胆表达的能力。

图 4-19　大班新闻播报环境“新闻角”

三、健康教育环境

（一）保护牙齿环境

（1）环境名称：大班健康教育环境“牙齿咔咔咔”。

（2）环境内容如图 4-20 所示。

（3）环境材料：蛀牙实验观察瓶（3 个分别装有清水、盐水和糖水的塑料封口瓶，鸡蛋）和记录单。

（4）环境分析：保护牙齿是大班健康教育的重要内容之一，教师通过观察、分析幼儿日常生活中刷牙、饮食的表现，和幼儿共同创设“牙齿咔咔咔”的环境。环境包含三部分：一是“今天你刷牙了吗”，通过直观形象的图示引导幼儿掌握正确的刷牙方法；二是“我会保护牙齿”，大班幼儿和教师一起收集保护牙齿的方法，并以图画的形式呈现在环境中；三是“蛀牙实验——猜猜蛋皮会怎样”，引导幼儿观察在清水、盐水和糖水中的蛋皮四

图 4-20　大班健康教育环境“牙齿咔咔咔”

学习笔记

周的变化，并以周为单位进行记录，让幼儿在直接感知中了解要少吃甜食、保护牙齿的重要性。

（二）保护眼睛环境

（1）环境名称：大班健康教育环境“保护眼睛”。

（2）环境内容如图 4-21、图 4-22 所示。

图 4-21　大班健康教育环境“护眼小常识”

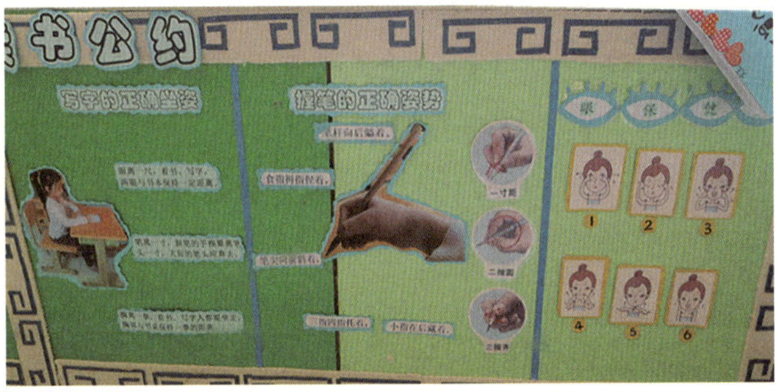

图 4-22　大班健康教育环境“读书公约”

（3）环境材料：护眼常识绘画作品、正确书写姿势照片等。

（4）环境分析：健康教育环境“保护眼睛”包含“护眼小常识”“读书公约”等内容。大班幼儿在教师的帮助下通过查资料获取护眼小常识，并以绘画的方式呈现出来，通过与环境的互动进一步懂得保护眼睛的重要性，了解基本的保护眼睛（视力）的知识。同时，班集体共同讨论形成班级“读书公约”，大家共同遵守，促进大班幼儿掌握正确的握笔姿势和书写姿势，养成良好的学习习惯。

（三）垃圾分类环境

（1）环境名称：中班健康教育环境“垃圾分类我能行”。

（2）环境内容如图 4-23 所示。

（3）环境材料：可回收垃圾、厨余垃圾、有害垃圾、其他垃圾的自制垃圾分类盒，垃圾分类说明（幼儿绘画），各种垃圾小卡片。

（4）环境分析：这是一个互动性很强的环境，上半部分是对四类垃圾如何投放的说明，幼儿将垃圾按类投放的知识以绘画的方式表现出来。同时，教师制作了不同种类垃圾的小卡片，幼儿可以按照垃圾分类的说明将小卡片投放到相应的垃圾分类盒中。幼儿在动手操作、与环境的充分互动中，进一步掌握垃圾分类的方法，从小建立科学、卫生的生活习惯和生活方式。

图 4-23　中班健康教育环境“垃圾分类我能行”

学习笔记

（四）传染病预防环境

（1）环境名称：中班健康教育环境“‘疫’去春来”。

（2）环境内容如图 4-24 所示。

（3）环境材料：幼儿绘画作品、幼儿照片、装饰图片等。

（4）环境分析：中班健康教育环境“‘疫’去春来”包括“抗疫小方法”“抗疫我最棒”等。在“抗疫小方法”中，教师用直观形象的图片帮助幼儿掌握自我防护的方法；在“新冠病毒我了解”中，幼儿将自己对病毒的了解以绘画的形式进行呈现；在“抗疫我最棒”中，教师鼓励幼儿分享自己勤洗手、正确佩戴口罩、注意饮食卫生的好习惯。通过与健康教育环境的互动，中班幼儿能逐渐认识病毒和健康的关系，掌握自我防护的基本方法。

图 4-24　中班健康教育环境“‘疫’去春来”

四、安全防护环境

（1）环境名称：大班安全教育环境“消防安全我知道”。

（2）环境内容如图 4-25、图 4-26 所示。

（3）环境材料：消防安全知识图画、幼儿自主设计的消防安全标志。

（4）环境分析：“消防安全我知道”安全教育环境分为两部分：一是消防安全知识，二是消防安全标志。教师和幼儿将消防安全防护要点以及消防安全标志以直观的图画方式呈现出来，教师引导幼儿了解基本的防护知识，同时，引导幼儿认识常见的消防安全标志，掌握发生火灾时简单的自救和求救的方法。

图 4-25　大班安全教育环境“消防安全知识”

图 4-26　大班安全教育环境“消防安全标志”

学习提示

了解生活活动环境的内容和特点，明确生活活动环境对于幼儿养成良好的生活、卫生习惯的重要意义，能够从自我服务、服务他人、健康教育、安全防护方面思考环境创设的内容。

云测试

学习笔记

思考与练习

1. 结合经典案例，谈谈班级生活活动环境创设的具体内容。
2. 结合经典案例，谈谈班级生活活动环境创设的特点。
3. 结合小班幼儿特点，谈谈小班洗手环境创设的思考。

学习反思

专题五

幼儿园区域游戏活动环境创设

学习目标

- 明确幼儿园区域游戏活动环境的概念。
- 理解幼儿园区域游戏活动环境的内容和特点。
- 掌握幼儿园区域游戏活动环境创设的实施策略。

学习导航

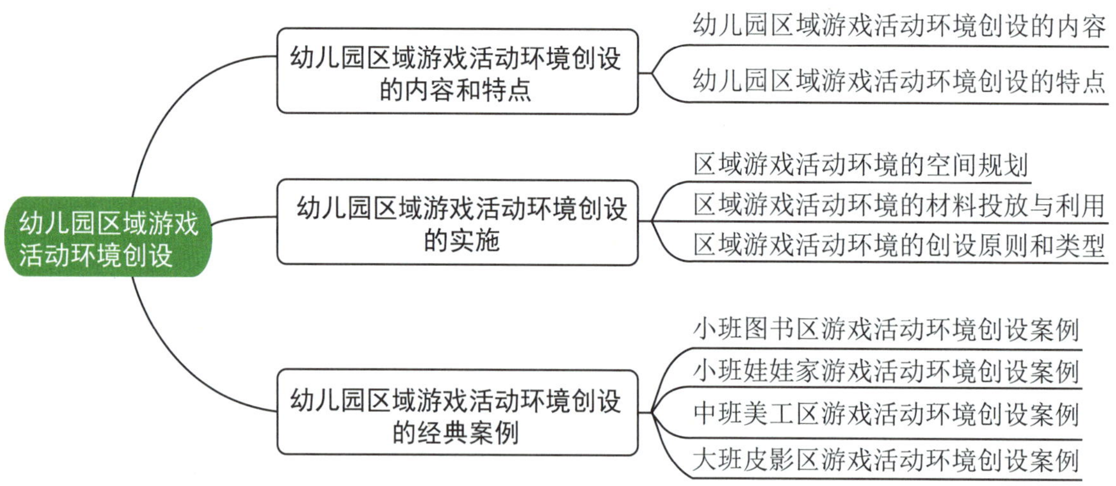

学习笔记

游戏是幼儿的天性，区域游戏活动环境好似班级中的“游乐场”，对幼儿有着天然的吸引力。当教师不断依据幼儿的兴趣和需要，创设和调整幼儿区域游戏活动的环境时，一个个“有准备”的环境，将会向幼儿发出主动尝试探索的邀请，教师可以欣喜地看到幼儿快乐、专注、自主、愉悦的游戏状态，在游戏过程中不断提升幼儿多方面的能力。

学习主题1　幼儿园区域游戏活动环境创设的内容和特点

区域游戏活动环境是幼儿园环境的重要组成部分，教师需要了解区域游戏活动环境的教育价值和组成内容，有意识、有计划地创设高质量的区域游戏活动环境，才能吸引幼儿参与到区域游戏活动中，在自主游戏中实现主动发展。

区域游戏活动环境是以幼儿感兴趣的活动材料和活动类型为依据，将活动室的空间划分为不同的区域,从而幼儿能够在区域游戏中获得个性化的学习和发展。区域游戏活动环境要能够激发幼儿的活动兴趣，有利于幼儿自主性的发展，教师能够为幼儿创建一个多方面学习与体验的空间,促进幼儿主动建构多方面的经验。

《幼儿园教育指导纲要（试行）》提出：“幼儿园的空间、设施、活动材料和常规要求等应有利于引发、支持幼儿的游戏和各种探索活动，有利于引发、支持幼儿与周围环境之间积极的相互作用。”文件指出了区域游戏活动环境创设涉及区域空间、游戏设施和材料、区域游戏活动常规等方面的内容。

刘焱教授指出，通常一个结构合理、内容丰富的活动区可以看作一个良好的游戏环境的表现形式，区域活动环境的创设需要考虑空间的组织与安排、环境的安全与舒适、材料的丰富多样、环境中渗透的文化和教育内容。董旭花教授指出，区域游戏活动环境创设需要针对空间布局、区域选择、材料投放、幼儿活动和教师指导进行观察和研讨，分析其适宜性和有效性。

袁爱玲提出，幼儿园教育环境是在幼儿园中对幼儿身心发展产生影响的一切物质与精神要素的总和。[1] 王微丽对于区域游戏活动环境创设的探索主要包括区域游戏环境的准备与创设、区域游戏材料的投放与研究。[2] 段兰兰在研究中提出，区域游戏活动环境创设主要包括区域游戏空间材料的选择与投放、活动的展开等。徐慧也指出，区域游戏活动环境的创设重点有两方面：一方面是空间设置要明晰区域分界，定位区域功能，联合区域交融，另一方面是材料投放要多元多样，有的放矢。

区域游戏活动环境包括精神环境和物质环境。教师要为幼儿创设轻松自主的游戏环境，物质环境是调动幼儿参与游戏活动的基础，因此，本专题将重点讲解区域游戏的物质环境创设。幼儿园区域游戏活动的物质环境主要包括区域游戏空间设置、区域游戏材料投放、区域游戏活动环境创设三部分。

---

[1] 袁爱玲：《幼儿园教育环境创设》，北京，高等教育出版社，2010。
[2] 王微丽：《幼儿园区域活动——环境创设与活动设计方法》，北京，中国轻工业出版社，2014。

学习笔记

一、幼儿园区域游戏活动环境创设的内容

幼儿园区域游戏活动环境的物质环境创设内容，包括下述三方面。

（一）区域游戏空间设置

区域游戏空间设置是指合理规划和利用班级空间创设区域，包括关注区域数量、种类、位置、开放性和区域间的联系等要素。

首先，关于空间数量，要考虑本班级需要确定开设多少个区域，开设哪些区域。这里说的班级需要，主要是从幼儿需要的角度思考，依据班级幼儿的年龄特点确定区域，在游戏的发展过程中，还可以根据幼儿近期的兴趣和关注点增设相关区域。

其次，关于空间大小，要根据该区域预计容纳的幼儿数量确定占用的面积。班级空间有限，要做到“物尽其用”，占用面积与幼儿参与数量相匹配。某一区域既不能过大，挤占其他区域的空间；也不能过小，影响幼儿的参与度。

再次，关于空间位置，要根据区域性质合理分布，每个区域的性质不同，实现的主要功能也有所差别，“动区”和“静区”需要分开，以免相互干扰。区域的空间位置要满足幼儿对自然资源的需要，如水源、采光等，这些都是区域位置分布时要关注的重点。

最后，关于区域之间的联系，要考虑幼儿游戏的需要，每个区域的开放性和封闭程度有所差异，要方便幼儿与其他区域有机互动，避免完全封闭。

（二）区域游戏材料投放

材料是幼儿游戏的物质基础，是根据幼儿的兴趣和年龄特点而投放的各种物质资源。要引发幼儿主动学习，就要提供支持性的材料，儿童的智慧源于对材料的直接感知和操作。对教师来说，材料是教育目标和教育内容的物化体现，提供给幼儿不同发展需要的丰富材料，调动幼儿学习的积极性和主动性，能够让幼儿在自由操作和探究中学习。对幼儿来说，材料是主动建构经验和认识周围世界的中介，幼儿能够自由选择操作材料和活动，能够直接感知和亲身体验材料，在操作、摆弄材料的过程中建构自己的经验，真正成为学习的主体，实现主动学习。

区域游戏材料的投放，首先需要考虑材料的安全性，材质及成品符合国家安全健康和环保标准及幼儿教育行业标准、产品质量标准等。

其次，要考虑游戏材料选择的适宜性，是否符合幼儿的年龄特点和发展水平，是否符合幼儿的兴趣需要。

最后，要考虑材料在区域中的摆放位置和呈现方式，是否能够看得见，拿得到，放得回，便于幼儿游戏。

（三）区域游戏活动环境创设

区域游戏活动环境不是单纯的“装饰”，游戏活动环境作为教育的重要部分，肩负着教育功能，可以起到对幼儿经验进行展示、总结和记录的作用，也可以起到汇集问题、延伸活动的作用。区域游戏活动环境创设涉及内容、功能、方式，这些是区域游戏活动环境创设需要思考的内容。

学习笔记

首先，需要根据区域游戏确定什么内容适合呈现，幼儿参与的区域游戏内容很多，要考虑哪些是幼儿喜爱和能支持引发幼儿获得经验与发展的环境，创设出来的环境对幼儿的意义和价值是什么。

其次，要考虑内容如何展示更适宜，用什么样的方式展示幼儿探索中的经验，用什么样的方式可以引导幼儿不断提出自己游戏中遇到的问题，怎样应对幼儿的问题和展示幼儿的发现。

最后，还要考虑环境的空间和布局怎样便于幼儿与环境互动，运用怎样的配色和装饰更具美育价值等。

二、幼儿园区域游戏活动环境创设的特点

幼儿园区域游戏活动环境创设是否合理，是否适宜，直接关系着幼儿的游戏状态和游戏中获得的经验。教师在创设过程中，应该注意以下原则。

（一）自主性

幼儿是区域游戏活动环境的主人，区域游戏活动环境的最终目的是实现幼儿的发展。教师要“以幼儿为本”创设区域游戏活动环境，要让幼儿以主人翁的身份参与到班级区域游戏活动环境的创设中来。自主性表现在幼儿可以自己选择游戏内容，自主决定游戏玩法，自主选择伙伴游戏等。教师可以通过观察、询问等方法了解幼儿的想法，依据幼儿的想法投放材料，或者和幼儿一起收集材料，从而共同创设幼儿喜欢的班级区域游戏活动环境。

（二）开放性

区域游戏活动环境的开放性可以实现幼儿在游戏中的自主学习，其开放性主要体现在区域游戏活动的时间、空间、环境、材料方面。幼儿可以自由选择、取放材料；幼儿有充足的自主游戏时间；活动的空间是可以共享的；环境是幼儿可以与之自由互动的。物质环境作为一种客观存在，是否能实现真正的开放依赖于开放的心理环境，教师和幼儿是否有平等和谐的关系，班级是否具有宽松愉悦的游戏氛围，影响着幼儿在班级游戏中的行为。

（三）目标性

我们不能盲目创设区域游戏活动环境，缺乏计划性的环境无法发挥教育价值，无法满足幼儿的游戏需要。区域游戏活动环境是教师“有准备的环境”。有价值的环境可以支持幼儿学习的发生和持续进行，实现有意义的学习。

教师需要根据《3~6 岁儿童学习与发展指南》了解不同年龄段幼儿各领域的发展目标；了解本班幼儿在各领域的兴趣、需求和当前的发展水平；了解本班幼儿的各阶段计划的发展目标，如班级计划、周计划等，从而确定班级开设的区域游戏种类、每个区域投放的游戏材料和环境布置。

（四）探究性

区域游戏活动是实现幼儿自主学习和成长的好机会，这种成长来自区域游戏活动环境中幼儿的探索欲望，来自幼儿对材料的操作和对事物的探究过程。当游戏内容和游戏材料具有一定的挑战性时，当环境不断激发幼儿新的探索和新的挑

学习笔记

战时，他们的游戏兴趣才会不断地被激发，在区域游戏中享受游戏活动的乐趣。幼儿在探究过程中不断发现问题、解决问题，这有助于幼儿坚持与专注、想象与创造等良好学习品质的发展。

（五）趣味性

区域游戏活动环境的趣味性直接影响着幼儿游戏选择和游戏过程的积极性，所以我们在创设环境时，区域游戏活动环境布置应具有更强的情境性，材料提供应更具可操作性，这样可以让幼儿的游戏更加有趣。区域游戏活动的环境应定期变化，这样能够给幼儿创设不同的游戏体验，使幼儿时刻保持对区域游戏活动的期待感，在游戏中获得愉悦的体验。

学习主题 2 幼儿园区域游戏活动环境创设的实施

区域游戏活动环境的创设是幼儿园开展教育活动的重要手段，教师应该通过合理利用环境中的各个要素，实现幼儿在区域游戏活动中的自主学习。所以我们在进行区域游戏活动环境创设过程中，要丰富实施策略，运用适宜的方式方法，促使幼儿积极主动参与到活动中，在游戏中获得多方面的发展。

一、区域游戏活动环境的空间规划

科学地规划幼儿园区域游戏活动空间，可以为幼儿提供不同的自由空间，使各个空间既相对独立，又彼此联系，使有限的空间发挥出最大的教育作用。

（一）区域设置要合理

一般来说，班级的常规区域包括语言区、益智区、美工区、建构区、表演区、角色区、科学区、自然角等。除此之外，班级还会根据幼儿兴趣、主题需要等开设一些特色区域，如皮影区、自由探索区等。

“这么多区域是否都要开设？我们班应该开设哪些区域？”这是教师规划和设计班级区域空间时最先面临的问题。上述常规区域可以作为参考和基础，但其实并没有标准要求班级必须开设哪些区域。不同的区域有不同的功能、不同的目标，我们要明确，开设区域的最终目的是实现幼儿的全面发展，这就需要教师学会思考和分析，避免盲目地开设区域，而要基于不同年龄段幼儿的发展目标、本班幼儿的兴趣需要来设置不同区域。

而且，班级每学期开设的区域不是固定不变的，教师可以灵活地调整，从而满足本班幼儿的兴趣和发展需要。

（二）规划空间布局

区域内容确定后，最难的问题就是怎样规划这些区域的位置，为幼儿创设安全舒适的区域游戏活动环境，同时满足幼儿不同区域游戏活动的需要。

1. 动静相宜

语言区、益智区需要相对安静的空间，尽可能减少干扰；表演区、美工区、角色区比较喧闹，幼儿之间需要交流沟通。所以，在空间安排上，要将需要安静

学习笔记

的区域设置在与喧闹区域相对隔开的空间，场地相对封闭，给幼儿提供更专注于某项活动的空间，使幼儿免受其他区域的干扰。

2. 因地制宜

自然角需要阳光，美工区的一些活动需要水源等，教师在区域规划时要满足幼儿活动的需要。另外，还可以充分利用睡眠室、盥洗室等空间，如可以在盥洗室开设美工活动，方便冲洗。可以在睡眠室开设表演、建筑等区域，充分利用班级的每个空间。

3. 区域联动

在区域位置规划时，要考虑到区域之间的相互联动，在玩具柜、格挡、桌椅等摆放时，要避免所有区域都是封闭的。有的区域需要开放的场地，给幼儿更自如的活动空间，实现区域之间幼儿的交往；如美工区、角色区，幼儿在活动时需要互动交流，这些区域尽可能离得比较近，或者以开放的方式组合以利于幼儿打破区域界限，积极地与其他区域幼儿互动，拓展游戏内容。

二、区域游戏活动环境的材料投放与利用

要规划设计好区域活动的空间，教师就要思考区域投放哪些材料。材料的合理选择和投放是开展区域活动的前提和保障，教师需要研究材料，避免材料盲目投放，有目标、有针对性地投放材料，才能实现幼儿的自主独立探索。

（一）投放游戏材料的种类

选择的材料功能要符合这个区域的发展目标，这些材料用不同的维度可以划分为不同的种类，在这里主要介绍两种分类。

1. 按来源分类

区域游戏材料可以是教师投放的，也可以是幼儿参与准备的。教师可以根据幼儿的年龄特点、发展目标、兴趣需要等选择投放的材料。同时，幼儿也可以参与到区域材料的投放中，教师可以将材料搜集的过程当作幼儿的学习过程，与幼儿一起设计、准备和制作材料，这样能极大地激发幼儿与材料的相互作用，从而使材料得到有效使用。

2. 按性质分类

可以将区域的材料分为成品材料、自制材料、自然材料。成品材料是直接购买的，可以直接使用的材料，如建构区的积木、益智区的嵌板等。自制材料是教师有意识地根据本班幼儿的需要进行加工制作的材料，这类材料能够满足班级个性化区域游戏活动的需要。自然材料是收集投放的各类自然物，如叶子、石头、蔬菜、纸盒等，贴近幼儿的生活，能够让幼儿进行自由创作。

（二）投放游戏材料的要点

选择适宜的材料是引发和支持幼儿活动的重要条件，因不同年龄的幼儿认知水平、能力发展、兴趣爱好各有不同，各个区域的重点发展目标指向也各有不同，所以教师在选择材料时，不是简单地罗列和堆积材料，而是要真正地对材料进行

学习笔记

分析和推敲，只有满足本班幼儿各个领域的发展目标，满足不同幼儿个性化的兴趣需要，才能使区域材料得到有效利用。

1. 注重材料的层次性

材料应能够激发幼儿原有的经验，同时具有一定的挑战性；也就是材料的难度要处于幼儿最近发展区，否则无法引起幼儿的关注。材料难度低于幼儿的已有经验和发展水平，就无法引发幼儿的兴趣，只会带来幼儿重复、循环的游戏行为，呈现低水平的游戏状态；而材料难度高于幼儿的已有经验，会使幼儿产生一种退却心理，导致幼儿不愿再参与游戏或被动参与游戏。班级中的幼儿存在个体差异，呈现的发展水平不一，教师在提供材料时，要充分考虑同一类材料的不同难度层次，让每一名幼儿都能选择自己喜欢、适宜自己能力水平的材料。

每一名幼儿在选择到适宜的材料后，才能积极主动地投入对材料的操作中，不断地开动脑筋，积极思考，面对挑战性难题，探索材料的新玩法，并把所有感官都投入活动中，仔细观察，发现问题，独立思考，解决问题，真正实现主动学习。

2. 注重材料的情境性

材料的情境性指材料的形象生动性，材料本身所具有的趣味性。情境性材料能引发幼儿与材料互动的兴趣。

只有吸引幼儿的材料才能唤起幼儿操作的内在动力。情境性的材料可以有效避免幼儿操作的单一性和枯燥感，吸引幼儿的注意力，从而调动幼儿参与活动的积极性，促使幼儿主动学习。

3. 注重材料的探究性

探究是一个既动脑又动手的过程，投放探究性强的游戏材料不仅能满足幼儿动手操作的需求，更重要的是让幼儿在动脑思考的基础上动手操作，这是幼儿动脑思考和动手操作协同的过程。

探究性强的材料具有较大的灵活性、较多的功能性，需要在操作中融入思考，而且探究性的材料多为低结构材料或半成品材料，给幼儿更多自主探索和思考的空间，这样的材料更能引起幼儿的关注，激发幼儿的好奇心和好胜心，激发幼儿自我挑战的欲望，促使幼儿在发现问题和解决问题的探索中真正实现主动学习。

4. 注重材料的动态性

材料的动态性指区域材料不能一成不变。长期不更换游戏材料，会使幼儿失去兴趣，使幼儿在区域游戏中的创新能力降低，不利于幼儿在游戏中的学习和成长。

教师可以根据幼儿当前的发展水平，观察幼儿的兴趣变化，发现幼儿在游戏过程中的新需要，及时地调整、补充材料。不断更新材料，能够持续吸引幼儿主动参与，使幼儿一直保持游戏的新鲜感，支持幼儿不断探索，真正实现主动学习。

学习笔记

（三）投放游戏材料的方式

细节之处彰显教师的儿童观，材料的空间呈现方式直接反映出教师是否考虑和遵循了幼儿的年龄特点和需要，保证材料要能够让孩子看得见，拿得到，放得回。

1. 材料分类，有序摆放

分类明确、摆放有序的材料能够让幼儿清晰地看到所有物品，从中自由选择自己喜欢的和需要的，特别是在美工区，工具类和素材类的材料比较丰富，缺乏规则的摆放增加了幼儿选取和使用的难度。

2. 组合投放，巧妙收纳

常用材料的组合投放减少幼儿寻找、取拿工具的空间干扰和时间干扰，方便幼儿的游戏需要，使幼儿更加专注于活动。从幼儿的角度思考现有材料在取放上存在的问题和难点，用一些纸卷筒、标签等，能使幼儿取放更加便捷。

3. 移动小车，灵活使用

教室空间有限，有些材料是各个区域通用的辅材，移动收纳车的利用可以实现材料的摆放和流动。辅材车（用于制作的各种素材）便于区域间的灵活使用；专项车（颜料车、水吧材料车等）解决区域空间不够的问题，同时也便于专项活动位置改变时一次性移动；计划车（用于摆放计划本）能够同时实现计划本存放和区域计划的功能。

三、区域游戏活动环境的创设原则和类型

区域游戏活动环境的创设是多种多样的，不同形式的游戏活动环境具有不同的功用。我们一定要避免忽略幼儿参与、全部由教师设计的现象。教师需要根据区域活动的需要，创设真正满足幼儿需要的游戏环境，从而支持幼儿在该区域的游戏活动。

（一）创设环境的原则

1. 互动性

互动性的环境具有游戏性，能够引发幼儿摸、听、玩等操作活动，在条件允许的情况下，区域的某些游戏内容可以设置在低矮的环境中，供幼儿随时随地游戏，拓宽区域游戏的活动空间，增强环境与幼儿的互动作用。另外，在某些区域环境中，幼儿可以自由设计，可以将自己的发现、玩法、成果或者问题等记录在环境中。

2. 动态性

创设的环境要避免一成不变或静态展示。学期初，教师加班加点布置每一个区域游戏活动环境，直到学期结束，再也不进行更新，这样的环境无法真正实现幼儿的互动和参与，也无法实现区域游戏活动环境的教育价值。环境创设要根据区域游戏活动和幼儿发展的不断变化，为幼儿提供更多参与和表现的空间，持续发挥环境的价值，如在美工区，为了动态展现幼儿随时创作的作品，教师创设小花园场景的环境，幼儿可以随时将自己在美工区创作的作品展示在花园中，小花园场景的环境在幼儿的参与下不断变化。

学习笔记

3. 目标性

盲目创设的环境缺乏对幼儿发展的支持和引导，教师必须清楚每一个区域游戏活动环境对幼儿学习和发展的意义，若环境仅仅是为了装饰或者供成人参观，这样的环境无法与幼儿产生互动，不是幼儿喜爱的环境。所以教师在创设时，要将环境与区域游戏活动相结合，明确区域游戏活动环境内容的目标，这样的环境才能起到引发和支持幼儿获得多方面经验的作用。

4. 发展性

幼儿在区域游戏中获得了怎样的发展？经历了怎样的学习过程？教师可以利用环境对此进行记录，并帮助幼儿梳理经验，获得多样化的方法。如科学区的环境，可以记录幼儿的发现、幼儿的提问、幼儿探索的过程，以及探索中的经验与发展等，这样的环境能够帮助幼儿梳理在区域活动中的经历和经验，培养幼儿做事的条理性，帮助幼儿习获思考问题和解决问题的方法。

（二）创设环境的类型

1. 提示类环境

提示类环境可以借助图片的暗示作用提供无声的“指导语”，这类环境能帮助幼儿了解游戏玩法、规则和要求，但呈现形式一定要幼儿能理解和看得懂。

例如，在科学区提供自制风车、陀螺、降落伞等的制作步骤示意图，引导幼儿看图自由探索制作方法；在益智区提供各种序列的瓷砖、项链、手镯等图片，引导幼儿自主设计序列，拼摆瓷砖、穿项链等；在建构区展示生活中具有美感的建筑、桥梁、社区等图片，引导幼儿自发地设计图纸，自主搭建等。这样的图示暗示，可以为幼儿创设一种自我学习的环境。

2. 分享类环境

分享类环境可分为两种。

一种用于展示幼儿的作品，这是幼儿最喜欢的内容，属于幼儿自己的创作，这类环境让幼儿在教室中随时看到自己的成果，可以使其获得归属感和自我胜任感。如在图书区可以创设阅读记录的环境（见图 5-1），记录幼儿阅读的书单，激发幼儿阅读的兴趣；在美工区可以创设作品展示环境（见图 5-2），将幼儿的

图 5-1　图书区阅读记录展示[1]

图 5-2　美工区幼儿作品展示

[1] 图 5-1 至图 5-23，由北京市西城区槐柏幼儿园提供。

美术作品美观地呈现出来，教师也可以在每一幅作品旁边标注幼儿的姓名或者幼儿对作品创作的解读，促使幼儿在游戏中获得自豪感和成就感。

另一种是通过照片、图片或者简单的文字记录幼儿游戏的过程和发现的困难、解决的办法等，这是幼儿分享游戏和经验的过程，此环境可以作为幼儿交流的载体。例如，在小车滑行的探索区，可以创设记录幼儿探索过程的环境（见图 5-3），记录幼儿在探索过程中的发现："坡度与滑行距离的关系""坡面光滑程度与滑行距离的关系""小车结构与滑行距离的关系"等。

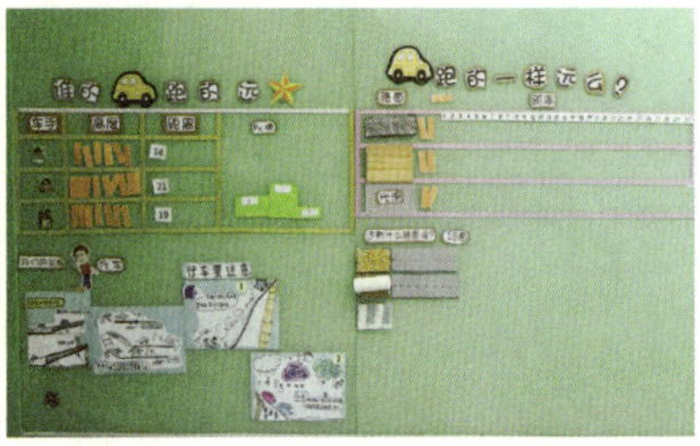

图 5-3　小车滑行探索环境

3. 探究类环境

可以利用环境提出和该区域活动相关的探究类问题，为幼儿留出尝试体验、猜想实验的空间，同时也利用记录的形式，呈现幼儿在该区域游戏活动中的发现和结果。例如，为了在科学区探索蜗牛的饮食喜好，教师创设饮食喜好的记录环境（见图 5-4），幼儿可以记录自己的实验结果，同时能够看到他人的实验结果，共享同伴间的探索发现。为了在科学区探索树叶保鲜的原因，教师创设了实验结果记录环境（见图 5-5），直观地呈现每种保鲜方式对树叶产生的效果，有效地帮助幼儿梳理探索发现的经验。

图 5-4　科学区探索蜗牛饮食喜好记录环境

图 5-5　科学区探索树叶保鲜的记录环境

4. 挑战类环境

利用环境记录区域游戏中幼儿对挑战类问题或任务完成的情况，引导幼儿直观地看到自己的进步，发挥环境的激励作用，提高幼儿游戏的坚持性。例如，对于益智区的竹节棍玩具，教师创设了挑战记录环境（见图 5-6），这种挑战的形式，能够激励幼儿不断地进行尝试，增强对竹节棍玩具游戏的兴趣。

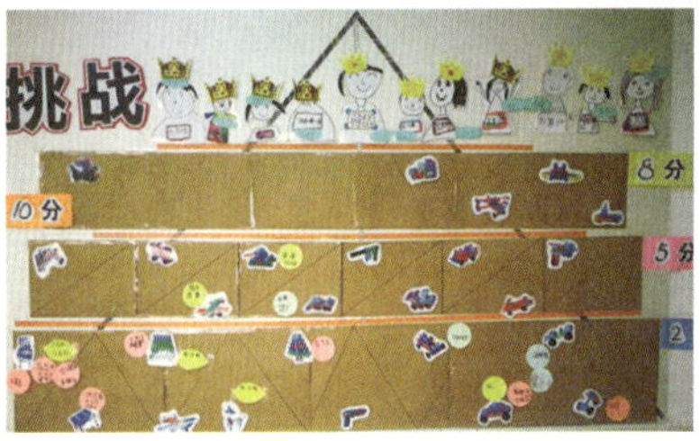

图 5-6　益智区竹节棍玩具挑战的环境

5. 游戏类环境

通过观察我们可以发现，幼儿经常喜欢站着游戏，教师可以充分利用空间，将环境变成幼儿的游戏场，让幼儿在游戏过程中能直接保留游戏成果，使环境发挥记录和展示功能。例如，教师在益智区创设拼拼乐环境，在环境中直接进行拼图游戏，这样的方式能够直接保存并展示幼儿的拼图作品；教师在语言区创设故事环境（见图 5-7），教师将《我的连衣裙》中的场景和小兔子的连衣裙还原成相应的卡片，幼儿可以在阅读后，根据场景为小兔子穿上相应的连衣裙。将情景化的游戏环境和绘本故事巧妙结合，增强了阅读活动的乐趣。

图 5-7　语言区的故事环境

学习笔记

学习主题 3 幼儿园区域游戏活动环境创设的经典案例

一、小班图书区游戏活动环境创设案例

图 5-8 是小班教师创设的图书区游戏活动环境，下面将从这个区域的整体布置、空间设置、材料投放方面进行具体的介绍和分析。

（一）该区域整体布置

该区域的整体布置和活动内容如表 5-1 所示。

图 5-8 小班图书区整体环境

表 5-1 区域整体布置和活动内容

区域整体布置	① 纱帘设置的听故事角； ② 沙发设置的阅读绘本角； ③ 地垫设置的游戏书互动角
区域活动内容	① 听故事； ② 阅读绘本； ③ 讲故事； ④ 与绘本相关的材料互动游戏

（二）该区域空间设置

教师将图书区设置在较为安静的角落，有助于保证阅读活动的效果（根据园所空间情况和班级条件，建议将图书区设置在有自然采光的安静角落）。整体环境温馨，柔软，适合小班幼儿的年龄特点。教师可以多利用软垫、地毯等软质材料来布置图书区，营造一个舒适、温暖的空间，这样的环境更能满足阅读活动的需求。

在空间上，教师为了保证进入图书区的幼儿相互之间的活动不受影响，利用沙发、小帐篷、地垫将不同类型的活动做出区分，满足幼儿的不同阅读需求。

（三）该区域材料投放

教师在该区域重点投放的材料包括充足的绘本、倾听故事的录音机、自制绘本等互动材料。

绘本的数量要依据区域幼儿的数量进行投放。针对小班幼儿，尽量选择能够展现出绘本封面的书架进行摆放，这样更加便于小班幼儿的选择，激发幼儿的阅读兴趣。绘本的种类可以依据班级主题活动、幼儿的兴趣爱好、当前发展的需要等进行选择，小班幼儿一般选择趣味性强、色彩丰富、文字少（无字书）、情节简单、与生活相关（或生活中常见事物）的绘本。

学习笔记

录音机的投放能够满足幼儿陪伴阅读的需要，教师让爸爸妈妈将幼儿喜欢的故事录制成音频，幼儿在图书区游戏时，可以选择自己想听的故事进行阅读或倾听，这能够吸引幼儿进入图书区，从而逐渐养成爱听故事的习惯。

自制绘本互动材料是教师根据图画书的情境，自制相关的游戏材料，幼儿可以边看边玩。例如，教师根据绘本《彩虹色的花》自制了互动情境材料，幼儿根据绘本中的情节，将花瓣从花朵上撕下来，粘贴在相应的主人公身上，这样的游戏材料能够帮助幼儿在互动过程中观察绘本的画面和了解故事的情节，而且撕拉粘贴的方式特别吸引小班幼儿，也便于小班幼儿操作。

二、小班娃娃家游戏活动环境创设案例

图 5-9 是小班教师创设的娃娃家的游戏活动环境，下面将从四个方面进行介绍和分析。

图 5-9　小班娃娃家整体环境

（一）该区域整体布置

该区域的整体布置和活动内容如表 5-2 所示。

表 5-2　区域整体布置和活动内容

区域整体布置	① 娃娃照看角； ② 餐厅角
区域活动内容	① 照顾娃娃的角色（爸爸妈妈）； ② 餐厅游戏的角色（厨师、服务员）

（二）该区域空间设置

教师在娃娃家设置了照看娃娃的卧室、食品采购柜、厨房、餐厅，这些内容的设置，让娃娃家角色游戏的内容更加丰富。小班幼儿交往能力较弱，丰富的场景和材料能够引导幼儿有更多游戏的可能性。

在整体空间布置上，活动空间划分清晰，色彩柔和，幼儿能在游戏中感受到娃娃家温暖的氛围。

（三）该区域游戏环境

在卧室里，利用屏风的空间，创设了穿穿脱脱我最棒的游戏活动环境（见图 5-10），通过图示步骤的方法，为幼儿照顾宝宝穿脱衣服、整理衣服提供环境支持。

在餐厅里，创设食物金字塔环境（见图 5-11），运用形象的图片丰富幼儿对膳食营养的认知。

图 5-10　娃娃家照顾宝宝环境

图 5-11　娃娃家食物金字塔环境

学习笔记

（四）该区域材料投放

在卧室里，投放了娃娃、小床、被子、衣服、袜子、梳妆台、洗澡盆。这些材料能够满足幼儿照顾娃娃的角色扮演需求。

在采购架上，投放了蛋类、水果类、蔬菜类、主食类、肉类的仿真玩具，并且投放了相关绘本（见图 5-12）。这些材料与厨房里的菜单相匹配，采用分类摆放的方式，不但能发展幼儿的分类能力，也在潜移默化中内化幼儿对健康饮食的认知（见图 5-13）。

图 5-12　娃娃家采购架

图 5-13　娃娃家厨房材料

在厨房里，投放了炊具、厨具、桌、椅、菜单等。这里介绍一下菜单，这是和采购架上的材料相匹配的，教师采用撕拉扣的形式制作了菜单，照顾娃娃的幼儿可以从菜单上撕下自己想吃的实物卡片，厨师或者服务员可以粘贴到采购单上，然后拿着采购单到采购架上进行选取。这些材料非常形象，点菜过程伴随的操作非常有趣，这些材料成为厨师或服务员采购食物的依据。

三、中班美工区游戏活动环境创设案例

图 5-14 是教师创设的中班美工区游戏活动环境，为了满足幼儿多样化的美工活动的需求，教师进行了巧妙的构思，下面进行详细的介绍和分析。

（一）该区域整体布置

该区域的整体布置和活动内容如表 5-3 所示。

图 5-14　中班美工区整体环境

学习笔记

表 5-3　区域整体布置和活动内容

区域整体布置	① 自然写生角； ② 树叶创意角； ③ 花坛制作及其他美工活动区
区域活动内容	① 自然物写生； ② 树叶创意（拼贴、喷画、涂色等）； ③ 花坛制作； ④ 其他幼儿想要进行的美工活动

（二）该区域空间设置

三个小空间的设置，不但可以支持幼儿体验多种形式的美术创作，而且更便于有针对性地投放幼儿需要的美工材料，减少幼儿活动时材料取拿的不便。这样的空间设置避免幼儿在美术创作时相互干扰，而三个开放空间的形式也能实现幼儿互动交流的需要。

（三）该区域游戏环境

该区域教师共创设了两个小区域环境。

一个环境是关于树叶的（见图 5-15），内容包括对树叶的认知、关于树叶的问题、幼儿树叶创意拼贴作品。创设该环境一方面是为了记录幼儿的学习过程，帮助幼儿记录对树叶的认识和问题，增强幼儿对树叶的观察和认知经验；另一方面是为了展示幼儿树叶拼贴的创意作品，增强幼儿的自信，同时也能让同伴相互学习。

还有一个环境是展示环境（见图 5-16），教师利用暖气片的空间创设了一个幼儿作品的展示天地，主要展示幼儿树枝拼摆和树叶喷画作品，可以随时更新幼儿的作品，引导幼儿感受自己参与活动的自豪感，建立自信心。

图 5-15　树叶环境

图 5-16　作品展示环境

（四）该区域材料投放

在材料投放上，根据活动需求，教师和幼儿共同投放了丰富适宜的游戏活动材料。

在自然写生角，教师和幼儿共同收集了很多秋天的自然物，如葫芦、南瓜、

学习笔记

玉米、石榴、树叶等，教师将这些材料进行了布置，营造出一个秋意写生的角落（见图 5-17），促使幼儿在写生活动中学会观察事物的形状、颜色等，并用自己的方式表达和表现。

图 5-17　自然写生角

在树叶创意角，幼儿带来了日常收集到的各种各样的树叶，教师为了满足幼儿树叶创作的需要，提供了粘贴工具、颜料、喷壶、轻黏土等辅助幼儿创意表达的工具（见图 5-18）。教师在发现幼儿有多种树叶创意后，将他们的创意进行了分类，制作了小册子（见图 5-19），有树叶书签、树叶涂色、树叶拓印、树叶拼贴等，这些小册子可以为选择这个区的幼儿提供参考，同时展示并收集幼儿新的作品。

图 5-18　树叶创意角

图 5-19　树叶创意册

花坛制作角，这个创作源于幼儿在国庆节放假期间拍摄的很多花坛的照片，在同伴间的分享交流中，幼儿发现这些花坛形状不一样，颜色不一样，造型不一样，各具特色。于是教师和幼儿共同讨论制作花坛所需要的材料。讨论后发现，需要花坛的底托（纸盘、纸盒），装饰花坛的素材（轻黏土、毛根、亮片、羽毛、彩纸等），辅助连接的工具（胶水、双面胶等）等。幼儿也在游戏中根据需要不断丰富新的素材，如雪花片、冰棒棍、木头片等，制作属于自己的花坛（见图 5-20）。

图 5-20　独具风格的花坛

学习笔记

四、大班皮影区游戏活动环境创设案例

大班皮影区是教师基于幼儿的兴趣、需要，和幼儿共同创设的游戏活动环境。教师通过为幼儿提供充分的游戏空间、适合大班交流的互动游戏环境，以及丰富的低结构游戏材料，满足幼儿合作和表演的需要。

（一）该区域整体布置

该区域的整体布置和活动内容如表 5-4 所示。

表 5-4　区域整体布置和活动内容

区域整体布置	皮影游戏区
区域活动内容	制作皮影； 皮影表演

（二）该区域空间设置

教师在避光区创设了皮影区，并且安装了区角帘，这不仅满足了幼儿制作皮影的空间需要，也满足幼儿表演皮影的光线需要。这样的设置既节省空间，又便于幼儿在制作过程中随时尝试表演。

图 5-21　皮影表演区

教师也可以选择在睡眠室设置皮影表演区，光线更加适宜，表演时也更加安静，更有剧场的感觉（见图 5-21），同时可以引导班级幼儿作为观众欣赏表演。

（三）该区域游戏环境

这个区域游戏活动环境（见图 5-22）主要是帮助幼儿认识皮影，发现皮影的结构和制作方式，并且记录幼儿在本区域探索皮影时遇到的问题，并且将幼儿的解决方式用照片的形式呈现，记录幼儿的学习过程。

图 5-22　皮影区环境

另外，在皮影区，教师还可以创设任务计划环境：想表演的皮影剧目是什么？需要制作哪些人物？谁来完成？什么时候完成？这些问题都

学习笔记

可以与幼儿共同协商和计划，教师通过幼儿计划的方式帮助幼儿梳理出来，这样的游戏环境在幼儿进行区域游戏时更有目的性。

（四）该区域的材料投放

皮影区需要投放的材料主要包括可用来制作皮影的各种类型的纸，连接材料（按扣、毛根等，可与幼儿讨论想要尝试的材料），皮影幕，打孔器，剪刀，胶棒等。这个区域多是低结构的材料，幼儿根据制作过程的需要，可以不断丰富材料。

这个班级的幼儿制作的剧目是《花木兰》，为了支持幼儿制作皮影剧，教师投放了与花木兰相关的系列绘本，幼儿通过观察画面，在制作中可以对人物特点的把握更加到位（见图 5-23）。

图 5-23　绘本支持下的皮影制作

学习提示

1. 理解幼儿园区域游戏活动环境的内容和特点。

2. 掌握区域游戏活动环境创设在空间规划、材料投放、环境创设中需要遵循的原则和方法策略。

3. 通过幼儿园区域游戏活动环境的实例，了解教师创设区域游戏活动环境时的重点策略。

思考与练习

1. 区域游戏活动环境创设的内容有哪些？活动区设置应注意哪些方面？

2. 区域游戏活动环境创设的原则和要求有哪些？

3. 谈谈对班级活动区材料提供的思考。

云测试

学习反思

学习笔记

专题六

幼儿园主题活动环境创设

学习目标

- 明确幼儿园主题活动环境的概念。
- 理解幼儿园主题活动环境创设的内容和特点。
- 掌握幼儿园主题活动环境创设的实施策略。

学习导航

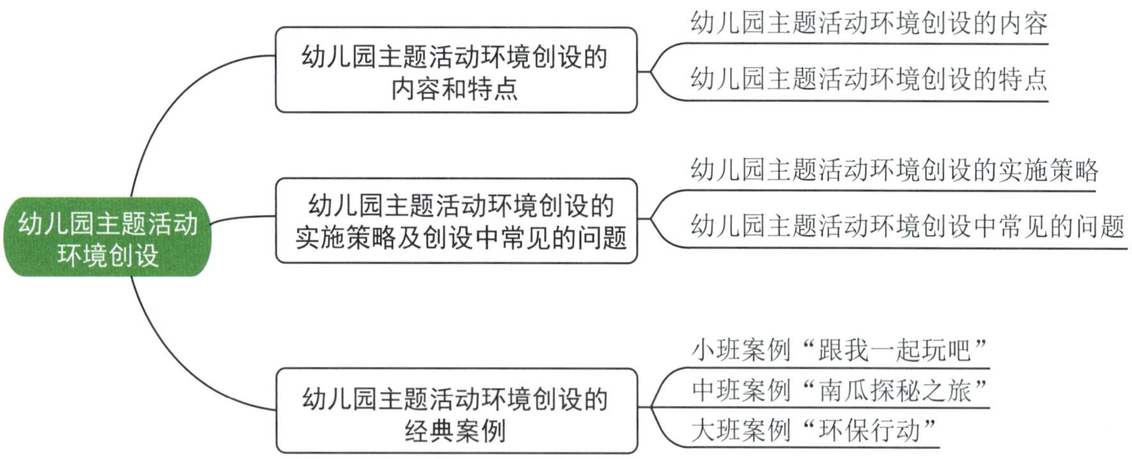

你在步入一个幼儿园的班级后，想知道这个班的幼儿近期对哪些事物感兴趣，他们开展了什么活动，有什么新发现，又获得了哪些新经验，这些内容都可以从班级主题环境中得到线索。班级的主题环境，体现教师和幼儿在主题环境下开展活动的线索、经历的学习过程、积累的共同智慧。

学习笔记

学习主题 1　幼儿园主题活动环境创设的内容和特点

幼儿园课程中的“主题”指课程的某一单元、某个时段所要讨论的中心话题，通过对这些中心话题的讨论，教师引导幼儿对话题中蕴含的问题、现象、事件等进行探究，帮助幼儿获得新的、整体的、联系性的经验。[1]主题活动环境就是在主题活动背景下，班级中教师和幼儿围绕中心话题在探究活动中共同创设的相关环境。

主题活动环境是伴随着幼儿主题活动课程的发展自然而然产生的，对幼儿的学习发展起着至关重要的作用。这里我们所说的主题环境不仅仅指墙面主题环境或其他平面主题环境，还指幼儿所处的班级这个三维的空间，包括墙面、房顶、地面，以及各种家具、玩具柜、玩具材料等，幼儿园主题活动环境就是和主题活动课程相关的所有环境内容。

一、幼儿园主题活动环境创设的内容

在幼儿园的班级中，主题活动环境一般包括两方面：一方面是主题活动内容环境；另一方面是主题活动区域环境。

（一）主题活动内容环境

主题活动内容环境指师幼共同围绕主题活动而用符号、语言、绘画、美工、拼插、搭建等儿童特有的表达方式进行的活动记录。记录的主要内容包括从主题活动中获得的情感态度、认知技能、问题解决方法等。这样经过师幼共同设计制作出来的环境就是主题活动环境。

图 6–1　“环保行动”[2]

通常，一个主题活动课程包含几个小话题，如在“垃圾分类”的主题活动中，教师根据孩子们的研究兴趣开展了“生活大调查”“垃圾桶的秘密”“认识四色桶”“垃圾称重”“垃圾的旅行”等小活动。课程与环境是相辅相成的，在课程活动中，我们可以邀请幼儿将自己感兴趣的问题提出来，并且鼓励他们通过多种方式（调查、询问、实验、测量、相互交流、查阅书籍和资料、上网等）寻找问题的答案，将自己解决问题的方法、步骤等通过幼儿的图画、符号、简单文字、手工作品等记录下来，布置到主题活动环境当中。

（二）主题活动区域环境

在主题活动开展过程中，一些活动内容也会自然而然地融入区域游戏和探究过程中，所以主题活动环境包括各种主题活动区域的创设和围绕主题活动内容而投放在区域活动中的各种玩具材料和为支持游戏活动而创设的各种游戏环境。

在幼儿进行探索学习和寻找答案的过程中，教师可以通过创设主题活动区域

---

[1] 张青青：《生态学视野下的幼儿园主题教育活动研究》，硕士学位论文，山东师范大学，2008。
[2] 图 6–1、图 6–2，由北京市丰台第一幼儿园韩旭、王叶老师提供。

图 6-2 垃圾称重

学习笔记

的方式提供有效的材料和有针对性的指导来帮助幼儿体验和尝试，发现问题和解决问题。例如，在大班幼儿进行“垃圾称重”的过程中，教师创设了垃圾称重区域和展示板，又提供调查表、统计单、电子秤、一次性手套等材料来帮助幼儿进行厨余垃圾和其他垃圾的数据记录，引导幼儿进行每日、每周的垃圾数量的统计。幼儿从这个活动中学会了电子秤的使用方法，从调查表中学会了认读数字，用数字记录和比较数字结果，从统计数据中发现问题，在环境的展示中制作减少垃圾好方法的展板，倡导全园小朋友都要爱惜粮食，落实光盘行动。

作为教师，我们不仅仅要思考如何创设优美的环境，还要注重课程意识，把重心落在幼儿经验的发展上。《3~6 岁儿童学习与发展指南》指出，幼儿的学习是以直接经验为基础，在游戏和日常生活中发生的。要珍视游戏和生活的独特价值，创设丰富的教育环境，合理安排一日生活，最大限度地支持和满足幼儿通过实际操作和亲身体验获取经验的需要。因此，我们创造机会，让环境成为教师与幼儿之间和幼儿与幼儿之间相互作用的载体。

二、幼儿园主题活动环境创设的特点

主题活动环境与班级的其他类型环境不同，更加体现以引导幼儿发展为基础的环境的发展性、教育性、主体性、互动性、艺术性等特点。

（一）发展性

主题活动环境、材料等体现着主题活动已经开展过的和正在进行中的活动内容，承载着幼儿在主题活动中所获得的各种体验、感受和想法。主题活动环境与主题课程活动的发展是同步进行的，那种课程还没开展而环境已经做完的方式是不可取的。

（二）教育性

主题活动环境应尽可能蕴含多领域的教育功能，应该让幼儿在与其相互作用的过程中获得认知、情感、态度、能力的综合发展，主题活动环境体现活动间的有机联系；同时幼儿能从中获得全面发展。

（三）主体性

幼儿是学习的主体，是环境的设计者和参与者，主题活动环境大部分是由幼儿来设计和制作的。它直接反映的是幼儿自己的兴趣、想法、问题、推理、预测和创造，是幼儿思维的个性化体现。

（四）互动性

主题活动环境的展示内容充分体现了教师和幼儿一起针对主题活动中的问题所引发的探究活动的过程，体现着教师和幼儿共同在不断发现问题与解决问题中循环深入的过程。

学习笔记

（五）艺术性

班级中的任何环境都具有美育的教育价值，主题活动环境当然也不例外。在师幼共同完善主题活动环境的过程中，教师要引导幼儿深入生活，大胆地用艺术语言和多种材料表达自己的观察、情感和想法，发展幼儿想象和创造的能力，培养幼儿的审美能力和思维能力。

学习主题 2 幼儿园主题活动环境创设的实施策略及创设中常见的问题

主题活动环境创设的实施是伴随主题活动的开展进行的，在进行环境创设时，我们要珍视儿童的想法，倾听他们提出来的意见和问题，鼓励幼儿积极地围绕问题去寻找答案，大胆尝试，验证结果，最终形成经验。教师要和幼儿一起经历这个过程，鼓励和支持他们记录活动过程中的有益经验并和大家交流分享，从而形成主题活动环境。

一、幼儿园主题活动环境创设的实施策略

在创设主题活动内容环境和区域环境的时候，教师要树立“支持幼儿的学习”的观念，将环境创设的主动权交还到幼儿手中，教师要为记录幼儿的探究过程提供必要的物质支持和方法、策略。

（一）基于幼儿意愿，预设主题活动环境

了解幼儿已有经验是主题课程开展前期的重要一环，也是主题活动环境创设前期的重要一环。教师可以通过谈话活动向幼儿提出问题：“关于 ××× （这个主题）你知道些什么？你还想知道些什么？”以此来了解幼儿的已有经验包括哪些领域的内容，达到什么程度，还有哪些学习需求。我们可以分析幼儿的需求并结合本学期目标来确定课程方向，绘制主题网络图，预设主题活动环境的各个部分的构图、内容和表现形式，及其所占位置的空间太小，还可以和孩子共同商量出主题活动区域可以开展哪些活动和投放哪些材料。

（二）甄选幼儿兴趣和问题，形成主题活动环境素材

在主题活动开展过程中，教师要先关注幼儿的兴趣和问题。当然，儿童可能有很多的问题和兴趣点，我们要从中挑选最有价值的、符合本年龄班目标发展的几个问题并进行深度的追踪，鼓励幼儿进行持续的探究，形成关于不同问题的小板块。在一个问题活动完成以后，教师应引导幼儿主动梳理克服这个问题的经验和策略，并鼓励幼儿自主进行多种方式的整理和记录（绘画、简单文字符号的记录说明、照片、手工作品、记录单等），最终形成主题活动的板块环境，在主题活动环境中和大家分享交流。若干个这样的基于探究问题的板块环境组合成整个主题活动环境。

（三）立足幼儿认知经验，增强主题活动环境操作性

幼儿认知经验的积累和内化，不能简单地将认知内容“复制”到主题环境上，那样对于幼儿的作用非常小，若想让主题活动环境的内容与幼儿认知经验产生联

系，教师可以将活动内容游戏化，与幼儿产生互动，从而丰富幼儿的经验。例如，开展相反王国的主题活动，利用主题活动环境帮助幼儿积累相反的经验。可以将相反的事物变成卡片，做成“翻相反”的游戏环境，幼儿在游戏过程中可以认识更多的“相反”，同时幼儿也可以将自己知道的相反卡片制作成游戏环境的卡片（见图 6–3、图 6–4）。这样幼儿在与主题环境的互动过程中丰富了对相反事物的经验。

图 6–3[1]

图 6–4

（四）梳理幼儿学习过程，丰富主题活动环境创设

在幼儿记录的过程中，教师可提供不同颜色、形状、质地的展示用的纸或纸板，提供彩笔和多种工具，请幼儿自主选择。引发幼儿回忆并梳理其探究问题的过程：有哪些有趣的观察和发现？遇到的问题和解决的方法有哪些？请小组内的幼儿交流如何更好地展示自己所获得的经验，怎样设计和制作这个主题小板块。教师可以结合本年龄段幼儿的能力发展水平和美术活动目标，适当地对幼儿的主题活动记录板块的构图、绘画技巧、制作方法及装饰效果等予以指导，鼓励幼儿大胆地用艺术语言和多种材料组合，创造性地表达自己的想法。

学习笔记

（五）指向幼儿发展目标，规划主题活动区域环境

主题活动区域一般是伴随主题活动的深入开展而延伸到主题区域的游戏活动内容， 体现着主题活动的整合性、生活性、角色性、游戏性等特点。因此在主题区域活动环境的创设中，教师要依据主题目标、幼儿需求等进行创设，提供适于幼儿观察、探究、操作、合作、交流的区域布局和玩具材料，并在游戏开展过程中依据需要创设与游戏计划相关、与角色分工相关、与游戏规则相关、与游戏经验分享相关的区域活动互动环境。

二、幼儿园主题活动环境创设中常见的问题

在主题活动环境创设的过程中，我们需要充分挖掘主题活动环境的教育功能，以实现幼儿与环境的有效互动，推动主题活动的深入开展，促进幼儿的全面发展，避免出现下面一些问题。

（一）教师包办代替比较多

主题活动环境的创设过程，避免只体现教师的设计思路和更多地展示教师的设计作品的情况。有的主题活动环境展示的即便是幼儿作品，也是幼儿在教师的指令下制作的作品，如教师让幼儿画一棵树，画一个小女孩在跑步等，都没有提升幼儿的活动经验，也不是幼儿的自主意愿，幼儿只是单纯地完成了教师的任务。

---

[1] 图 6–3、图 6–4，由北京市西城区槐柏幼儿园王红老师提供。

学习笔记

（二）结果性记录比较多

要避免环境没有体现幼儿发现的问题与对问题的解决过程，没有体现主题活动的发展轨迹。环境的意义若只停留在教师对活动的梳理和总结上，对幼儿发展的作用就小。

（三）艺术呈现形式化比较多

主题活动环境创设在艺术表现形式上要避免走两个极端：环境比较平面，多以图画或照片的形式体现，没有鼓励幼儿发挥创造性潜能和运用多种材料表现创意的能力；过分强调形式美、艺术美，忽略环境对幼儿的影响。

学习主题 3　幼儿园主题活动环境创设的经典案例

一、小班案例“跟我一起玩吧”[1]

小班幼儿刚刚来到幼儿园，经历过短暂的分离焦虑以后，对周围世界充满浓厚的兴趣，对幼儿园里新鲜的事物和环境具有强烈的好奇心，喜欢向成人提出各种各样的问题。本学期根据幼儿的思维特点、兴趣爱好及季节特征，我们开展了主题活动“跟我一起玩吧”。在教师的引导下，幼儿和教师一起进行“我想玩彩泥”“我最喜欢的小动物”“漂亮的叶子”等活动。

（一）我想玩彩泥

在幼儿园的一日生活中，总会出现几次过渡环节，散碎的时间加起来也是“一笔很大的财富”，怎样利用这笔财富让幼儿得到发展呢？于是我们在过渡环节给幼儿提供了很多材料，如折纸、玩具、图书、魔方和彩泥。一段时间下来，我们发现，选择彩泥的小朋友越来越多，有的时候彩泥“断货”了，小朋友还会找教师要。于是，我们发现了小小的彩泥所蕴含的巨大“能量”，发起了“我想玩彩泥”的活动。

小班幼儿可以根据不同形状的模具、模板将彩泥压制成各种好看的小花、小动物等。在教师或同伴的引导下，幼儿渐渐不再满足于单纯使用模具来制作了，而是利用搓条、团圆、压扁等方式，创造出自己想要的作品（见图 6-5）。

图 6-5　我想玩彩泥

随着游戏的不断深入，小朋友们不断发现彩泥的一些特性：可任意捏成各种形状；柔软而不粘手；有红、黄、蓝、绿、粉、橙、紫多种颜色；密封好后可以重复使用；也可以通过混合，创造出其他颜色的彩泥。

---

[1] 案例由北京市丰台第一幼儿园张迎娇、陈九妤老师提供。

学习笔记

彩泥的游戏活动不但可以发展孩子的手眼协调能力、对色彩的识别能力，还能培养他们的创作思维，使每个幼儿都有成功的体验。他们有足够的时间、空间完成自己想要完成的作品。有的作品独特，色彩搭配很好，有的作品与辅材巧妙结合，富有创意，一件件作品呈现着小小艺术家们的创想。

（二）我最喜欢的小动物

动物是小班幼儿所喜爱的。开学初，他们带着自己喜欢的小动物来到幼儿园，并在自然角给这些动物安了家。经常能看到自然角前面围着几个小朋友，聊着关于这些动物的话题。例如，小动物们长什么样子？它们都吃什么？它们什么时间吃东西？它们睡觉吗？

图 6-6　我最喜欢的小动物

动物之家中动物种类真的很丰富，有可爱的小金鱼、漂亮的斗鱼、悠闲地晒着太阳的乌龟、大部分时间都缩在壳里的蜗牛、长着大钳子的螃蟹等。幼儿爱动物，愿意观察它们，谈论它们，也愿意用彩色的画笔和各种各样的小手工表现它们（见图 6-6）。

（三）漂亮的叶子

秋天，在一次户外活动中，幼儿们被地上的树叶吸引了，一阵微风吹过，几片较小的树叶翻动，一下子就把他们的情绪带动了起来。他们开始捡地上大小、形状不同的树叶，玩得不亦乐乎。玩抛接树叶、找叶根的游戏，还了解到除了树的叶子外，还有蔬菜的叶子。他们收集对比不同形状、颜色的叶子，做树叶拼贴画、拓印树叶等游戏。我们把幼儿的这些关于叶子的有趣发现和美丽的拼贴画布置到班级主题墙环境中（见图 6-7）。

图 6-7　漂亮的叶子

学习笔记

（四）剪南瓜

我们在自然角收集了很多秋天的果实，其中就有南瓜。教师把大南瓜切开请小朋友观察，他们发现南瓜里面有很多南瓜子，这些南瓜子是按照一定的顺序生长在大南瓜里的，它们非常结实地被丝状的东西包裹着，幼儿说这是南瓜子在荡秋千。在教师的引导下，幼儿用特有的方式“剪纸”，将自己眼中的大南瓜记录下来（见图 6–8）。

（五）益智区“小兔拔萝卜”

根据幼儿对小动物的兴趣，我们设计了益智区活动的互动环境——“小兔拔萝卜”（见图 6–9）。每个萝卜上都用了拟人的表情，有的微笑，有的很酷，有的大笑……我们还提供了一些没有表情的胡萝卜，小朋友可以自己动手填画表情，想象一下小兔子在拔萝卜时的心情或自己今天的心情。另外，萝卜的取放方式是螺母旋转方式，这可以发展孩子的手眼协调能力和提高手部肌肉的灵活性。

（六）科学区“和小鱼一起玩”

很多幼儿都去过海洋馆，对海底世界很感兴趣。教师和幼儿可以共同商量布置海底世界的互动环境（见图 6–10）。幼儿利用彩泥通过管道给小鱼“喂食物”，同时可以利用彩泥或绘画等方式，为海底世界添加更多的海洋生物。

图 6–8　剪南瓜

图 6–9　小兔拔萝卜

图 6–10　和小鱼一起玩

（七）益智区“小叶子去旅行”

走迷宫可以有效地增强小朋友的有意注意和空间智能，引导幼儿整体观察，全方位地思考，培养他们的思维能力及敢于挑战的品质。我们利用他们对叶子的兴趣，引导幼儿思考游戏规则，想象小叶子要去的目的地及想走的路线，在遇到困难时思考如何解决，以及在获得成功时增强自信（见图 6–11）。

图 6–11　小叶子去旅行

（八）展示区“叶子变变变”

天气越来越冷，树上会一直有树叶吗？会有什么样的树叶？这些叶子可以用来做什么？周末亲子时间，幼儿跟着爸爸妈妈去周边收集各种各样的树叶，观察对比它们的相同点和不同点。之后将叶子带到幼儿园，利用树叶进行拼贴创作。完成作品后，幼儿可以进行分享，请教师帮忙塑封并展示出来（见图 6-12）。幼儿在教室内看到自己的作品时，能边指着自己的作品边和同伴进行交流。

图 6-12　叶子变变变

图 6-13　自制剪纸图书

（九）图书区“自制剪纸图书”

随着剪纸活动的开展，幼儿创作了很多剪纸作品，除了平铺展示的近期作品外，还有很多其他作品，我们利用文件夹，把幼儿不同阶段的作品收纳起来，投放在图书区，可以供他们随时欣赏和查阅（见图 6-13）。有时幼儿会和好朋友一起翻阅，看到自己的作品，会忍不住自豪地和朋友说：“这是我剪的。”看到同伴的作品，也会忍不住赞叹：“我觉得这个挺好看的。”在翻阅过程中，他们学会交流、分享、观察。

（十）美工区“展示空间”

美工区是幼儿进行艺术活动的一个区域，很多主题作品在这里进行制作和展示。在这里，我们给幼儿提供了丰富的材料和自由的空间，他们大胆地表现着对泥工、剪纸活动的喜爱。教师会帮助他们把作品展示出来，并给予肯定（见图 6-14、图 6-15）。

图 6-14　幼儿作品展示（1）

图 6-15　幼儿作品展示（2）

学习笔记

学习笔记

“跟我一起玩吧！”的整体主题环境，如图 6-16 所示。

图 6-16　跟我一起玩吧！

二、中班案例“南瓜探秘之旅”[1]

秋天是果实成熟的季节，为了让幼儿更好地了解秋天，中班的教师和家长在周末一起带着幼儿去农场采摘大大的南瓜。伴随着这次采摘，幼儿对南瓜产生了浓厚的兴趣，并有了很多有趣的发现，逐渐生成了本次主题活动。

（一）采摘大南瓜

活动前，教师请幼儿与家长共同收集、准备需要用到的采摘南瓜的工具。在选择工具的时候，教师特意与家长达成共识：不管适宜不适宜都要支持幼儿的想法，让他们尽管试一试。因此，他们带来了铲子、筢子、普通剪刀、钳子等五花八门的工具。教师还为幼儿准备了记录单请他们填写自己发现和遇到的问题。做好了全部准备以后，教师、幼儿和家长便一起来到农场开始了南瓜的探秘之旅。很多幼儿有不同而有趣的发现：南瓜颜色不均匀，有深有浅，问了农民伯伯后才知道，南瓜的颜色和阳光有关系，叶子盖住的地方颜色就会浅，长时间晒到的地方颜色就会比较深；南瓜表面有一层小小的细细的毛毛；有的小朋友发现自己带的铲子根本用不上，因为南瓜不像白薯一样长在地底下；有的小朋友发现自己无法把南瓜运出去，须两人合作才能搬走……采摘活动后，孩子们将自己对工具的挑选、对农场里南瓜的发现都记录下来，展示在班级的主题活动环境中，形成了主题活动环境的小板块，他们还津津有味地交流和讨论（见图 6-17、图 6-18）。

图 6-17　南瓜记录单

（二）南瓜问题大讨论

通过这次采摘，幼儿对南瓜有了一些了解，产生了很大兴趣，也有了很多疑惑。教师组织幼儿围绕一堆大南瓜，仔细地观察并交

图 6-18　南瓜问题大讨论

[1] 案例由北京市丰台第一幼儿园崔阁、何保涵老师提供。

学习笔记

流，幼儿提出了新的问题：这个南瓜里面是什么样子的？这么多南瓜我们该怎么处理呢？教师觉得这些问题很有意思，就帮助小朋友把这些问题都记录下来并展示到主题活动环境中，时时提醒他们要不断坚持探索和找到问题的答案。

（三）“切南瓜”

硬硬的南瓜怎么打开呢？小朋友们一直想一探究竟，到底南瓜的里面是什么样子的。教师引导幼儿先想一想有什么工具可以使用，幼儿们从家里、幼儿园的工具房里搜集了很多他们认为可以用的工具，并开始尝试用各种不同的工具打开南瓜，通过动手操作，他们得到了许多新的发现（在保证安全的前提下使用适合幼儿的工具）：手摇钻只能把南瓜钻出几个洞洞；锤子虽然可以打开南瓜，但是却把南瓜锤烂了；锯子是很好用的工具，一到两个人就可以把南瓜打开。于是经过这次活动，幼儿进行了反思，并把自己的答案用绘画的方式记录了下来（见图 6-19、图 6-20）。

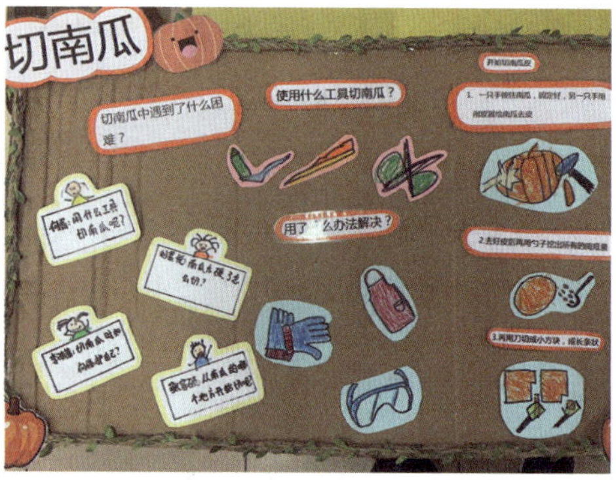

图 6-19　切南瓜的工具

图 6-20　切南瓜的发现

（四）南瓜子的秘密

打开南瓜以后，幼儿惊喜地发现，南瓜里面有很多南瓜子，教师和幼儿一起用南瓜子做了很多有意思的活动：洗南瓜子，创意拼摆，趣味数南瓜子，看一看，摸一摸，玩一玩，尝一尝等，最后幼儿还把南瓜子播种到土里，观察和记录它们的萌芽和长大（见图 6-21、图 6-22、图 6-23）。

图 6-21　南瓜子的秘密

图 6-22　数学游戏

图 6-23　南瓜子发芽和长大

（五）美工区“南瓜大师的创意”

美工区里的小朋友们正在欣赏日本的著名设计师草间弥生的波点艺术作品《午夜南瓜》，小朋友们从作品中发现了波点装饰的独特魅力，还在观察中发现了波点排列的对称性，这更激发了小朋友们要进行艺术创作的想法（见图 6–24 至图 6–26）。

图 6–24　南瓜创意作品（1）

图 6–25　南瓜创意作品（2）

图 6–26　南瓜创意作品（3）

（六）自然角“秋收展示台”

秋天是收获的季节，很多果实都在这个时节成熟了。教师和幼儿一起收集了秋天的很多蔬菜、水果、稻谷等。在收集的过程中，幼儿认识了很多平时不常见的食物，他们发现秋天的色彩是五彩斑斓的，秋天的收获是沉甸甸的。所以，教师和幼儿一起在自然角布置了秋天的展示台，还精心设计制作了标牌：丰收的秘密（见图 6–27、图 6–28）。

图 6–27　自然角的标牌“丰收的秘密”

图 6–28　自然角“秋收展示台”

（七）角色区《南瓜早餐店》

随着南瓜主题的开展，各种用南瓜制作的美食逐渐成了幼儿心中的最爱。香喷喷的南瓜粥、软软糯糯的南瓜饼、南瓜小饼干、创意南瓜三明治、南瓜甜甜圈等食物的香气充满了整个班级，教师精心为幼儿准备了可操作的厨具和餐具，幼儿兴致勃勃地动手开起了早餐店，还有外卖送餐的服务。教师和幼儿一起用制作美食的步骤生成了主题活动环境的内容（见图 6–29、图 6–30）。

学习笔记

图 6-29 角色区“南瓜早餐店”

图 6-30 角色区环境创设“南瓜城堡”

（八）户外角色区：南瓜农庄

伴随着南瓜主题的深入，幼儿对打开各种各样的果实产生了浓厚兴趣。看到他们跃跃欲试地想打开各种果实，教师在班级门口的小平台处开辟了一个自己班级的小农庄，提供各种工具材料，如货架、可收纳的整理箱、采摘的各种果实、放大镜、各种工具、切开的南瓜、花生、核桃、花生钳、核桃钳、防护手套、果皮盘等。教师创设了方便幼儿探究的场地，给幼儿充分的探究时间和空间，引导幼儿自由探索（见图 6-31）。

图 6-31 户外角色区“南瓜农庄”

“南瓜探秘之旅”的整体主题环境如图 6-32 所示。

图 6-32 南瓜探秘之旅

学习笔记

三、大班案例“环保行动”[1]

近期，垃圾分类成为人们每天讨论和要做的内容。幼儿通过假期的实践，对垃圾分类有了一些了解，也有了浓厚的兴趣。开学后，幼儿对垃圾投放产生了困惑，并随之产生一些问题。借助幼儿对垃圾分类的了解和问题，结合我们国家一直以来提倡的环保内容，我们生成了本次主题活动。

（一）垃圾桶的秘密

因为活动是由幼儿发起的，所以对于垃圾分类这个内容，幼儿有一定的前期经验，并且他们在日常观察中发现，在垃圾分类行动开始后，一些垃圾桶发生了变化。因此我们开展了调查活动，请幼儿利用回家的时间看一看路上的垃圾桶，问一问每个垃圾桶的作用。在这一次的调查分享中，我们以“在哪里见过什么样的垃圾桶”为话题，请幼儿以小组的形式分享，并将各组内容绘制在一张表格中。这样就形成了我们关于垃圾桶的调查表。在这次发现中，幼儿除了发现垃圾桶的样子和所处的位置不同以外，还发现垃圾桶内有一些自认为分类不太正确的垃圾。结合幼儿的发现，我们又一同研究了关于垃圾分类的内容，并将认为不太好分辨的垃圾画出来，请大家一同思考、讨论、分类，最终找到投放的正确位置。有了前面对垃圾桶位置环境、功能的调查了解，幼儿对设计各种各样的垃圾桶产生了浓厚的兴趣，除了利用活动区的时间进行制作外，还主动将半成品拿回家和家长共同完成。在家长的引导和帮助下，我们班诞生了很多个“垃圾桶设计师”（见图 6-33、图 6-34）。

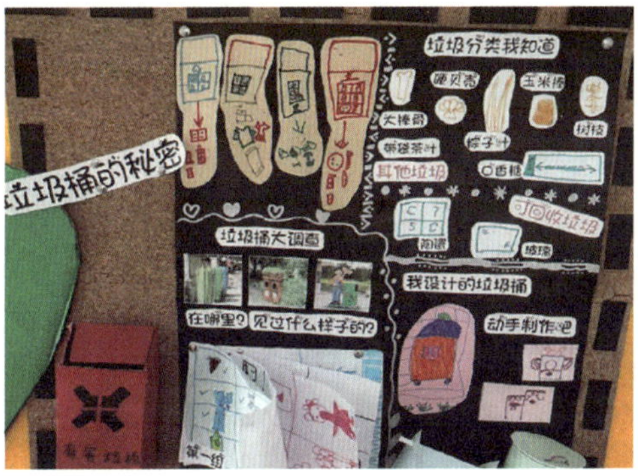

图 6-33

图 6-34

（二）垃圾的产生

在“垃圾桶设计师”们介绍自己设计的垃圾桶后，有些幼儿提出了一些问题。有的幼儿说：“垃圾桶设计得太漂亮会让人们不敢扔垃圾，垃圾桶只要干净就好。”有的幼儿说：“垃圾桶本来就是放脏东西的，怎么能干净。”还有的幼儿说：“现在有些垃圾桶太大了，根本装不满，设计得小一些可以减少制作材料和塑料袋的使用。”这一话题引发了幼儿的讨论和补充思考，因此我们围绕垃圾多少的问题开展了关于“垃圾的产生”的活动。幼儿采用了调查的方式，分别调查家里的垃圾，也就是什么东西产生了什么垃圾。每个幼儿将自己调查的内容进行分享，他们发现垃圾的来源有食物、生活用品、快递等。当幼儿把制作好的统计表呈现出来时，细致的幼儿发现，生活中的厨余垃圾和其他垃圾都很多，但对于哪种垃

[1] 案例由北京市丰台第一幼儿园王叶、韩旭老师提供。

学习笔记

圾更多，幼儿各有不同的想法。因此统计垃圾，看看哪种垃圾多，成为我们接下来要开展的活动内容（见图 6-35、图 6-36）。

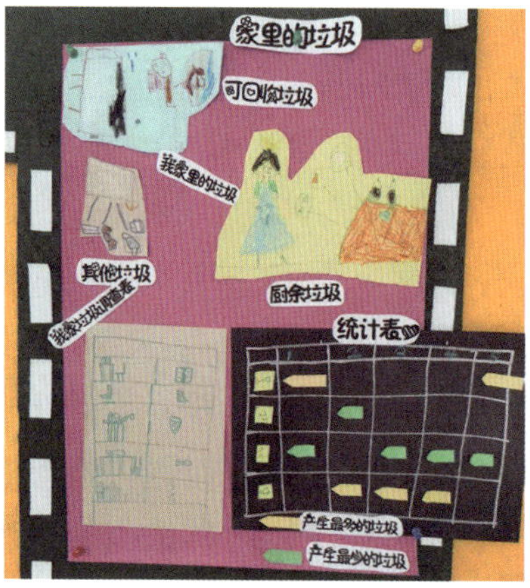

图 6-35　垃圾的产生

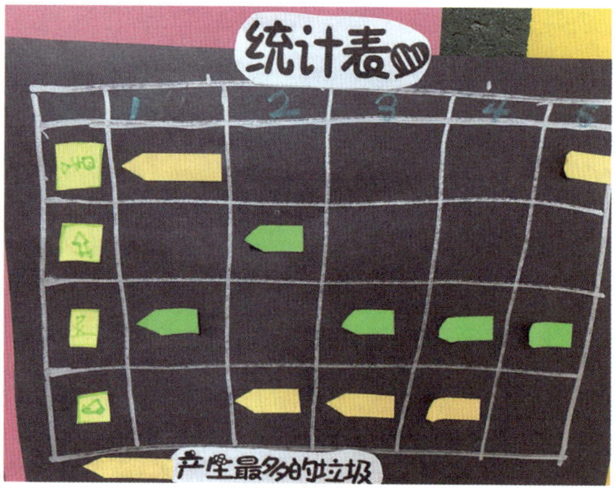

图 6-36　幼儿调查自己家垃圾的统计表

（三）垃圾的称重——原因和方法

在上一次活动中，幼儿在不同看法的基础上认为，通过垃圾称重的活动可以减少浪费现象。活动可以鼓励光盘行动，还可以满足他们的竞争意识，激励幼儿成长。通过对幼儿想法的了解，教师决定满足他们的愿望，开展称重活动。但因为幼儿发展水平不同，所以对于称重这个活动，有的幼儿知道方法，有的幼儿却不太明白。因此先请知道的幼儿进行介绍，然后将介绍的内容进行梳理，最终制作成步骤图，提供给幼儿，引导幼儿在实践中学会看图思考的本领。同时为了给每个幼儿提供锻炼的机会，我们结合值日生活动，将称重分步进行，形成“流水作业”的工作方式，以提高同伴间的合作、配合能力（见图 6-37 至图 6-39）。

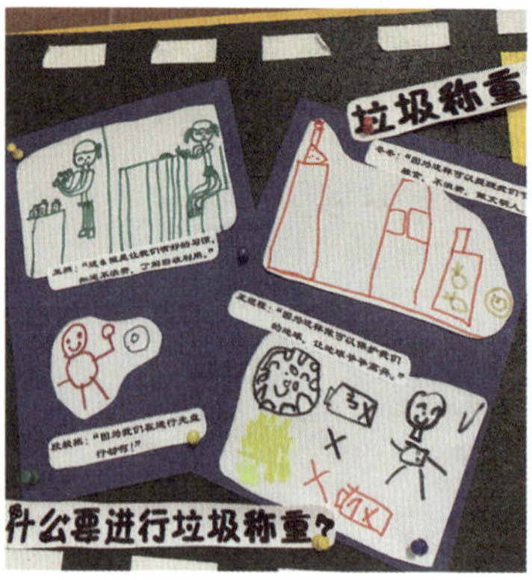

图 6-37　垃圾称重的原因

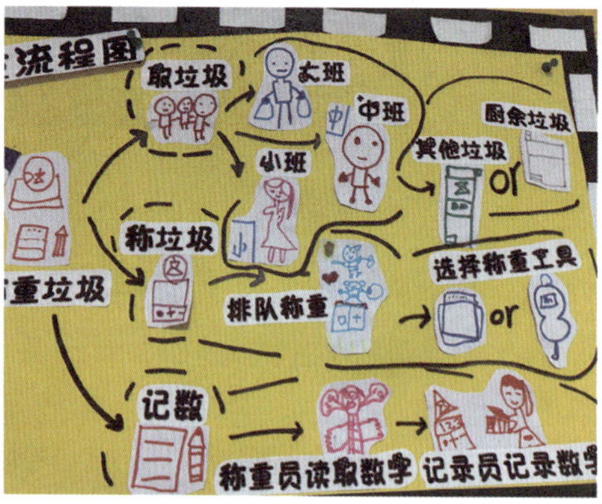

图 6-38　垃圾称重的方法

图 6-39　每天值日生分工做事

（四）垃圾的称重——行动和问题

经过几日的实践操作，我们发现一张步骤图不能满足幼儿在操作中的需求，所以经过研究，我们决定用展板的方式呈现称重环节的各项内容，引导幼儿的行动，让问题得到解决。环境的改进，增添了幼儿对称重环节的兴趣，提升了他们操作的乐趣，促进了他们相互配合能力的发展。根据称重结果，幼儿发现，托盘式称重工具要比手提式称重工具好用，因为太重的垃圾提不动，会称错；被评为

“垃圾分类小能手”最有效的方式就是不浪费食物，减少厨余垃圾的量；学习数字很重要，因为要认识数字，还要将数字读出来，写出来。在幼儿发现问题的基础上，我们也发现了一些问题，例如，取垃圾的时候手容易沾上垃圾，不卫生，因此提供一次性手套；统计每周垃圾总数的时候，幼儿不会计算，所以不能有效进行统计，我们提供了计算器，满足幼儿的使用；幼儿对日期掌握得不够娴熟，所以我们提供日历，帮助幼儿了解和认识日历，掌握时间的相关内容，从而达到与教育活动的有效结合(见图6-40至图6-43)。

图 6-40　垃圾称重展示、评比区

图 6-41　工具的使用方法

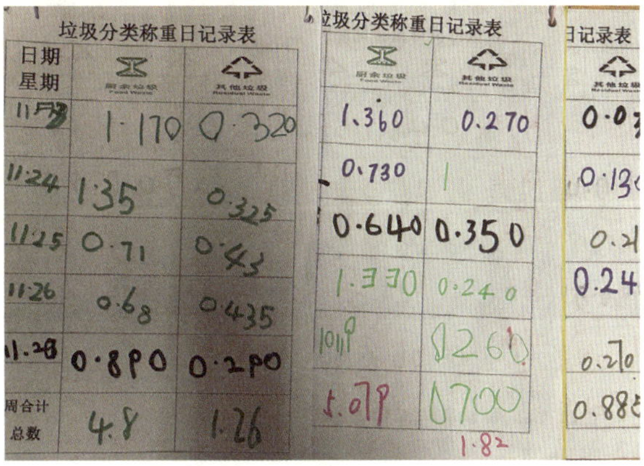

图 6-42　称重记录表

图 6-43　光盘行动好方法

（五）垃圾去哪儿了

每天的垃圾都由幼儿细心收集、统计着，每天称重后的垃圾也会被幼儿放在门口，等着教师清理。渐渐地，幼儿发现收集来的垃圾都被投进垃圾桶。“垃圾桶装满了怎么办呢？”幼儿提出这样的问题。对呀，这些垃圾都去哪儿了呢？经过一番讨论和资料搜集，幼儿发现，不同的垃圾有不同的处理方式，最终实现垃圾的有效利用。幼儿在了解过后，利用活动时间将他们知道的内容用自己的方式表现出来，并能清晰、顺畅地讲出关于垃圾处理的相关事宜，他们成了我们主题活动中的讲解员（见图 6-44、图 6-45）。

经过一个学期的尝试、探究、思考和验证的过程，幼儿对垃圾分类的了解更加丰富了，对“光盘行动”更加认同了，思路更加新颖了，对环境保护更加重视了。希望升入小学的他们能够将好习惯、好做法延续下去，将好的意识、想法传递出去。

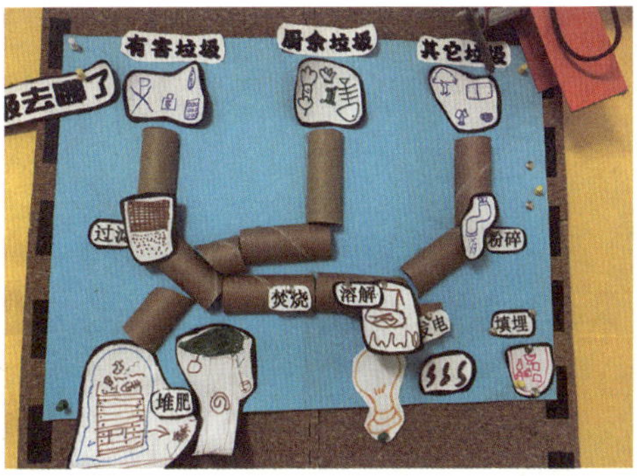

图 6-44　三种垃圾的回收

图 6-45　自制可回收垃圾的处理

（六）美工区“变废为宝小制作”

在美工区，结合对可回收材料的认识和分类，幼儿开始了收集活动。在区域游戏时间，幼儿根据自己的想法及对材料特性的了解，进行了变废为宝的小制作。

在制作过程中，幼儿能够根据自己的计划进行各种制作活动，根据需要自主合作，并且在展示中互相交流，学习别人利用材料的巧妙方法。在材料选择中，教师充分尊重幼儿的想法，给予幼儿使用材料的自主选择权，使变废为宝的活动更加自主和有创意（见图 6-46、图 6-47）。

图 6-46　垃圾回收箱

图 6-47　作品展示区

（七）数学区“分一分”

垃圾的分类，本身就体现一种分类的方法。在益智区，根据大班的数学目标，我们进行了多种分类方法的提示，提供一些物品的图片，根据分类方法的提示进行分类的活动。教师提供了底卡，幼儿根据物品特点进行分类，并利用标记卡进行分类标记。在此过程中，幼儿尝试了多种角度的分类，并在分类的过程中学习归纳的方法（见图 6-48、图 6-49）。

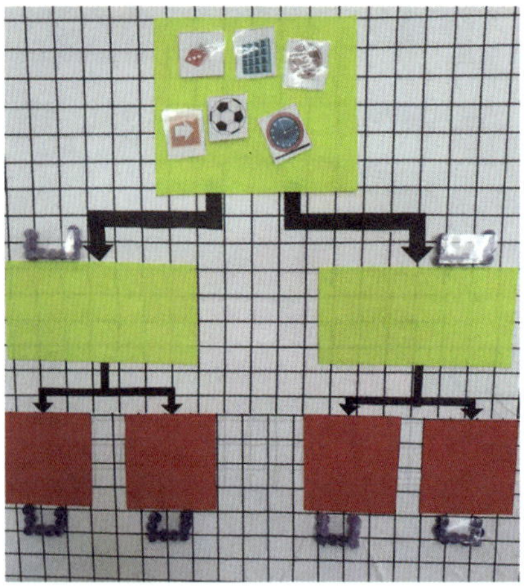

图 6-48　层级分类底卡

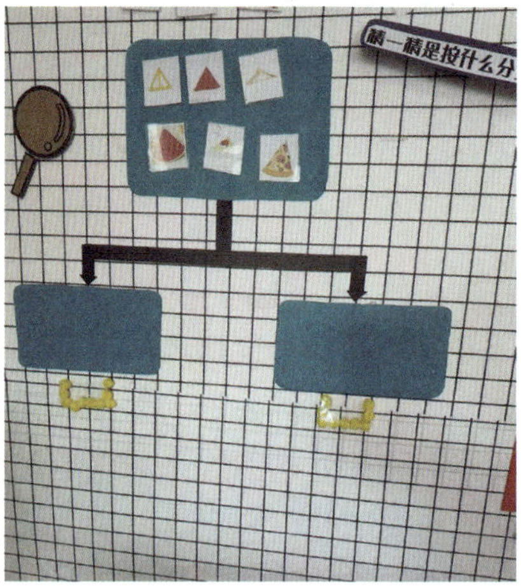

图 6-49　自主分类的底卡

（八）建筑区“最美垃圾场”

随着主题活动的逐渐深入，幼儿慢慢地将视野范围扩大，有一天一个幼儿惊喜地拿着一张图片说：“这是世界上最美的垃圾处理厂！它是‘宫崎骏’设计的，你看，像城堡一样！”这个发现激发了幼儿想要建造最美垃圾处理厂的愿望，于是这个活动就在建筑区热热闹闹地展开了。教师根据幼儿的意愿和他们要搭建的计划，在建筑区中提供了一些垃圾处理场的图片，并设置了他们在搭建中需要有所展示的计划区和发现问题并加以解决的解决区的相关环境，在设置中突出对难点的思考：如管道怎么搭，可以用什么材料等。把问题抛给幼儿，引导幼儿在实际要求中进行游戏的整体设计和细节搭建。在搭建过程中，随着幼儿对玩具材料的整体认识和“最

学习笔记

美垃圾场”制作的不断深入，教师添加拼插区的材料以促进活动的进行，并把幼儿对搭建的一些意见添加到环境中（见图 6-50、图 6-51）。

图 6-50　最美垃圾处理厂

图 6-51　问题解决区

环保行动整体主题环境如图 6-52 所示。

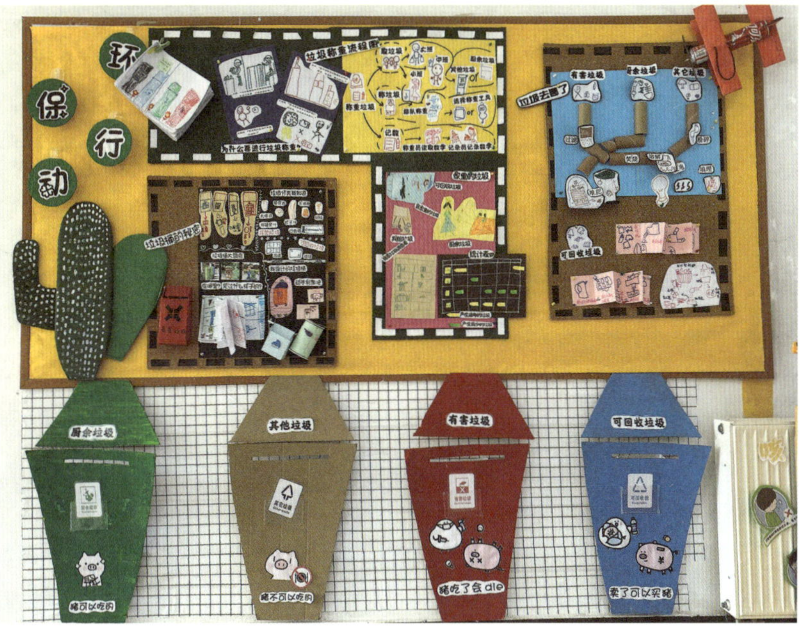

图 6-52　环保行动整体主题环境

学习提示

1. 环境创设要考虑幼儿经验与需求，从主题的设计到开展，再到展示都要落实以幼儿为主体的原则。

2. 环境不仅仅包括墙面，它是一个空间概念，也是一个精神环境的氛围，不能只考虑墙面环境的创设。

3. 环境与课程是紧密相连的，脱离课程的环境对于幼儿来说是无效的，而环境的好坏也应由幼儿来评判。

云测试

学习笔记

思考与练习

1. 举例谈谈主题活动环境创设的特点。

2. 结合经典案例或者你看到的环境，谈谈主题环境创设中如何体现以幼儿为主体的原则。

3. 结合经典案例或者你所看到的一个主题环境，谈谈该主题环境创设的优点与不足。

学习反思

专题七

幼儿园体育游戏活动环境创设

学习目标

- 明确幼儿园体育游戏活动环境的概念。
- 理解幼儿园体育游戏活动环境的内容和特点。
- 掌握幼儿园体育游戏活动环境的实施策略。

学习导航

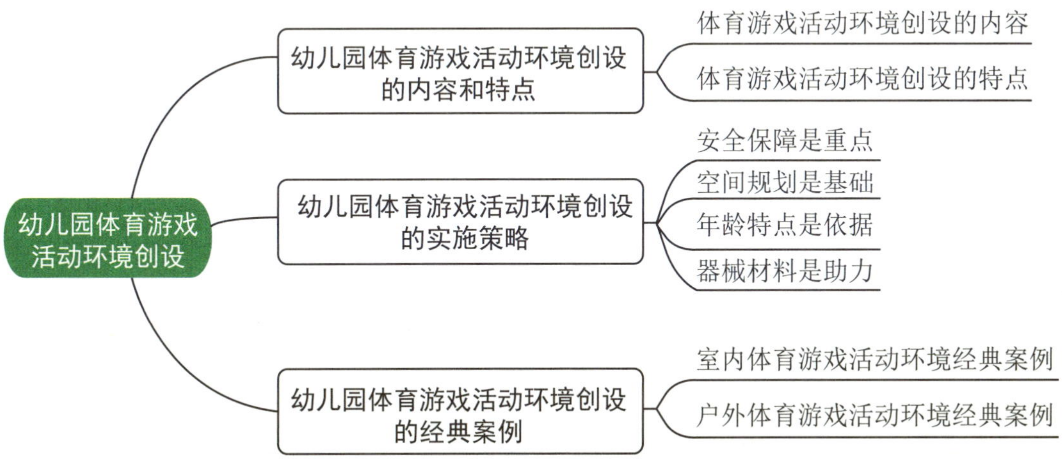

学习笔记

幼儿的成长与环境息息相关。成人的童年回忆中，都可能有与小伙伴比比谁在小道上跑得快、谁把布包扔得高、谁爬山坡爬得高的情景。童年快乐的运动游戏总会留下美好的回忆，而幼儿园体育游戏也是最吸引幼儿的。

学习主题1 幼儿园体育游戏活动环境创设的内容和特点

体育游戏活动环境是幼儿园教育的重要基础，应积极为幼儿创设良好的体育游戏活动环境，促进幼儿走、跑、跳、爬、投掷等动作的发展，锻炼幼儿身体的协调性、动作的灵活性，促使幼儿发展一定的力量和耐力。本章的体育游戏活动环境特指物质环境。

幼儿园体育游戏活动环境是教育者根据体育活动的教育目标，以及幼儿身心健康发展的需要、幼儿运动的需要、幼儿游戏的需要而创设的自然条件与社会条件的总和，包含幼儿园室内外可以使用的运动场地、设施等。

一、体育游戏活动环境创设的内容

幼儿园体育游戏活动环境包含室内体育游戏活动环境与户外体育游戏活动环境。

（一）室内体育游戏活动环境

幼儿园室内体育游戏是幼儿园重要的体育活动内容，它不仅可以有效地缓解因天气、季节、户外场地等因素对幼儿体育活动的制约，而且丰富了幼儿园体育活动的内容。因此为幼儿创设有效的室内体育游戏活动环境，在开展体育教育活动中显得尤为重要。在幼儿园室内体育游戏活动环境中，根据室内体育游戏活动组织形式的不同，分为室内集体体育游戏活动环境和室内自选体育游戏活动环境。

1. 室内集体体育游戏活动环境

室内集体体育游戏活动环境是根据教师组织的有目的、有计划的室内体育教育活动而创设的相关游戏活动环境。在室内集体体育游戏活动环境创设中，教师要根据活动内容，充分考虑室内场地空间及材料的现实情况，在保证安全的前提下，加以合理利用和创设。例如，在开展室内钻爬游戏时，教师可以借用班级现有桌椅摆成桌椅阵，创设供幼儿在桌上和椅上爬、桌下钻的活动场地。再如，在开展室内投掷游戏时，教师可以借用桌椅、玩具柜，甚至幼儿床铺，摆成宽窄不同、高矮不同的障碍物，供幼儿投掷使用。

2. 室内自选体育游戏活动环境

室内自选体育游戏活动环境是指在室内独立区域内，教师根据运动目标创设的体育运动游戏环境。在室内自选体育游戏活动环境中，可根据运动需求、场地空间，设置多个运动区域供幼儿自选游戏，也可以设立一个具有主题性的体育游戏环境，供幼儿开展运动游戏。教师选择创设运动区域游戏的空间可以是班级教室内，也可以是睡眠室、多功能教室，或者是楼道、楼梯。例如，教师在楼道内借用大型纸箱制作一个通道，通道可以有多个出口，幼儿利用大纸箱在其中钻爬，还可以借用通道开展“小猫捉老鼠”的体育游戏，“多只小老鼠”在通道中钻进钻出，而“一只小猫”在通道外看守，逮住钻出的“小老鼠”。

（二）户外体育游戏活动环境

《幼儿园教育指导纲要（试行）》指出，幼儿园要开展丰富多彩的户外游戏和体育活动，培养幼儿参加体育活动的兴趣和习惯，增强体质，提高对环境的适应能力。身体健康是幼儿身心和谐发展的基本保障。由此可见，在幼儿园健康教育中，户外体育游戏活动具有重要作用，它是幼儿动作发展、体能锻炼的重要保障。而户外体育游戏活动脱离不了户外体育游戏活动环境的创设。幼儿的运动能力与幼儿园运动环境有着密切的关系。良好的户外体育游戏活动环境为户外体育游戏活动奠定了基础。户外体育游戏活动环境按活动形式分为户外集体性体育游戏活动环境和户外分散性体育游戏活动环境。

1. 户外集体性体育游戏活动环境

户外集体性体育游戏活动环境指教师有计划地组织幼儿进行体育游戏或体育活动的户外场所。户外集体性体育游戏活动环境要求有较大的场地空间、较充足的活动材料，满足幼儿集体性活动需要。例如，空间相对集中的操场，能够满足做操和集体游戏等的需要。

2. 户外分散性体育游戏活动环境

户外分散性体育游戏活动环境指具有一定运动项目或户外游戏意义的区域。按照不同的分类方式，户外分散性体育游戏活动环境也可以有不同的分类形式。按照地貌可分为沙池区、平地区、草地、器械区、溪水区等。按照功能可分为器械区、跑跳区、钻爬区、投掷区、平衡区、玩沙区、嬉水区、攀岩区、悬垂区、大中小型玩具区等。

二、体育游戏活动环境创设的特点

幼儿园体育游戏活动环境是幼儿体育游戏活动的空间，它对幼儿的体育游戏活动的兴趣、体育运动能力的发展有促进或制约的作用。良好的体育游戏活动环境具有以下特点。

（一）安全保障到位，体现安全性

幼儿是一个特殊的群体，他们自我保护的意识和能力弱，《幼儿园教育指导纲要（试行）》指出：“幼儿园必须把保护幼儿的生命和促进幼儿的健康放在工作的首位。”幼儿在室内外开展体育游戏活动时，因骨骼发育、动作发展、心智发展尚不成熟，且活泼好动，喜欢相互追逐，自身平衡能力差，特别容易因环境中的危险因素而受到伤害。这些决定了幼儿园室内外体育游戏活动的物质环境的安全性非常重要。安全性体现在四点。一是室内外体育游戏活动环境的场地规划应易于幼儿开展体育活动，空间设置应满足幼儿游戏的需要。在环境创设中尽量避免不安全因素的出现，避免意外伤害的发生。二是室内外体育游戏活动场所不应存在危险，如避免有地面不平整或比较粗糙的情况，在幼儿快速跑的区域不要有障碍物，高温天气时户外的栏杆等长时间受太阳照射不会烫伤幼儿等。三是设施设备应符合国家规定的安全卫生标准，在使用体育游戏设施过程中避免存在危险与安全隐患，避免造成幼儿身体伤害。四是体育游戏活动材料的尺寸应根据幼儿的身高进行设计，便于幼儿在体育游戏活动中使用，没有尖角。

在安全保障工作上，教师除了对物质环境的安全性特别关注外，也要培养幼儿的自我保护能力，幼儿的动作灵敏性和协调性还处于发展之中，在户外活动中爱探索，易兴奋，因此，教师不能让幼儿只被动地接受保护，要对幼儿开展自我保护教育，比如，教育幼儿穿合适的衣服，系好鞋带，在秋千、转椅、荡船摆动时， 要离开一定的距离，不要在周围进行跑来跑去的游戏等。

幼儿园的室内外运动场地是发展幼儿大肌肉动作和力量的主要场所，因此体育游戏活动环境要能满足幼儿的运动需要。在体育游戏活动环境中开展运动，能促进幼儿动作及运动能力的良好发展。

在对幼儿园体育游戏活动环境场地的规划中，要考虑幼儿使用场地环境的体验感和心理需求，在规划活动场地时，不单在面积上满足幼儿运动的需要，还要考虑幼儿动作发展的需求。针对幼儿的走、跑、跳、钻爬、攀登、投掷、平衡、悬垂等不同动作的发展来思考和创设体育游戏活动环境。充分根据场地环境空间、体育运动器械进行合理规划，重视幼儿参与体育游戏活动的成功体验，通过难度适宜的设施材料，帮助幼儿在体育游戏活动中不断产生胜任感，增加幼儿对体育活动的自信体验，做到小场地巧利用，大场地多样化利用。科学规划场地，实现体育游戏活动场地的空间活动功能、动作发展功能、运动品质培养功能。

（二）符合年龄特点，体现层次性

幼儿是参与体育游戏活动的主体，因此室内外体育游戏活动环境的创设还要充分考虑幼儿的年龄特点。同时，针对小中大班幼儿的动作发展现状、运动需要来规划活动场地，创设环境内容，其层次性主要体现在三个方面。

一是动作发展的层次性。幼儿身体各个器官和系统都处于不断发育的过程中，其动作和运动能力也处在不断发展过程中。幼儿的走、跑、跳、钻爬、攀登、平衡、投掷动作和控制、转移等运动能力，以及肌肉的力量、动作的协调度都具有发展性。同一运动可分成不同难度的运动项目，比如，同样是“投掷”这一运动，有“掷准”“掷远”等。“跳”这一动作，有“双脚连续跳”“立定跳远”“单脚跳”“跨跳”等，因此在创设体育游戏活动环境时要考虑动作能力本身的层次性。

二是个体差异的层次性。在开展体育教育的过程中，教师要注意教育的整体性，同时考虑幼儿的个体差异。即使在相同年龄段的幼儿中，他们的发展程度也不相同。虽然他们大体沿着相似的发展进程发展，也表现出一定的阶段性特征，但在发展过程中还存在着个体差异。因此教师在创设体育游戏活动环境时要尊重幼儿的个体差异，创设能够支持他们从自身原有水平向着更高水平发展的环境，引导每一个幼儿都能选择与自己的动作发展水平相适应的游戏活动，尊重幼儿动作发展水平的差异性。

学习笔记

三是游戏需要的层次性。幼儿大多爱游戏，容易被新奇、有趣的事物吸引。有趣的环境会对幼儿各个方面产生不同的影响。不同年龄段和性格的幼儿，对游戏的需求也不尽相同。游戏材料的难度过高或过低都会让幼儿丧失对体育游戏活动的兴趣。小班幼儿喜欢具有角色性的游戏，因此教师在创设小班体育游戏活动环境时要考虑环境的情境性。中班幼儿动作发展迅速，喜欢参与各项运动，但动作的准确性和自控能力还较差，因此创设的体育游戏活动环境要有针对性。大班幼儿动作的目的性和自控能力增强，他们动作的协调性、灵活性、准确性都有很大提高，也喜欢尝试一些有难度、冒险的动作，与同伴间的协同活动逐渐增多，因此在创设大班幼儿体育游戏活动环境时要具有挑战性。

（三）环境材料多样，体现开放性

幼儿园每一处都是教育的场所，都能为幼儿的学习、探索、发现提供机会。体育游戏活动环境的开放性体现在以下两点。

一是环境的多样性和空间的开放性。多样性的环境，不仅包括开阔的操场，还包括草地、沙地、树木、花丛、水池等，让幼儿在自然美、生态美的环境中获得更多探索和发展空间。空间的开放性指所有空间应是开放的和有联系的（见图7–1、图7–2），不要将各个功能空间封闭起来，或设置成完全的观赏区域，幼儿不能参与其中。

图7–1　吊球长廊[1]

图7–2　沙地区

二是材料的多样性和开放性。材料的多样性指体育游戏活动环境中材料种类的多样，能满足不同体育游戏活动的需要。例如，大中小型运动器械，包括具备走、跑、跳、钻、爬、平衡、投掷、攀登、悬垂功能的器械玩具。材料的开放性指材料的灵活程度，应有利于幼儿使用与游戏，能在某种幼儿游戏中发挥一定作用。例如，户外场地的小车是孩子喜欢的游戏玩具之一，它不仅能进行交通性游戏，也能进行运送物品的游戏，幼儿使用小车还能与同伴互动，运载小朋友。玩

[1] 图7–1、图7–2由北京市丰台第一幼儿园杨君老师提供。

学习笔记

法单一的材料易让幼儿失去兴趣；功能单一的材料，在幼儿掌握了材料的玩法技能后，就不具备挑战性，会让幼儿失去尝试的愿望。

学习主题 2 幼儿园体育游戏活动环境创设的实施策略

幼儿园体育游戏活动环境创设始终要从幼儿的发展需求出发，充分考虑幼儿的身心发展特点，在具有科学性的同时，还要具有趣味性与创新性。体育游戏活动环境创设在挖掘现有的环境和资源，发挥材料和设施的功能的基础上，还要充分考虑体育游戏活动的价值，根据幼儿的需求和发展目标，研究创设有利于幼儿综合发展的体育游戏活动环境及环境创设策略。

一、安全保障是重点

3~6 岁的幼儿生性好动，自我保护意识弱，又不具备自我保护能力，因此体育游戏活动环境中的安全是幼儿园环境创设中首先要考虑的因素。

保障幼儿在体育游戏活动中的安全要做好三方面工作。一是器械和场地的安全问题。各类游戏器械要无毒无害，符合国家各项标准。教师要检查游戏器械是否有脱落的螺丝，是否有尖锐之物，是否有松动迹象等。活动场地是否平坦，要求不能有坑洼不平的地方。还要检查水池、沙池是否清洁，木制品器械或玩具有无尖刺等。对于这些器械，园所要定期进行检修与维护。在规划游戏场地时，幼儿的运动路线要合理，不合理的空间规划会造成幼儿在体育游戏活动中的伤害，如在追跑游戏中与其他游戏中的幼儿发生碰撞。二是玩具材料的安全问题。幼儿园要检查购买的体育游戏活动材料不应有破损或损坏，以免扎伤或划伤幼儿。教师制作的体育游戏活动材料要结实，能经受得住幼儿游戏过程中的使用。三是组织游戏过程中的安全问题。如在幼儿开展攀登或攀爬活动时，攀登器械下方应铺设垫子，或在较高的攀爬处给幼儿提供保险绳等，以免发生意外。再如，在开展丛林爬树活动时，树木上的绳梯尾部应用轮胎固定，或固定在其他结实处，使绳梯在幼儿攀爬时摇晃幅度减小，增加绳子的稳定性和安全感。如果是单根绳索，就可以在绳索上隔一段距离打上一个结，以保证幼儿在攀爬时抓握得牢固，也可以在靠近树干的部位，安装几个可以让幼儿脚踩的绳套，便于幼儿手脚并用往上攀爬。

二、空间规划是基础

幼儿园户外场地有限，需要对户外场地进行空间规划和设计。以操场为主，大小型运动器械在四周简单摆设，这样的布局使整个户外活动环境显得单调。空间规划是幼儿园开展体育游戏活动的基础和保障，不仅要根据各地气候特点来规划绿化区域，还要结合体育游戏活动环境将两者自然有机结合，让环境“活起来”“有趣起来”，从而促进幼儿积极参与活动，促进幼儿耐力和协调性的发展。

学习笔记

（一）围绕幼儿动作发展进行空间规划

如果幼儿园户外体育游戏活动环境以操场为主，那么一般幼儿的跑、跳等动作发展较好，这是因为日常的体育游戏活动多会集中在跑、跳和一般性户外游戏开展方面，然而，这样的环境设计容易造成幼儿动作和运动能力发展的不均衡。

在幼儿园体育游戏活动环境创设中，一定要从幼儿全面发展的角度去规划和设计空间场地，创设适宜的环境，促进幼儿动作和运动能力的整体和全面发展。幼儿体育游戏活动环境的创设可设置不同的运动区域。例如，可结合基本动作和动作发展创设走跑区、跨跳区、投掷区、钻爬区、攀登区、平衡区、悬垂区，还可结合场地的其他功能再增设大中小型玩具区、操作玩具区、泥沙区等。不同的区域可根据幼儿不同动作的发展来设计游戏，每个区的材料投放尽量丰富，体现出不同层次，使不同能力的幼儿都可以选择适宜的材料进行游戏。

1. 走跑区

走跑区可以单独创设，也可以综合创设；可在自然环境中创设，也可根据运动发展需求进行规划创设。要发展幼儿走的能力，可结合园所自然环境，创设林间小路、花丛小道作为幼儿走的区域。这样在幼儿亲近自然的同时又促进其动作的发展。幼儿的生活游戏活动环境可以作为运动环境，在自然环境基础上铺设不同的路面材料，如大大小小的石头、轮胎，高高矮矮的木桩等供幼儿在上面行走，在亲近自然时巧妙蕴含有挑战性的运动，发展幼儿平衡和走的能力（见图 7-3、图 7-4）。

图 7-3　石子小路[1]

图 7-4　石块路

发展幼儿跑的能力，除了常规的直线形跑道外，还可围绕花坛做环形跑道，利用园所中曲形道路设置“Z”“S”形跑道，增加体育运动的趣味性和变化性，同时幼儿在曲形跑道上做折线跑时也增加了一些挑战性。

2. 跨跳区

跨跳区主要由跨跳和跳两个动作区域组成，可分为双脚跳、单脚跳、单双脚交替跳、连续跳、跨跳等动作。根据开展体育游戏活动是否有材料辅助可以分为无障碍跳和有障碍跳。一般无障碍跳是教师在引导幼儿学习动作和掌握动作时开展的。有障碍跳是教师在提高幼儿动作质量，增强幼儿动作灵活性、准确性阶段使用的。在开展体育游戏活动时会使用一些小型运动器械，如绳梯、轮胎、软积木、圈等。可将小型的运动器械集中放在一起，便于教师和幼儿游戏时取放。因幼儿

[1] 图 7-3、图 7-4 由北京市延庆区第五幼儿园宋金英老师提供。

学习笔记

跨跳的能力不同，所使用的障碍材料也会不同，因此在提供可使用的跨跳材料时尽量考虑各个层次幼儿的能力水平，准备多样化的游戏活动材料。在创设跨跳区环境时，选择场地平整的区域，确保幼儿在奔跑跨跳时不会因地面问题造成伤害。

3. 投掷区

幼儿的投掷活动大体分为抛掷、投远和投准三方面。

在开展抛掷活动时，要提供适宜抛掷的材料，不要有硬质尖角，要有一定的重量和体积，便于幼儿抛接。场地宽阔平坦为宜，便于幼儿有足够的空间开展投掷游戏。也可在投掷上空设置一些悬挂物，引导幼儿在向上抛时使抛物撞击悬挂物，以此增加趣味性。悬挂物可设置得高低不同，以方便幼儿根据自身能力进行选择，也可以激发幼儿不断向更高处抛物，进行挑战。抛物时一定要保障安全。

在开展投远游戏时，要选择空间较大或空间长的区域。具体投远的空间范围，可参考《3~6 岁儿童学习与发展指南》提出的不同年龄段幼儿的投掷距离，同时注意空间要大于投掷距离。在开始投远时，幼儿容易因没有方向而不会用力，也可为幼儿设置一个目标物，向着目标物投掷。在发展幼儿投远能力时，可创设有情境的游戏活动环境，如双方对战、战胜大灰狼等，以游戏化的情境激发幼儿投入游戏，不断练习投远动作。

图 7-5　沙包大战（1）[1]

图 7-6　沙包大战（2）

在投准游戏中，需要场地中有目标物供幼儿游戏。可利用环境中现有的器械充当目标物。目标物可大，如滑梯、攀岩墙等；目标物也可小，如大水桶、玩具筐、绘制的悬挂目标物等。目标物的大小可根据幼儿投准的能力而定。在投准游戏中，目标物除了是固定物品外，还可创设移动的目标物，如可移动的小车、可移动的悬挂物，甚至教师可充当目标物与幼儿开展互动性游戏（见图 7-5、图 7-6）。

4. 钻爬区

钻大体分为正面钻、侧面钻。爬分为手脚爬、手膝爬、匍匐爬。钻爬活动可在室内外多种场地进行，如草地、沙地、滑梯、墙面等。钻爬物除了幼儿园专门购买的钻爬器材外，还可以选择生活中常见材料作为钻爬物，如大型滑梯下可设幼儿钻爬空间，幼儿的桌椅，用布搭好的钻爬通道，甚至皮筋都可作为钻爬材料，开展钻爬游戏。将皮筋拴在一些固定物上，可组成网状，供幼儿在其中钻爬。还可将皮筋设置成游戏材料，如渔网，“小鱼”在渔网中钻，待音乐结束后教师用渔网捕“鱼”。

---

❶ 图 7-5 至图 7-9 由北京市西城区三教寺幼儿园韩鹤老师提供。

在开展钻爬游戏时，可以适当创设游戏活动情境，特别是针对小班的幼儿，具有情境的游戏容易吸引幼儿，增加游戏性，帮助幼儿克服钻进通道的恐惧感。如游戏“乌龟生蛋”，教师在楼道中使用折叠的钻爬通道创设成山洞，幼儿背好乌龟道具，扮成乌龟妈妈，手膝爬钻进洞中，从洞口钻出后，在球桩玩具处敲下一个球，表示乌龟妈妈生下一个蛋（见图 7-7、图 7-8、图 7-9）。

在幼儿钻爬能力增强时，也可将垫子等物叠成阶梯状，以增加钻爬的难度，或挑战爬滑梯、钻异形通道以增加挑战趣味。

图 7-7　游戏情境（1）

图 7-8　游戏情境（2）

图 7-9　游戏情境（3）

学习笔记

5. 攀登区

攀登区主要是开展从低处向高处攀爬和攀登的体育游戏活动区域，练习幼儿上肢力量和肢体的协调性、灵活性，发展身体平衡能力。

一般攀登区创设的游戏环境或借助的游戏器材有攀登架、攀岩墙、攀爬网等。在选择攀登区时可以因地制宜，选择有借助力的地方，如墙体、走廊、大树等。这些地方能够在保证安全的基础上，快速创设攀登游戏区域。借助墙体或走廊，在其上安装横杆、轮胎、攀登抓手等物以便幼儿攀爬。

攀登或攀爬游戏环境还可借助一些空地或大树安装网子，既不占用空间，又可以很好地利用园所一些角落区域创设体育游戏活动环境，这些地方往往是幼儿非常喜爱的游戏区域。

攀登或攀爬游戏也可借助园中其他器械和物品开展。如小型木房子，从房顶处垂下绳索，幼儿借助绳索向上攀爬。再如，借助小梯子、轮胎、木架、楼梯、斜坡等也可以创设攀登游戏环境，供幼儿游戏使用。

6. 平衡区

幼儿的平衡游戏有很多种，平衡游戏中人与器物的关系可分为三种：一种是人在器物上的平衡，二是器物在人身体上的平衡，三是前两种的交互组合。

“人在器物上的平衡”游戏是幼儿站在或走在器物上，一般提供的固定平衡性运动材料有平衡木、梅花桩、凳子、椅子、树桩、圆木、独木桥等。固定性器物的宽窄、粗细决定平衡游戏的难度。移动性平衡运动材料有小马蹄、高跷、滚桶、绳桥、平衡车、平衡板等。移动性器物的高度、摇动的幅度决定了平衡游戏的难度。

学习笔记

“器物在人身体上的平衡”游戏是幼儿将小型器物或材料放置在身体某部位，双手不碰触而保持器物或材料的平衡，使其不从身上掉落。在进行此类游戏时，场地要求平坦，器物或材料不能有尖角，有一定重量，如沙包、装水的矿泉水瓶、球等。

“交互组合的平衡”游戏是指幼儿站在或走在平衡器物上，同时身上放置另一个小型平衡器物，保持身上器物的平衡，同时又保持自身的平衡。这样的游戏内容，要在幼儿具有良好的平衡能力的基础上进行。

7. 悬垂区

悬垂是指双手抓住具有一定高度的固定的物体，借助手臂力量使身体悬空吊起。悬垂活动对增进上肢力量、耐力、协调度、灵敏度，提高反应能力等均有很大的作用。《3~6 岁儿童学习与发展指南》提到，3~4 岁幼儿“能双手抓杠悬空吊起 10 秒左右”，4~5 岁幼儿“能双手抓杠悬空吊起 15 秒左右”，5~6 岁幼儿“能双手抓杠悬空吊起 20 秒左右”。

悬垂包括两种难度动作：一是原地悬垂，幼儿踮起脚尖能双手抓杠，身体自然垂直，慢慢离开地面；二是悬垂后加位移变化，幼儿双手抓握固定杠向前移动一段距离。

一般创设的游戏环境或借助的游戏器材有单杠、U 形架、吊环、悬垂架等，此外，还可以辅以荡绳、滑绳等器材。悬垂器材的高度以幼儿脚尖碰不到地面为准。悬垂活动对幼儿的耐力和上肢力量要求较高，因此，开展此活动时地面要铺设垫子或在松软的草地上进行，以保护幼儿。

悬垂能力是幼儿运动发展中相对弱势的能力，活动相对单调，因此，在有趣的情境中引导幼儿乐于参与非常重要。户外体育游戏可以创设“小猴探险”“勇过鳄鱼池”等游戏情境，增强活动的趣味性。在活动中要注意悬垂时间不能过长，另外，鉴于幼儿的生理发展特点，不宜让幼儿单手悬垂。

（二）合理规划室内外活动场地

每个幼儿园的室内外环境都不尽相同，有着各自的现实情况。有的园所户外场地大而集中，有的园所户外场地小而分散，有的园所有很多坡道。不同幼儿园的室内空间格局也不太相同，有的楼道宽，有的有多功能教室，有的在楼道中就有公共活动区域。不同的运动项目对场地有不同的要求，如跳绳活动不宜安排在尘土多的土地上或有沙砾的场地上，应选择平整砖地或具有弹性的场地。拍球活动需要有能让球弹起的平整场地，而草坪和坡道明显不适宜。因此合理规划室内外空间与环境就显得尤为重要。教师在创设体育游戏活动环境时要充分结合幼儿园现有的空间情况进行创设。

在室内体育游戏活动环境创设时教师要巧用地势，根据不同地势设计不同的体育游戏活动。楼道具有直而长的特性，教师可以利用这些特点创设平衡或推滚运动游戏，如小猫钓鱼、小马运粮。在长长的楼道空间中，教师可摆放一些平衡的运动材料，如梅花桩、平衡板、小木桥等，让幼儿在这些平衡器械上尝试用鱼

学习笔记

钩钓鱼，或小马走过这些障碍去运送粮食。楼梯具有上下斜坡的特点，教师可以利用这个特点开展有关爬、投掷、锻炼力量的游戏。如小乌龟爬山，幼儿扮成小乌龟，戴上保护手的小爪套，在楼梯上使用手脚爬的方式爬上楼梯取得一个信物后返回。或在楼梯高高低低的位置上摆不同的小怪物，组织幼儿使用小包开展打小怪物的游戏。教师还可以借助楼梯上高下低的特点开展“力拔千斤”的游戏，幼儿在上方坐好，将下方的装满水的水瓶用绳索拉上来，锻炼幼儿的臂力。

在巧用地势之外，教师还可以开发室内的立体空间。幼儿园室内的立体空间有墙面、门、连廊、栏杆、立柱、窗户、柜子、架子等，教师可以借助这些开展相关游戏活动的环境创设。例如，利用教室外楼道的窗户，悬挂一些小球篮，请幼儿用“报纸球”开展投篮游戏。也可以借用楼道内不用的柜子，将柜子内一层层的隔断空间布置成一个个老鼠洞，一些小老鼠藏在里面，请幼儿使用布包开展打老鼠游戏。总之，教师在创设室内体育游戏活动环境时应充分分析室内的环境特点，开展相关游戏活动环境设计。

室外体育游戏活动的环境创设也应该充满童趣，能够吸引幼儿参加室外的体育游戏活动。室外的活动环境比室内有更多的空间，更适合幼儿开展大肌肉运动。因此室外体育游戏环境创设应更具挑战性。教师应结合幼儿园的自然环境、日常活动需求、安全因素，合理规划场地。例如，利用幼儿园的坡地创设与爬、滑相关的游戏活动环境。利用大型树木间的悬垂绳索、树屋等环境，开展攀登游戏。利用废旧轮胎在草地上铺地，请幼儿在上面行走，发展其平衡能力。充分考虑幼儿园的场地特点，合理利用幼儿园局部空间进行设置。例如，幼儿园的长廊下可以创设穿越封锁线的游戏活动环境，幼儿可在其中练习钻、爬、跨、迈等动作。在小树林中创设跳皮筋的游戏活动环境，幼儿在蹦蹦跳跳的过程中发展身体的协调能力与灵活性。

（三）小区域体育游戏与大区域循环运动相结合

小区域体育游戏区指将幼儿园的场地与空间创设为不同的运动区，根据各区核心运动能力，在各运动区内创设相关的运动环境，提供运动材料，开展体育游戏活动，如前面提到的走跑区、跨跳区、投掷区等。除了围绕幼儿动作发展设计的小区域体育游戏区外，还可增设其他体育游戏环境区域，如骑车区、滑板区、民俗体育区等。大区域循环运动区是建构于小区域体育游戏区之上的，指打破年龄段限制，打破区域游戏空间限制，教师定点在某个区域开展指导，幼儿自主选择场地、游戏区进行体育游戏活动的区域。大区域循环运动区适宜中大班幼儿开展游戏活动。幼儿自主选择游戏不限于一个运动区域，可根据其运动兴趣在多个区域参与游戏活动。

小区域体育游戏区的环境、材料可根据季节变化进行调整。如夏季天气炎热，可以减少跑、跳等剧烈活动的游戏内容，增加钻爬、平衡等游戏内容。冬季天气寒冷，可以增大幼儿活动量，以跑、跳为主，增加相关游戏材料。教师还可以根据幼儿体育游戏活动中的兴趣创设新的体育游戏活动环境。在大区域循环运动区

学习笔记

体育游戏活动环境创设时，要注意材料提供的层次性、适宜性，要有适合不同年龄段、不同运动能力的幼儿的体育游戏活动项目。同时还要注意体育游戏活动内容的多样性、游戏性、发展性及材料的耐用性，保证大区域循环运动区体育游戏教育目标的落实和长期开展。

小区域体育游戏与大区域循环运动相结合的环境创设，可以为幼儿提供更宽松和更自由的环境，支持幼儿在自主运动过程中主动发展自身能力，积极探索运动难度，促进运动能力提升，获得积极情感体验。

三、年龄特点是依据

（一）趣味环境感受运动快乐

游戏是幼儿的天性，幼儿对体育游戏活动非常喜爱，但是，不是所有体育游戏活动环境都能吸引幼儿主动、积极地参与。在设置体育游戏环境时，要以幼儿视角去思考，充分挖掘幼儿感兴趣的事物，创设适合幼儿并且充满趣味的体育游戏活动环境。

建构有趣的体育游戏活动环境可从以下两个方面考虑。一是从幼儿的心理特点考虑。幼儿喜欢色彩鲜艳的事物，幼儿的色彩感知能力表现为视觉感知和趣味性的吸引。[1] 往往纯度高、明度大的色彩能够更好地吸引幼儿的注意。有趣的触觉感知也能给幼儿带来良好的心理感受，有趣的运动能让幼儿感受体育游戏活动的乐趣。利用草坡、运动器械、游戏材料、幼儿喜爱的游戏主题创设有趣的体育游戏活动环境空间，这可以引发幼儿的好奇心和注意力，激发其参与体育游戏活动的积极性。二是从幼儿的行为特点来考虑。幼儿好动，爱游戏，喜欢参与各种运动活动。因此幼儿体育游戏活动环境在创设时应该提供多样且足够的空间来满足幼儿对肢体运动的需求，锻炼他们的肌肉力量和身体的运动能力。幼儿阶段的孩子喜欢参与有情境的游戏活动，因此教师也可以创设富有游戏情境的体育游戏活动环境，如迷宫挑战、猫鼠大战、穿越封锁线、草地野营、丛林飞越、屋顶滑梯等，满足幼儿参与游戏、参与挑战的游戏需求。

（二）层次递进促进能力发展

运动能力与动作发展之间存在着相互交织、相互促进的关系。[2] 动作发展水平会伴随着运动能力的提升而提高。因此教师在创设体育游戏活动环境及为幼儿提供体育游戏活动材料时，要充分考虑不同层次幼儿的动作发展与运动能力的发展，同时也要根据幼儿的运动能力水平和动作发展现状提供、创设适宜的体育游戏活动环境。加拉休（Gallahue）等人认为基本运动技能的发展存在起始、发展和成熟三个阶段。[3] 每个基本运动技能在不同阶段都有不同的特征。我国有学者

---

[1] 戴晴：《城市幼儿园户外空间趣味性设计研究：以徐州市区为例》，硕士学位论文，江西师范大学，2017。

[2] 王斐：《幼儿运动能力与幼儿园运动环境质量关系的研究》，硕士学位论文，浙江师范大学，2014。

[3] 刁玉翠：《3~10岁儿童基本运动技能发展与教育促进研究》，博士学位论文，华东师范大学，2018。

学习笔记

将儿童基本运动技能划分为3~5个阶段。不同的运动技能会有不同的发展阶段。如拍球会经历“掷球后无意识追球”—“掷球后去拍球，但掌握不好节奏”—“用手指、手掌拍球，但控球方向不熟练”—“用手指拍球，球在腰部高度，控球节奏好”四个阶段。[1]在不同的动作技能阶段，教师为幼儿提供体育游戏活动材料或创设环境时，应更加有针对性，以促进幼儿向更高能力水平发展。例如，“掷球后无意识追球”阶段，一般出现在2~3岁幼儿年龄段，适于提供给幼儿色彩鲜艳的球，通过颜色增加其视觉刺激，提高其视觉的追踪效果。在“掷球后去拍球，但掌握不好节奏”阶段，教师可以播放有节奏感的音乐，在音乐的律动下带动幼儿感受拍球的节奏。在“用手指、手掌拍球，但控球方向不熟练”阶段，不宜使用弹力大，而且质量轻的球，避免幼儿因控球能力弱造成球反弹不稳定、乱蹦现象，这不利于幼儿发展拍球的能力。此时教师应提供给幼儿有一定重量的球，例如，儿童使用的篮球，它反弹性好又不易乱反弹。在“用手指拍球，球在腰部高度，控球节奏好”阶段，幼儿如果能够熟练拍球，可以提供其他辅助材料，开展多样化的拍球，如行进拍球、绕障碍拍球、花样拍球、双手拍球等。

除了在幼儿基本运动技能的不同阶段提供不同层次的运动材料外，幼儿园的体育游戏活动环境也应该满足不同运动能力层次的幼儿的需要，为幼儿提供难易程度不同的体育游戏活动材料，如在平衡游戏活动中，面对不同年龄的幼儿，幼儿园应提供不同的体育游戏活动材料。小班提供宽且低矮的平衡材料；中班提供宽且有些高度的平衡材料；大班可提供窄且低的，或宽且有一定高度的平衡材料。

四、器械材料是助力

幼儿园体育游戏活动环境创设包含两方面的内容：一是场地空间的规划，二是器械材料的投放。运动器械与体育游戏活动材料的趣味性、可操作性、功能性可以有效地激发幼儿参与体育游戏活动的兴趣，同时促进其运动能力的发展。

（一）目的性的器械材料投放

幼儿园体育游戏活动器械和材料投放是幼儿园体育游戏活动开展的物质条件，同时也是幼儿园体育游戏活动的重要组成部分。它与幼儿园体育游戏活动的内容和形式密不可分。体育游戏活动器械和材料本身所具有的功能性和运动性，决定着幼儿园体育游戏活动的内容和形式。因此在投放体育游戏活动器械和材料时，教师要充分考虑幼儿运动水平及动作发展的阶段，有目的地选择适宜的器械材料进行投放，或者根据幼儿园场地规划，有目的地选择相应的器械材料进行投放。在发展幼儿跳跃能力时，针对小班幼儿，可投放固定跳跃的材料，如悬挂在高处的玩具、会响的铃铛，以激发幼儿的游戏兴趣，使幼儿乐于练习原地向上跳和向上纵跳的动作。还可给小班幼儿提供软垫或草坪用于避免他们不会屈膝缓冲

[1] 刁玉翠：《3~10岁儿童基本运动技能发展与教育促进研究》，博士学位论文，华东师范大学，2018。

学习笔记

而造成的膝盖损伤。针对中班幼儿，可投放连续跳的游戏材料，但要低矮，如绳梯、圈等，重点发展幼儿连续跳的动作准确性和灵活性。针对大班幼儿，可投放有一定挑战性的材料，可以增加跳跃材料的高度、宽度，如纸箱、轮胎等，发展幼儿跳跃时的爆发力及腾空的能力，同时还可以利用低结构材料进行组合，供幼儿游戏，发展幼儿花样跳、单脚跳的能力。

（二）挑战性的器械材料投放

具有挑战性的体育游戏活动环境能够更好地激发幼儿参与活动的兴趣，支持幼儿在体育游戏活动中专注且投入地做游戏，在运动中表现出智慧、勇敢、创新的品质。如一些户外游戏环境中有沟壑、山坡、草坪、秋千、木屋、绳网等，这不仅提供了幼儿锻炼体能的机会，更给幼儿无限的游戏想象，既具有挑战性，又具有原始生态性。在保障安全、卫生的前提下，在沟壑中，幼儿可以走独木桥，在高高低低的沙丘上跑上跑下；在山坡上，幼儿可以走废旧矿泉水桶铺成的路，可以爬轮胎排成的路，可以坐着木板从山坡上向下滑。[1]不同难度的游戏会给幼儿带来不同程度的挑战，带来快乐与成长。小树林中的绳桥、滑索，在摇摇晃晃中给幼儿带来别样的感受。顺着小木屋下来的绳子，幼儿不断向上攀爬，一次次挑战自我，最终感受登上屋顶的喜悦，这给幼儿带来了自信与努力后的成功体验。这些具有挑战性的体育游戏活动环境与材料不仅为幼儿锻炼走、跑、跳、爬、钻、平衡、悬垂等基本动作提供了充分的机会与条件，也促进了幼儿身体的灵活性、协调性、柔韧性、耐力，提高了幼儿大肌肉的力量。

挑战性的体育游戏活动在提升幼儿动作发展与运动能力时，还增强了幼儿的心肺功能，提高了幼儿的神经系统控制和调节的能力，促进幼儿的机体更加适应环境，促进幼儿心理健康和良好品质的发展。

（三）开放性的器械材料投放

华爱华教授曾说，对游戏材料进行低结构开放投放，将会增加幼儿的游戏行为，幼儿控制材料；而对材料进行封闭式高结构投放，将诱导幼儿个别化作业活动，材料控制幼儿。[2]在提供体育游戏活动材料时，既要有高结构的游戏活动材料，通过材料落实运动目标，促进动作发展；又要有低结构的游戏活动材料，增加幼儿的运动自主性。

低结构的游戏活动材料因为具有开放性，可以给幼儿更多的自主空间。他们会用这样的材料创建自己的体育游戏器械、体育游戏设施，从而探索动作，挑战动作。幼儿在建构属于他们自己的游戏材料时，会根据他们的能力进行创建，这更符合他们运动的最近发展区规律。经常在体育游戏活动中运用的低结构材料有轮胎、木板、梯子、地板块、垫子、绳子、皮筋、奶粉罐、圈、布、沙包、条凳、

---

[1] 朱振岳：《“安吉游戏”玩出乡村里的幸福童年》，载《中国教育报》，2013-12-29。

[2] 张海雯：《从“操场”到“游戏场”的变迁：浅谈幼儿园户外游戏环境创设策略》，载《上海教育科研》，2014（9）。

学习笔记

长短不同的棍子、大小不同的盒子箱子、各种各样的球、大型积木等。低结构材料包含自然物和废旧材料等，教师可根据不同情况，选择现有和特有材料进行创设。

低结构体育游戏材料的提供要保证材料的总量充足，足够幼儿在体育游戏活动中使用。同时还要保证低结构材料的多样性和均衡性，能够满足幼儿不同动作发展的需求，或当前幼儿运动能力发展的需要。

学习主题 3 幼儿园体育游戏活动环境创设的经典案例

一、室内体育游戏活动环境经典案例

丰富多样的室内体育游戏，为幼儿体育活动提供了拓展空间。根据小中大年龄班特点，教师应创设适宜的室内体育游戏活动环境，这可以很好地促进幼儿大肌肉动作的发展。

（一）小班室内体育游戏活动环境经典案例

小班室内体育游戏活动环境的核心要素有情景、角色、有趣等。小班幼儿喜爱模仿，他们喜欢与教师一起游戏。在创设游戏过程中，教师要注重游戏的情景化、情境化，多利用新颖有趣的玩具材料和夸张可爱的情境，吸引幼儿自主参与室内体育游戏活动。室内体育游戏活动环境的创设要注意淡化游戏中的任务感，注重满足幼儿对游戏的兴趣需要，使幼儿在愉快的自由游戏中得到锻炼。

经典案例 1 喂喂小动物

图 7-10 至图 7-13 所示为小班幼儿室内体育游戏环境示例：喂喂小动物。

图 7-10 “喂喂小动物”游戏材料及场地[1]

图 7-11 “喂喂小动物”游戏情境（1）

图 7-12 “喂喂小动物”游戏情境（2）

图 7-13 “喂喂小动物”游戏情境（3）

[1] 图 7-10 至图 7-37，由北京市西城区三教寺幼儿园韩鹤老师提供。

学习笔记

（1）环境空间：相对平整的空间场地。

（2）材料准备：大块地垫，地板块，无纺布缝制的“食物”即鱼、草、骨头和胡萝卜，无纺布背心和狗、兔子、猫、羊的标志，小筐。

（3）游戏玩法：将“食物”散放在地垫上，幼儿身穿背心躺在地垫上翻滚，将“食物”粘在身上，再手脚并用爬过小路，将粘在背心上的“食物”分别喂给对应的小动物。

（4）游戏规则：

①两个幼儿进行游戏。

②要用翻滚的动作将“食物”粘在身上而不能用手拿。

此体育游戏活动环境创设借助了幼儿“小动物饿了，我来帮它喂食”的心理状态，预设游戏的情境性。活动的目标是发展小班幼儿侧面翻滚的能力，因此教师使用大的地垫创设了足够幼儿翻滚的空间场地，幼儿可以自主地在地垫上翻滚，体验翻滚带来的乐趣与肢体快感。教师还设计了翻滚粘贴衣和粘贴食物。考虑幼儿穿着和游戏的舒适度、安全性，教师全部采用布制材料，确保幼儿在游戏中的安全与娱乐性。同时教师预设了长长的爬道，让幼儿在翻滚获得食物后，仍以游戏情境的方式变成小刺猬运粮食，这个游戏不仅发展其翻滚能力，还锻炼其手脚爬的能力。游戏最后阶段有动物形象的食物投喂盒，让幼儿始终融入游戏的情境中，帮助小动物获得食物，完成游戏任务，同时还帮助幼儿在游戏中建立分类与对应的概念。

经典案例 2 小兔拔萝卜

图 7-14 和图 7-15 所示为小班室内体育游戏环境示例：小兔拔萝卜。

图 7-14 “小兔拔萝卜”游戏情境（1）

图 7-15 “小兔拔萝卜”游戏情境（2）

（1）环境空间：相对平整的空间场地。

（2）材料准备：小型平衡器械，小盒制作的萝卜地，大小不同的胡萝卜图形，大小不同的兔子头像，挂钩若干。

（3）游戏玩法：将平衡板和萝卜地（酸奶盒）设置在楼道的场地中，创设游戏情境。小兔要走过小桥，到菜地里种萝卜。把萝卜全部种好后，再次过小桥，拔下萝卜送给小兔吃，将萝卜挂在相应的小兔头像下面的挂钩上。

（4）游戏规则：走在平衡木上保持平衡，掉下平衡木后要重新走。

学习笔记

此游戏中，教师选择幼儿园楼道中较大的平坦场地，保证了幼儿的活动空间。采用小兔拔萝卜的游戏主题，创设情境性游戏活动环境，这可以很好地激发小班幼儿参与活动的兴趣。此游戏目标是在游戏情境下，提高幼儿身体的平衡能力和四肢协调性，幼儿能够按照材料分类摆放和取放。教师根据小班幼儿的动作发展及平衡能力，选择低矮平衡木鼓励幼儿尝试游戏，在促进幼儿动作和能力发展的同时，关注幼儿的心理感受和情绪。平衡木采用小段拼接而成，便于幼儿自行布置游戏环境，创设出多样的平衡木形式。教师采用纸盒制作萝卜地，轻便、整齐的纸盒不仅利于幼儿拿取和使用，也利于收放。纸盒上有插口，便于幼儿插放萝卜。教师选择用厚纸卡制作萝卜，并压膜硬化，方便幼儿在游戏中插放，而且让材料更加耐用。该活动整体环境的创设始终体现游戏的情境，将教育目标内化在游戏中。

经典案例 3　能干的小脚

图 7-16 至图 7-18 所示为小班室内体育游戏环境示例：能干的小脚。

图 7-16 "能干的小脚"游戏情境(1)

图 7-17 "能干的小脚"游戏情境(2)

图 7-18 "能干的小脚"游戏情境(3)

（1）环境空间：相对平整的空间场地。

（2）游戏准备：筐 2 个，萝卜若干，地板块 2 块，小兔家 2 个。

（3）游戏玩法：兔宝宝躺在垫子上，先用小脚夹住萝卜，然后双腿向头顶伸，把萝卜放到头顶的小兔家里。

（4）游戏规则：只能用双脚夹萝卜。

此游戏选择在楼道中宽敞的空间开展，方便幼儿有施展的空间。游戏目标是尝试用双脚夹物，发展幼儿腰背力量和对身体的控制能力。在环境创设中，教师依然采用情境化和游戏性的方式开展。创设小兔拔萝卜的游戏情境，激发幼儿参与游戏的兴趣。为幼儿准备了大垫子，保证幼儿身体在游戏过程中的安全与卫生。兔头形象的纸箱营造了小兔家的氛围，并且纸箱选择的大小适宜，幼儿双脚投物正好投进去，既不会因纸箱过小造成投物不易成功的情况，给幼儿带来挫败感；又给幼儿双脚投物做了位置定位，保证不会因为纸箱过大，造成幼儿双脚投物目标不明确，动作变形，甚至在双脚夹萝卜向头顶投物时而侧倒的情况。放置萝卜的筐因透明可以更好地让幼儿了解完成的情况。纸盒和筐相对放置，一个在头顶，一个在脚下，为幼儿仰卧抬腿动作形成完整路径暗示。

学习笔记

经典案例 4 蹦球音乐会

图 7-19 所示为小班室内体育游戏蹦球音乐会的环境。

（1）环境空间：相对平整的空间场地或楼梯。

（2）游戏准备：大弹力球六个，大纸箱三个，小铃鼓两个，碰钟两个，沙槌两个等，做成钢琴形状。

（3）游戏玩法：幼儿站在楼梯上面，准备游戏。游戏开始，幼儿将弹力球从楼梯上向下扔去，用球击中箱子上的发声乐器而发出不同的声音。教师提示：小球敲打乐器的声音多好听呀，请下楼把小球捡回来，再次开始吧！

图 7-19 蹦球音乐会的环境一角

此游戏可以在室内相对平坦或有坡度的场地开展。游戏目标是让幼儿喜欢投球活动，体会投球活动的趣味性，发展幼儿上下楼梯的能力。本案例中教师选择的是幼儿园的楼道位置，利用楼道向下的坡度，使球自然滚落撞击到乐器而发出声音。有趣的游戏方式特别吸引小班幼儿，乐器因撞击发出的声音让小班幼儿感到新奇。球滚落到台阶上，受到台阶影响，其滚落轨迹不断变化，造成其撞击乐器会出现随机性和不确定性。而这种随机性和不确定性增加了游戏的乐趣。教师使用三个纸箱排列制作，增加了玩具的耐用性。每个纸箱中放置不同的乐器，幼儿能感受各种乐器的不同音质。纸箱上面，教师制作成钢琴形象，突出了游戏的主题，大而清晰的形象容易吸引幼儿的注意力，同时帮助他们理解游戏内容。小班幼儿在拾球上下楼梯的过程中，锻炼了腿部大肌肉的力量和身体的平衡能力，也促进了上下楼梯的动作发展。

（二）中班室内体育游戏活动环境经典案例

中班创设室内体育游戏活动环境的核心要素是有趣味，有挑战，促进动作发展等。中班幼儿活泼，好动，爱玩，会玩，动作能力发展迅速，因此对运动游戏活动的积极性有极大的提高，愿意尝试一些新颖、有趣、略有挑战性的活动。结合中班幼儿的年龄特点，教师可以借助多种形式、多样材料，围绕幼儿的动作发展，设计更多的体育游戏，创设不同的体育游戏活动环境，满足幼儿好动、对动作探索的欲望。

学习笔记

经典案例 1 猜拳跳房子

图 7-20 和图 7-21 所示为中班室内体育游戏活动环境示例：猜拳跳房子。

图 7-20 “猜拳跳房子”游戏环境

图 7-21 “猜拳跳房子”游戏情境

（1）环境空间：相对平整的空间场地。

（2）游戏准备：压膜奖杯挂饰一个，在地面上贴有苹果、鸭梨图案的跳房子的格子。

（3）游戏玩法：两个小朋友参加游戏，分别自选并站在苹果或鸭梨图案上准备游戏。游戏开始，两个小朋友出拳（石头、剪刀、布），获胜的一方向前跳一个格，跳到相邻的与自己所站图案相同的格子里。先跳过游戏地图的人为获胜者，获得奖杯一个，挂在胸前。

此游戏的目标是在游戏中发展幼儿双脚向前跳过不同距离的基本动作，并在游戏中发展幼儿的判断能力。教师使用即时贴，在地上贴出游戏地图，幼儿两人一组进行游戏。游戏地图中贴有两种图案，幼儿可以根据自己的意愿选择其中一个图案作为自己的跳跃标志。游戏场地平坦宽阔，保证了幼儿游戏时的安全。场地中的箭头清晰地标识出出发位置，便于幼儿理解游戏规则。两种图案看似随机贴放，实际上教师考虑了幼儿跳跃的能力，保证幼儿能够准确跳到游戏所要求的格子里。随着幼儿跳跃能力的增强，教师可以调整游戏地图中的图案距离，以增加跳跃难度。

经典案例 2 黑猫警长捉老鼠

图 7-22 和图 7-23 所示为中班室内体育游戏活动环境示例：黑猫警长捉老鼠。

图 7-22 “黑猫警长捉老鼠”游戏情境（1）

图 7-23 “黑猫警长捉老鼠”游戏情境（2）

学习笔记

（1）环境空间：相对平整的空间场地。

（2）游戏准备：

①准备一个废旧有隔断的柜子，在每个柜格中放置一个自制的小老鼠，将柜格装饰成老鼠洞的样子。

②装备沙包若干，作为打老鼠的子弹。压膜小鱼挂饰10个。压膜黑猫警长挂饰标志两个。

（3）游戏玩法：黑猫警长戴好标志，站在投掷线上准备游戏。游戏开始，黑猫警长用手中的沙包向老鼠洞投掷，投进老鼠洞就表示捉住了一只老鼠，奖励小鱼一条，挂在胸前。游戏结束，数数谁得到的小鱼多。

（4）游戏规则：黑猫警长站在投掷线上投，不得越过线。

此游戏的目标是在游戏中发展幼儿投掷和投准的能力。教师利用玩具柜的多层空间创设出立体老鼠洞。根据老鼠在洞中不同的位置，幼儿做投高或投准的游戏。而且将小老鼠放置在哪个鼠洞中都是由幼儿决定的。教师为幼儿制作的布帘保证了材料的耐用性。有的鼠洞安装布帘，有的鼠洞没安装布帘。安装了布帘的鼠洞因老鼠会被遮挡，增加了幼儿准确打中老鼠的难度。鼠洞布帘的提供，不仅让游戏的难易程度不同，满足了不同投掷能力幼儿的需要，还满足了幼儿不断挑战的需求。从图7-23中可以看出，鼠洞布帘的形状各异，遮挡老鼠的方式也不同，这更增加了游戏性和趣味性。小老鼠的制作方式也特别巧妙，教师使用塑料袋，将报纸或棉花装入袋子的一个角中，使袋子形成锥形，就像老鼠的外形。再在其上安装上耳朵、眼睛和胡须，一只只生动的小老鼠就出现了。而且这样的小老鼠即使在游戏中出现损坏，幼儿也可以亲手制作，不会因为怕弄坏而不敢使用。

经典案例3 滚滚乐

图7-24和图7-25所示为中班室内体育游戏活动环境示例：滚滚乐。

图7-24 “滚滚乐”游戏情境（1）

图7-25 “滚滚乐”游戏情境（2）

（1）环境空间：幼儿园的楼梯或具有斜坡的场地。

（2）游戏准备：乒乓球5个，台球5个，大小不同的铃铛球10个，塑料球10个，托板1个，小桶1个。

学习笔记

（3）游戏玩法：两人游戏，幼儿A手持托板，将5个大小不同的球托到楼梯上端，准备好，幼儿B在楼梯下方等待，幼儿A将球从管道内滚下，幼儿B观察不同的球滚下来的速度。

（4）游戏规则：

①在游戏中，两人要轮流进行不同位置的游戏。

②幼儿在托球上楼时，要注意保持身体平稳，且注意安全。

此游戏的目标是发展幼儿下肢的肌肉力量和持物上楼梯的平衡协调能力，在幼儿与同伴分工合作的游戏中感受体育游戏的快乐。游戏环境创设在楼梯上，教师用大塑料瓶沿着墙壁连接成一条长长的球的滚落通道。通道借助楼梯扶手便于固定，也保证了在游戏过程中通道的稳定性和耐用性。在游戏中，教师投放了多种球，有乒乓球、台球、铃铛球、塑料球等，引发幼儿在游戏操作中感受不同的球的滚落现象，从而关注球的材料与滚落速度的关系。在提高中班幼儿上楼梯的平衡能力时，与小班空手上楼梯不同，教师提供了托板，中班幼儿要将不同的球放置在托板上端着走，走到上一层楼开展游戏。在上楼过程中，幼儿不但要保持自身的稳定性，还要保持托板上球的稳定性。这无疑给幼儿上楼增加了难度。两名幼儿一名在楼上滚球，一名在楼下接球，要配合开展游戏，这也帮助中班幼儿建立合作游戏的意识。

经典案例4　打倒小怪兽

（1）环境空间：相对平整的空间场地或幼儿园楼梯（见图7–26至图7–28）。

图7–26　“打倒小怪兽”游戏材料（1）

图7–27　“打倒小怪兽”游戏材料（2）

图7–28　“打倒小怪兽”游戏情境

（2）游戏准备：饮料瓶、酸奶盒、纸盒、围挡、足球。

（3）游戏玩法：开展游戏前先将围栏围好。两名幼儿进行分工，一名幼儿利用低结构材料负责搭建“小怪兽”，另一名幼儿选择自己喜欢的球尝试将所搭建的“怪兽”打倒，打倒“怪兽”多的小朋友获胜并交换角色。

（4）游戏规则：两人轮流游戏。

此游戏的目标是能用低结构材料进行搭建，并选择不同大小与材料的球，尝

学习笔记

试将球从高处滚落击中目标物。这个游戏环境创设在幼儿园的楼梯上，形式上与小班的“蹦球音乐会”游戏有些类似，但实质上是有区别的。小班的“蹦球音乐会”是鼓励小班幼儿在游戏中尝试开展投球游戏，用有趣的方式吸引小班幼儿，激发他们参与体育游戏活动的兴趣。而中班是借助滚球游戏来发展幼儿准确掷物的能力。为小班提供的是弹力球，目的是投球后，球下落过程中弹跳起撞击乐器。而为中班提供的是足球，相较于弹力球，足球重，不易被弹起，增加了球的可控性和滚落速度，也便于中班幼儿用球击中自己的目标物。对于目标物的设计，教师为了增加游戏的趣味性和变化性，提供的是低结构材料，幼儿每天可以根据自己的想法来搭建不同形态的“小怪兽”作为目标物来开展游戏。

（三）大班室内体育游戏活动环境经典案例

大班创设室内体育游戏活动环境的核心要素是有合作，有竞争，守规则等。大班幼儿动作更加灵敏，协调，有力，相对于中小班幼儿，大班幼儿对动作有较强的控制能力，并且随着他们合作交往能力、高级情感能力的发展，此阶段的幼儿喜欢和同伴合作游戏，具有一定的责任感、荣誉感和集体观念。他们喜欢具有竞争性和挑战性的游戏内容。教师在设计游戏和创设体育游戏环境时，可以创设具有一定挑战性、竞争性的游戏和环境，加强游戏的任务性。

经典案例 1　地面推球

图 7-29 和图 7-30 所示为大班室内体育游戏环境示例：地面推球。

图 7-29　“地面推球”游戏材料

图 7-30　“地面推球”游戏情境

（1）环境空间：相对平整的空间场地。

（2）游戏准备：擦玻璃器改装的推球器两个，球门两个，象棋棋子一个，台历自制的积分牌两个。

（3）游戏玩法：幼儿手持推球器站在各自的球门前，猜拳争夺发球权。赢者将球放在中心线上发球。双方利用推球器互推棋子，推进对方球门者得分。利用记分牌记录各自得分，最先得 10 分的为胜利者。

（4）游戏规则：

①使用推球器时，选择海绵一面着地，进行推球。

②幼儿在游戏中保持好距离，避免推球器触碰到对方的身体。

学习笔记

此游戏的目标是提升上肢手臂力量和手眼协调能力，能遵守游戏规则，会记录游戏比分。该游戏环境创设在楼道内平坦、空旷的区域，便于幼儿开展较为激烈的活动。教师准备的推球器的一面为海绵材质，既能够保证幼儿在推球过程中不会因撞击而造成伤害，又保护了地面，不会因为推球而划坏地面。推球器长60~70 厘米，正好适合幼儿身高，便于幼儿在游戏中操作使用。地面上教师用贴纸贴出了游戏比赛的场地，划分出各个区域，帮助幼儿明确游戏规则，如中场线位置开球，连线位置是出球区，球出界后要重新开始游戏等（游戏规则可根据幼儿游戏的程度适当增减）。两个小球门包裹上具有一定厚度和弹性的防撞材料，并且球门拐角采用圆角设计，大大保证了幼儿游戏中的安全性。

经典案例 2 力拔千斤

图 7-31 至图 7-33 所示为大班室内体育游戏环境示例：力拔千斤。

图 7-31 “力拔千斤”游戏材料（1）

图 7-32 “力拔千斤”游戏材料（2）

图 7-33 “力拔千斤”游戏情境

（1）环境空间：幼儿园楼梯或斜坡位置。

（2）游戏准备：粗麻绳一条，绳头上固定安全扣若干，灌好水的大饮料瓶若干，并拴好绳套。

（3）游戏玩法：两名幼儿共同游戏，一名幼儿在楼梯下面，将麻绳头上的安全扣扣在饮料瓶的绳套上，另一名幼儿坐在楼梯最高一级台阶上，用手抓住麻绳，双手交替拉绳子，把瓶子拉到自己跟前后摘下瓶子，再将绳子放下去，重复进行。当瓶子都拉上来之后，幼儿交换场地，楼上幼儿将瓶子提到楼梯下。

此游戏的目标是借助楼梯运用双手交替提升重物，增强上肢力量，并且在体育游戏中体验成功的愉快。该游戏环境创设在楼梯上，楼梯下方放置重物，幼儿坐在楼梯上方，用绳子将重物拉拽上来。教师在准备重物时要考虑到幼儿能承受的重量、幼儿的操作性、重复使用的成本，要选用大的矿泉水瓶装上水。可以准备大小不同的矿泉水瓶，供幼儿根据自己的能力选择。如果准备的最重的矿泉水瓶都不能满足幼儿的游戏需求，可以同时拉拽两个及以上的矿泉水瓶。游戏材料中的绳子，教师提供的是结实的粗麻绳。麻绳的粗细正好适合幼儿抓握，方便幼儿用力，并且不打滑。同时考虑到幼儿系绳子的能力较弱，因此在绳子的一端安装上安全扣，方便幼儿操作，只要用安全扣扣在矿泉水瓶上的绳套上即可游戏。

学习笔记

经典案例 3 愤怒的小鸟

图 7-34 和图 7-35 所示为大班室内体育游戏环境示例：愤怒的小鸟。

图 7-34 “愤怒的小鸟”游戏（1）

图 7-35 “愤怒的小鸟”游戏（2）

（1）环境空间：相对平整的空间场地。

（2）游戏准备：纸箱若干，圆筒若干，小积木若干，包一个。

（3）游戏玩法：两名幼儿利用猜拳的方法决定游戏的开始方，并以此进行游戏。站在起投线，每人每次可投三个包，哪方投中的圆筒数量最多即为获胜方。活动后清点各方投中的数量并重新摆放圆筒再次开始游戏。

此游戏的目标是练习投掷动作，增强臂力，能与同伴合作共同创设游戏场地，并合理摆放游戏材料。教师可根据材料摆放的难易程度适当调整游戏规则。该游戏环境创设在楼道中空旷区域，便于幼儿组合摆放材料，并且有足够的投掷空间。对于游戏材料，教师提供的是扁平纸盒、木质积木、粗细手纸筒，全部是低结构材料。幼儿可根据自己的想法和小朋友共同搭建自己的游戏设备，组合成愤怒的小鸟架。幼儿可以自己设置架子的高矮。对于投掷物，教师提供的是布包，布包中装的是豆子或米，既不会让幼儿在游戏中被包打中而受到伤害，又因豆子或米有一定重量，可以投掷到较远的距离，有利于幼儿对投掷动作的掌握和能力提升。

经典案例 4 滑滑乐

图 7-36 和图 7-37 所示为大班室内体育游戏环境示例：滑滑乐。

图 7-36 “滑滑乐”游戏环境

图 7-37 “滑滑乐”游戏情境

（1）环境空间：相对平整的空间场地。

（2）游戏准备：圆形滑板两个，墙饰纸制作的围栏一个，游戏绕行障碍物六个（可利用废旧的水瓶、纸筒等）。

（3）游戏玩法：幼儿坐在滑板上，探索滑板的不同玩法。例如，可盘坐在滑板上用手滑行；身体趴在滑板上滑行；双腿跪在滑板上滑行等。两个人可根据

学习笔记

场地路线进行滑行比赛。

（4）游戏规则：

①幼儿按照标志线，利用滑板滑行。

②幼儿选择安全的游戏姿势，避免站立在滑板上滑行。

此游戏的目标是探索滑板的多种玩法，提高手臂力量和身体四肢的协调能力。该游戏环境创设在楼道中平坦、较大的空间，保证幼儿在游戏中有足够的游戏空间。教师提供的主游戏材料为圆形滑板，此游戏材料本身可滑动，玩法多样，又具有一定的挑战性，可单人玩，也可多人玩，很受幼儿喜爱。除了圆形滑板外，教师还提供了一些辅助材料供大班幼儿开展游戏。“围栏隔帘”可作为障碍物使用，增加了游戏的神秘性；作为终点的冲刺线，增加了游戏的刺激性。“围栏隔帘”因使用纸条制作，不会因游戏的冲撞而对幼儿造成伤害。“障碍物”的提供可以使幼儿开展绕障碍物快速通过的游戏，或开展迷宫游戏，增加了游戏的变化性和多样性。障碍物选择纸筒、水瓶等，既不占用太多空间，也能辅助游戏开展，同时便于幼儿独立操作使用。游戏中提供的材料都是可组合、可变化的，幼儿可以根据自己的游戏想法，创造性地开展平衡游戏。该游戏可以发展幼儿身体的灵活性和协调性。

二、户外体育游戏活动环境经典案例

户外体育游戏是幼儿园活动中必不可少的组成部分，也是促进幼儿身体发育和动作发展的重要途径，同时体育游戏的开展也有益于幼儿身心健康的发展。良好的体育游戏活动环境创设，不仅可以为幼儿提供有趣的游戏空间环境，也保证了幼儿户外活动的质量。

经典案例 1 走跑区

图 7-38 和图 7-39 所示为走跑区。

图 7-38 轮胎小路[1]

图 7-39 瓦片小路

此环境创设为走跑区，发展幼儿走跑的能力。在环境创设中，园所将走跑区融入了幼儿园的自然环境创设中，将走跑区创设在花草丛中。幼儿不仅可以在走走、跑跑、停停间舒展肢体，发展走跑的能力，而且可以观赏美丽的植物。走跑

[1] 图 7-38 至图 7-52，由北京市延庆区第五幼儿园宋金英老师提供。

学习笔记

区围绕花花草草创设，让幼儿园的植物不再只作为观赏物而存在。通过走跑区，幼儿可以接近绿植，让他们有近距离观察植物的机会。走跑区与花草规划创设，使幼儿园更加生动、活泼起来，更加充满生命力，更为幼儿所喜爱。在走跑区环境中，创设所用的材料皆为废旧物品，轮胎、瓦片等以艺术的方式排列在绿草间，不但能促进幼儿动作的发展，也美化了空间环境。

经典案例 2 攀登区

图 7-40 至图 7-43 所示为攀登区。

图 7-40 梯子墙

图 7-41 轮胎墙

图 7-42 网格墙

图 7-43 攀岩墙

此环境创设为攀登区。园所利用墙体创设了不同的攀登环境，有木梯攀登、绳结攀登、轮胎攀爬、网状攀爬、自由攀岩等。不同的支点形成了难易程度不同的攀登方式，让幼儿可以根据自身的能力进行选择或挑战。在攀登木梯时，抓握和脚踩的支点皆为木棍，而且木棍粗细适合幼儿手和脚的大小，便于抓握和踩，脚踩时木棍也具有稳定感，因此幼儿攀登难度较低。在进行绳结攀登游戏时，幼

学习笔记

儿脚踩的支点为具有较规则形状的金属支点，支点相对固定，幼儿攀登时较容易着力。手抓支点改为间隔打结的长绳，在幼儿攀登时绳体软，不方便着力，需要较强的臂力和控制力，因此绳结攀登游戏具有一定的挑战性。轮胎和网状攀爬游戏，因手脚着力的支点较为固定，便于幼儿攀爬。轮胎和网状攀爬器械是面状，幼儿的攀爬方向由上下单向，变为上下、左右等多向攀爬，攀爬的距离和时间增长，能够更好地发展幼儿身体的协调性、手臂力量。自由攀岩游戏，手脚着力支点虽然固定，但着力支点形状不规则，在幼儿着力时存在一定难度。又因为每个着力支点间隔距离不等，高低位置随意，幼儿在攀爬时要选择适宜的着力支点，才能连续攀爬。手脚在移动位置时需要有更大的力量才能保证身体悬空状态的平稳。因此自由攀岩游戏对幼儿来说具有难度和挑战性。

经典案例 3 平衡区

图 7-44 至图 7-52 所示为平衡区。

图 7-44 梯道

图 7-45 木桩道（1）

图 7-46 木桩道（2）

图 7-47 木桩道（3）

图 7-48 木桩道（4）

图 7-49 梅花桩道

此环境创设为平衡区。园所充分利用了幼儿园的草坪、边道、水系等区域，创设自然和谐的游戏空间。在平衡区环境创设中，多数利用了路的边道，满足了幼儿路边嬉戏、登高踩低的好动特点。而且在平衡区环境创设中，园所选择了不同的材料，有木桩、废旧轮胎、石头等。不同材质的材料形成难易不同的平衡

图 7-50　组合小路（1）

图 7-51　组合小路（2）

图 7-52　石块路

面，使幼儿的平衡游戏更加多样化，具有不同的选择性与挑战性。借助木质材料的特性，幼儿园还创设了落脚面积较大的梅花桩平衡游戏，有圆形间隔平衡木、木条间隔平衡木、圆柱间隔平衡木、条形平衡木。平衡木有直线型、曲线型、高低起伏型等。废旧轮胎形成的半圆形连续平衡游戏，因半圆形起起伏伏和两个轮胎最高峰间隔较远，为幼儿的平衡游戏带来新的难度和游戏体验。大大小小的石头围绕水系蜿蜒伸向远方，幼儿在大小、高低不同的石头上迈上迈下，锻炼单腿跨迈的能力，促进平衡能力的发展。

学习提示

本专题的学习重点是体育游戏活动的环境创设，包含的内容有体育游戏活动的场地空间规划、教师投放的体育游戏活动材料、教师开展体育游戏活动案例。请在学习过程中，结合当地气候、园中具体情况、幼儿年龄特点、运动能力水平等因素综合考虑实践运用。

思考与练习

1. 如何有效投放室内体育游戏活动材料？
2. 如何通过户外体育活动环境创设确保户外体育游戏有序开展？
3. 根据学习的内容，设计一个室内或室外体育游戏活动环境创设方案，并阐述创设思想。

学习反思

____

____

____

____

云测试

专题八

幼儿园环境创设中的材料选择与利用

学习目标

- 了解幼儿园环境创设中材料的种类。
- 了解幼儿园环境创设中材料的重要价值。
- 了解材料在环境创设及教学中的运用方法。

学习导航

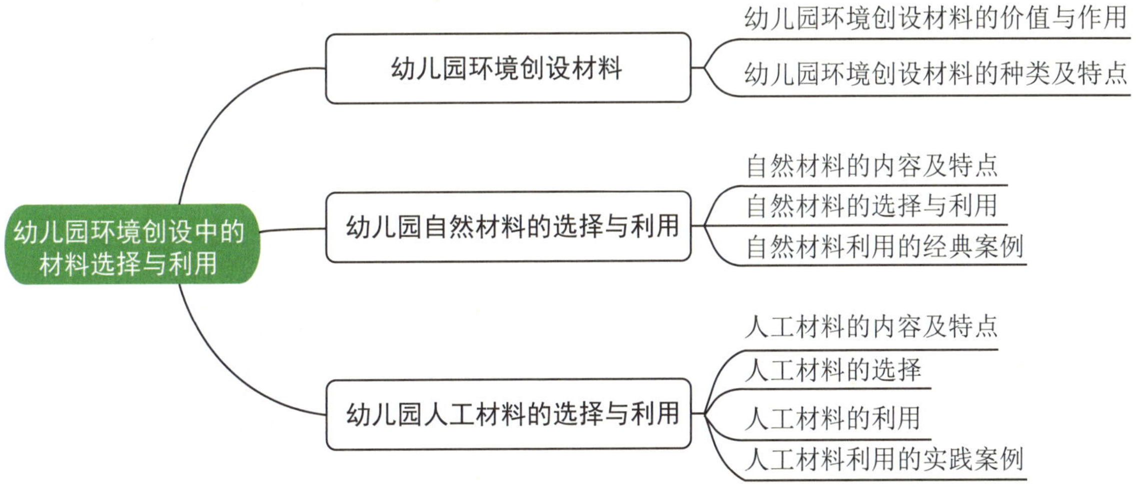

幼儿园环境创设中的材料范围非常广泛，不仅包括人工创造的信息文化材料，还包括自然环境中的实体材料……这些材料就像一道美丽的风景线，不仅本身丰富、绚丽多彩，还为学龄前幼儿生活、教育及发展建构出一条五彩斑斓的通道。

学习笔记

学习主题1 幼儿园环境创设材料

材料在幼儿园环境创设中不仅仅是简单的载体，纷繁的材料本身就是一个世界。每一种材料都是不可替代的个体，每个“个体”都有自己的形态、颜色、肌理和品性。当不同的材料进入视野的时候，你会有不同的视觉感受，如棉花似云，羽毛似扇，蒲公英似伞……幼儿园教师不仅要有开发和利用它们的能力，还要通过对材料的研究，找到引导幼儿与材料互动的通道。

一、幼儿园环境创设材料的价值与作用

幼儿园环境装饰、集体教育活动、区域活动、户外活动及生活环节都涉及材料，在每个部分的内容里，材料参与的目标、产生的价值和表达的意图是不同的。因此，我们不仅要对材料本身有丰富的感知经验和认知能力，还要对材料的应用有深入的思考，这样才能使材料发挥应有的价值和作用。

（一）材料的价值

1. 材料是促进幼儿感知能力发展的源泉

感知由感觉和知觉构成，是人发展过程中非常重要的能力，感知能力由后天环境培养并不断提高。感知能力有高低不同，3~6 岁幼儿感知能力的提高需要持续浸润在以感觉为基础、以知觉为外化形式的环境中。“春江水暖鸭先知”，不是因为鸭子有先知先觉，而是因为鸭子与水有密切的关系。它们在与水嬉戏玩耍间，就会对水温的变化有较好的感知力。

感觉和知觉是认知不断建构的基础。感觉，是人脑对直接作用于感觉器官的事物的个别属性的反映，通过感官（视觉、嗅觉、触觉、听觉、味觉等）直接获得。知觉，是人脑对作用于感官事物的整体反映，是将各种感觉结合成整体的反映。如果幼儿早期获得丰富的感知经验，其脑神经就会建立更多突触，脑的神经通路会更畅通，从而有利于脑功能及潜能得到更好的开发。在学龄前阶段，材料无疑是教育环境中重要的刺激物，幼儿可以通过材料获得多种刺激和信息，有利于促进幼儿脑的发展，促进幼儿认知能力的不断提升。

图 8-1 至图 8-8 是幼儿与材料互动的瞬间，互动中幼儿不仅感受材料，还能获得认知经验。

图 8-1　花是小小的[1]

相关链接

党的二十大报告提出，统筹推动文明培育、文明实践、文明创建，推进城乡精神文明建设融合发展，在全社会弘扬劳动精神、奋斗精神、奉献精神、创造精神、勤俭节约精神，培育时代新风新貌。

[1] 图 8-1 至图 8-27，由首都师范大学学前教育学院刘立新老师提供。

图 8-2　泡发球光滑易碎

图 8-3　纸板小鱼可以印颜色

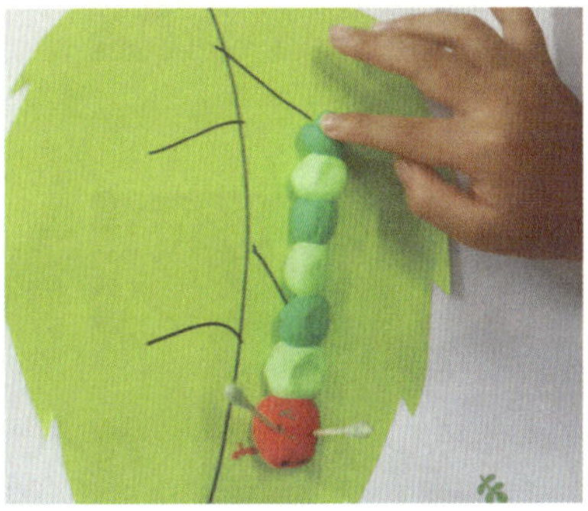

图 8-4　泥做的毛毛虫也是软软的

图 8-5　皮影是影子艺术

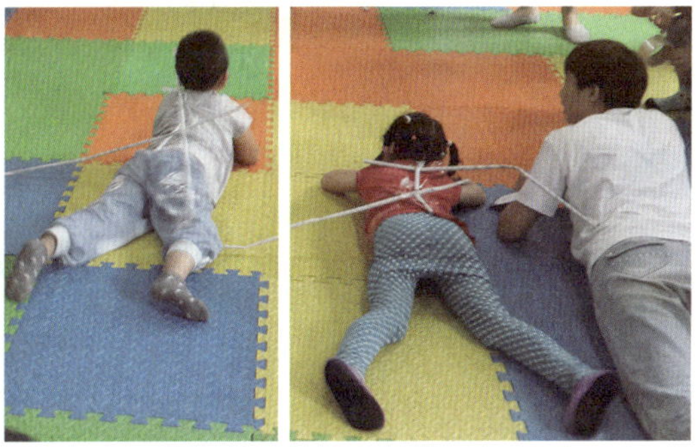

图 8-6　纸棒是我的腿，我学蜘蛛在爬行

图 8-7　自选材料拼摆的图形

图 8-8　好酷玉米粒，蘸水就能粘贴

学习笔记

3~6 岁的幼儿处于感知发展的重要时期，也是感知习惯的养成期。感知能力的高低决定其认知能力的发展和速度，高品质的幼儿园教育不仅需要为幼儿提供丰富的物质材料，而且还要引导幼儿有效地与各种材料互动，从而获得直接感知和进一步的觉察力。创设材料环境，培养幼儿的感知力是非常重要的途径。正如皮亚杰所说，幼儿是在与环境的互动中发展起来的。幼儿拥有丰富的材料经验，可以支持幼儿自信、自主、自发地运用各种材料。

2. 材料是儿童创造行为的基础

材料的价值不局限于艺术创造，幼儿的一日生活处处有创造。例如，幼儿在玩沙子、泥土、水、雨雪、叶子等自然材料的时候，不仅容易做到与自然材料互动，而且可以自主自发地尝试游戏和创造性活动（见图 8–9 至 8–12）。

图 8–9　装沙土的车

图 8–10　荷叶创造性使用

图 8–11　脚和雪

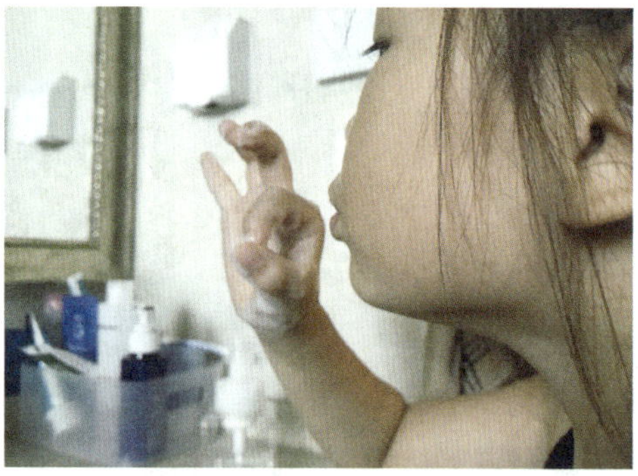

图 8–12　手指与泡泡

幼儿在铲土时发现泥土中有蚯蚓（见图 8–13），这可以引发幼儿在观察中发现和提出问题，并产生联想或创造性思维活动。如蚯蚓会死吗？它是吃土吗？它的嘴在哪里？它怎么钻到土里呢？它会干死吗？我们弄点水吧……

袜子不仅能穿，还可以涂鸦（见图 8–14）；叉子勺子不仅是吃饭的工具，还能和面片一起进行艺术创造（见图 8–15）；“我”和沙发靠垫可以制作汉堡（见图 8–16）；洗手液、水与手的交互可以产生神奇的吹泡泡游戏等。这些看似平常的材料，在幼儿眼中都是可以进行游戏和创造的神奇之物。

学习笔记

图 8-13　土和蚯蚓

图 8-14　花袜子

图 8-15　花面片

图 8-16　我是汉堡

材料是艺术创造行为非常重要的物质基础。视觉艺术中绘画、雕塑、建筑等门类间的差异首先是材料的差异，其次才是技术技巧和历史文化的差异。幼儿美术中通过对材料的研究和探索创设的美术教育活动比比皆是。如北京市顺义区空港第一幼儿园的扣子艺术、孤独症康复中心的铺石子路活动、首都师范大学学前教育学院的喷印探索活动、北京市顺义区澜西园四区幼儿园的拼摆艺术、首都师范大学学前教育学院的纸泥艺术、北京市顺义区北小营中心幼儿园的滴墨彩喷活动、北京市顺义区张镇中心幼儿园的石头装饰艺术等，这些艺术活动源于材料，幼儿在与材料互动的过程中不断建构个体的认知经验并提升艺术水平（见图 8-17 至图 8-23）。

图 8-17　扣子艺术

图 8-18　铺石子路

学习笔记

图 8-19　喷印

图 8-20　拼摆

图 8-21　纸泥艺术

图 8-22　滴彩墨

图 8-23　石头装饰

3. 材料是通往周围世界的通道

在现实生活中，不会有人将报纸与青花瓷建立联系，但在艺术教育的过程中，我们不仅可以了解青花瓷的原料、工艺及世界性的艺术影响力，还可以通过报纸拓贴的形式，制作青花瓷的器型。同样，在了解白垩纪恐龙的种类及灭绝原因后，可以用报纸艺术再现恐龙形象。纸板与吉他、气球与小熊、纸浆与生动的人、树枝与行走的人……艺术活动参与者以不同材料为基础，实现各种艺术表现。在环境建构过程中，我们不仅可以了解周围世界的文化与衍生物品，还可以通过材料及艺术表现逐渐与周围世界建立联系（见图 8-24 至图 8-27）。

图 8-24　纸拓青花瓷

图 8-25　团拧报纸恐龙

学习笔记

图 8-26　纸板吉他

图 8-27　树枝变成行走的人

4. 材料是了解民族和地域文化的切入点

民族文化是一个民族的精神血脉，是社会历史积淀的产物，反映国家或民族的思维方式、行为规范和价值观等。民族文化范围广泛，内容丰富，大体包括物质文化、精神文化，幼儿能涉及和接纳的文化需要筛选和规划，选取那些与幼儿生活密切相关的部分，更容易使幼儿产生兴趣。如精神文化中的民俗文化、艺术文化、行为文化等；物质文化中的建筑等。

天坛，是古代祭天建筑群，是我国现存古建筑中的瑰宝。然而天坛的意义远不止“祭天”，天坛的礼乐文化、建筑文化、生态文化等，同样是我们后人潜心研究的文化内容。北京市顺义区澜西园四区幼儿园的丁源老师就以天坛为文化主线，引导幼儿与不同区域材料建立联系，带领他们利用材料进行深度研究和探索，在了解典型建筑与民族文化时，尝试建构并再现天坛建筑（见图 8-28 至图 8-34[1]）。

图 8-28　提供天坛环境材料

图 8-29　纸筒再现柱子图腾文化

图 8-30　设计多样柱子

图 8-31　龙纹柱子

图 8-32　第二种建构尝试

图 8-33　画剪出的天坛

图 8-34　喷印天坛

[1] 图 8-28 至图 8-34，由北京市顺义区澜西园四区幼儿园丁源老师提供。

学习笔记

5. 材料是实现各领域教育教学目标的载体

教育目标是集体活动或区域活动的方向。教育目标的实现过程需要有一定的外化形式，需要材料的支持才能实现，如绘画、手工、建构、益智游戏、体育游戏、阅读等。

如果教育目标是通过陶艺体验提高幼儿参与艺术活动的兴趣，了解中国陶瓷艺术瑰宝，并在制陶过程中提升幼儿动手及手眼脚的统合能力等，就需要提供下图（见图 8-35、图 8-36）中类似的工具材料。

图 8-35　陶艺室工具材料[1]

图 8-36　作品呈现及工具材料

6. 材料是课程生成的基础

幼儿园课程设计是教师能力素养的真实体现。课程设计和生成过程要做到两点：首先，需要了解幼儿的基本经验和最近发展区范围；其次，以材料为基础创设和延展课程脉络。例如，材料是美术课程设计及生成的关键点，因此需要思考为什么提供这些材料，提供的材料怎样用，在材料探索和运用过程中如何延展教育活动，在探索中幼儿是否了解材料的特性及特征，幼儿是否能熟悉并获得关于这个材料的相应操作经验，利用这些材料如何有效引导幼儿深入研究和探索……简言之，材料是课程生成的基础，材料探索是系统课程生成的第一阶段。幼儿只有获得材料经验才可能有自主自发的表达（见图 8-37、图 8-38）。

图 8-37　有丰富操作经验的喷印作品

图 8-38　缺乏材料使用经验的喷印作品

[1] 图 8-35 至图 8-42，由首都师范大学学前教育学院刘立新老师提供。

学习笔记

（二）材料的作用

材料的作用依据材料的特点、质地、存在状态等而定，不同的材料作用不同。

1. 材料的宏观作用

从宏观来讲，材料对幼儿的一日生活、教育教学等起到支持和促进作用，若运用不恰当，便会阻碍幼儿的兴趣，影响幼儿参与教育活动的热情。

比如，水彩纸、水彩颜色和水粉纸、水粉颜色等材料有很大不同，表面上看，纸都是八开或四开白纸，颜料都是牙膏状盒装材料，且两种材料都是用水调和、用毛笔描画的，但它们的性能、特点和视觉效果完全不同。因为水彩材料覆盖能力差，颜色薄而透明，水彩的调和需要大量水，而水与油画棒是不融合的，因此，油画棒的痕迹会在水彩颜色的衬托下显现出来。水粉的覆盖能力强，调和时不需要大量水，因此，用水粉材料画油水分离画就缺乏应有的视觉效果（见图 8-39 至图 8-41）。

图 8-39　水彩油水分离一

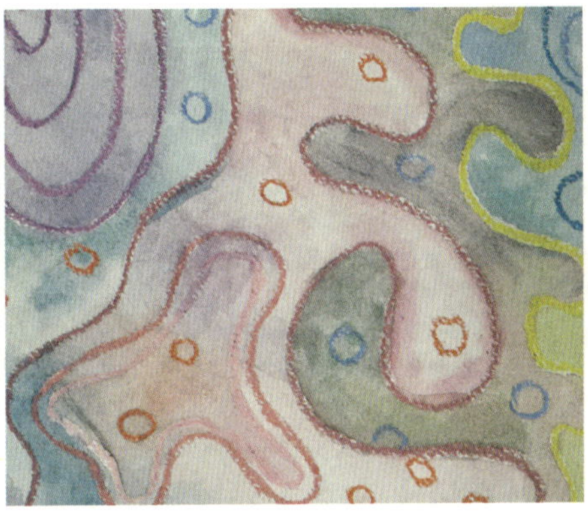

图 8-40　水彩油水分离二

图 8-41　水粉装饰画

特别是在美术教育活动中，我们往往只将材料理解为美术表现的载体，而忽略其重要的表达效果，这样会阻碍儿童美术活动能力的发展。

2. 材料在不同环境中的微观作用

材料的微观作用依据幼儿生活范围、教育教学内容和目的、游戏类别、区域特性及环境美化等具体情况而定。教师需要对提供的材料有充足的经验和思考，方能最大限度地发挥材料的作用，并为幼儿的具体活动提供支持，尤其是在集体教育教学中，材料运用得当才能深入延展，材料价值才可最大限度地体现出来。

（1）材料在幼儿的生活环节中的作用

幼儿的生活环节大体包括进餐、盥洗、如厕、睡眠等，在这些环节里，除去常规培养外，还要为幼儿提供相应的材料支持，为其生活提供有力帮助。例如，小班幼儿入园时的生活能力参差不齐，由于家长的“包办现象”，大多数幼儿如厕环节存在问题，因此出现尿湿裤子、不在幼儿园大便等现象，有些状况处理不妥有可能对幼儿身心健康造成不良影响。如何解决这个既现实又难以示范的问题呢？有些教师利用气球拟化臀部，引导幼儿理解和完成整个如厕过程，在做趣味

学习笔记

游戏的过程中完成教育教学目标。

幼儿怎样从挑食变成健康饮食呢？我们为幼儿提供适宜的情境和材料，引导他们自给自足，提高幼儿的劳动意识和生活能力（见图 8-42）。如引导幼儿帮助厨房的老师们做事情，和家长一起做泡菜……教师要做的是根据情境为幼儿提供相应的材料支撑，观察幼儿的表现和发展点，这个过程既提高了幼儿自我实现的自豪感，又提高了其生活自理能力，促进其发展。

图 8-42　豆角与小手

（2）材料在区域活动中的作用

不同区域的材料不同，作用也有差异。

美工区的材料以纸、笔、颜料和手工工具为主（见图 8-43 至图 8-45），主要作用是支持幼儿进行美术活动和兴趣延展。

图 8-43　美工区材料一

图 8-44　美工区材料二

图 8-45　美工区材料三

图书区的材料以书为主，环境中的相关材料，如故事背景材料、坐的凳子和垫子等，主要作用是便于幼儿安静舒适地读书。有些图书区还设置修补图书的纸、笔、剪刀、胶棒等材料（见图 8-46）。

图 8-46　图书区

建构区的材料主要作用是为儿童搭建和空间认知的发展提供帮助。具体材料可分为两类：一类是成品材料，幼儿只需在搭建的过程中思考搭什么，并尝试实现；另一类是创造性建构材料，需要教师或幼儿开发专门用于建构的材料之外的材料，如玉米棒、纸盒、易拉罐、饮料盒、一次性杯子等（见图 8-47）。

图 8-47　多样的建构材料

表演区的功能及材料有所不同。有些幼儿园提供场地、自制服装、录音机或光碟，主要作用是服务儿童的音乐舞蹈表演；有些表演区提供的是皮影、木偶及适合的场地，主要作用是为幼儿的皮影或故事表演提供方便（见图 8-48 至图 8-50）。

图 8-48　影[1]

图 8-49　演

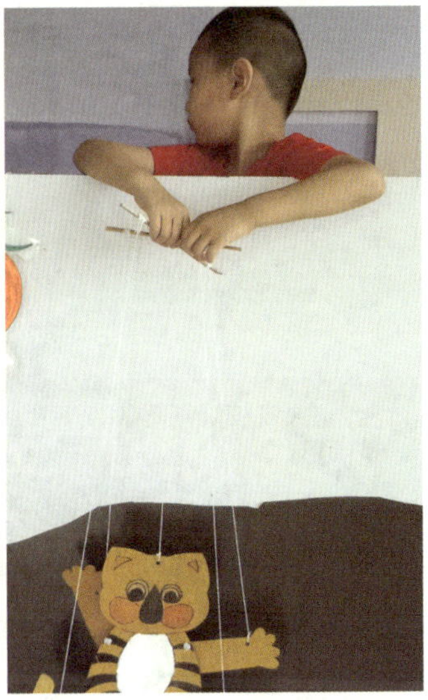

图 8-50　走神了

益智区的材料包括专门的益智玩具，如数量关系类玩具、棋类玩具等，还有教师自制的玩具材料，它在益智区可以创造性使用（见图 8-51 至图 8-53）。

图 8-51　自制益智玩具[2]

图 8-52　自制布书

图 8-53　自制玩具

有些区域，全园大中小班都会设置，根据幼儿年龄特点，相同区域提供的材料应该有差异。如自然角是安静的区角，观察和记录植物的变化的材料应该放在大班。中班植物角的材料简而精，便于细致观察和记录。小班自然角提供的材料应更能引起幼儿的视觉关注和互动，如蚂蚁、蝌蚪、蚕等（见图 8-54 至图 8-56）。

图 8-54　大班植物角

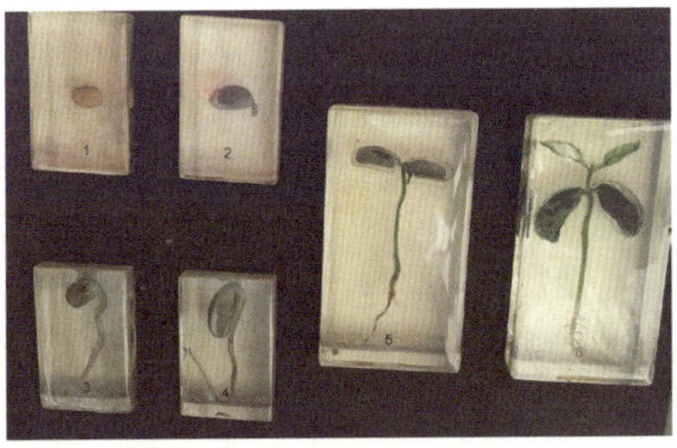

图 8-55　中班的植物

图 8-56　小班的蚂蚁

❶ 图 8-48、图 8-49，由北京启喑实验学校附属幼儿园张立老师提供。

❷ 图 8-51 至图 8-53，由北京市密云区第十幼儿园赵馨怡老师提供。

学习笔记

（3）材料在教育教学中的作用

适宜的材料可以无痕迹地支持幼儿的活动过程，反之会放大材料对幼儿参与活动的阻碍作用。

如小班美术教育活动中变化的线，目的是引导幼儿观察和理解线由粗到细的变化，并要求幼儿画出线的由粗到细的变化。教师提供的材料有扁头毛笔、线绳、塑料勺子、海绵戳、棉签、颜料、纸等（见图 8-57 至图 8-60）。

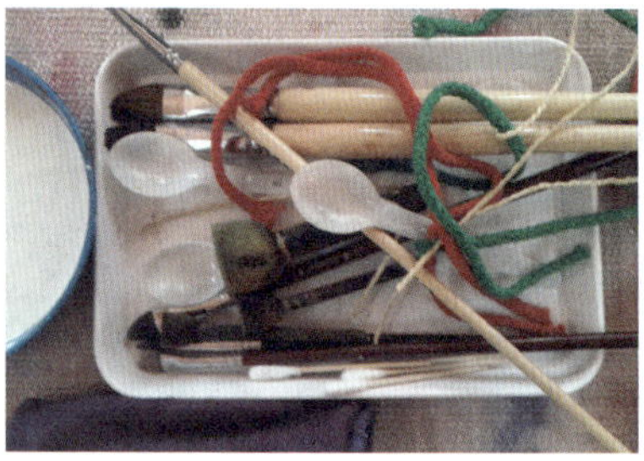
图 8-57 教师提供的材料盒[1]

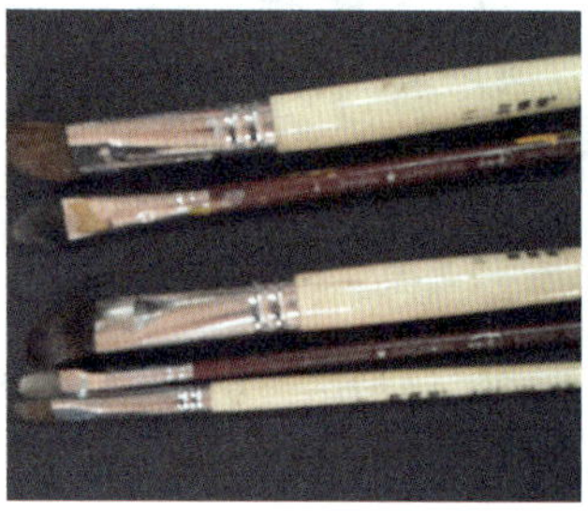
图 8-58 扁头毛笔

图 8-59 海绵戳

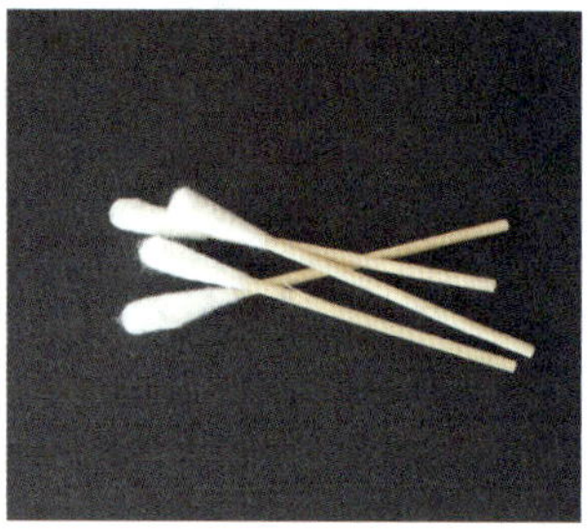
图 8-60 棉签

幼儿欣赏了关于线的变化的作品之后，教师引导幼儿利用材料，探索线的变化（见图 8-61 至图 8-66）。

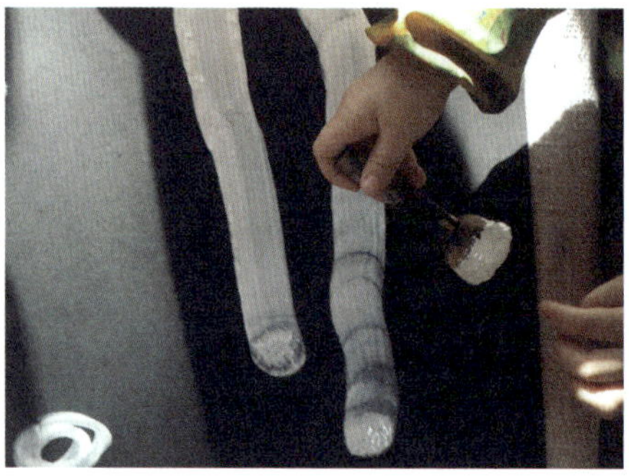
图 8-61 棉戳痕迹变化

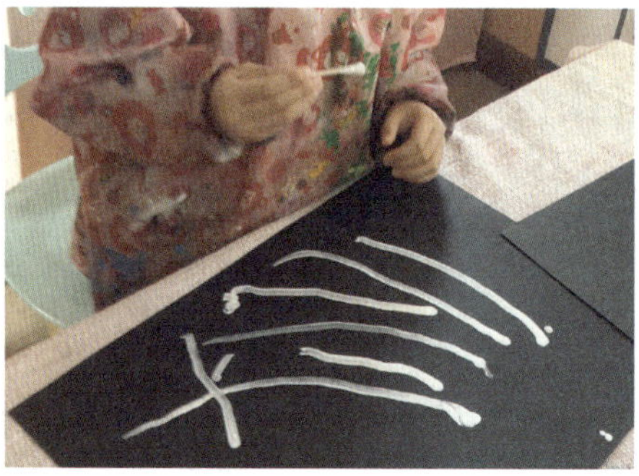
图 8-62 棉签痕迹变化

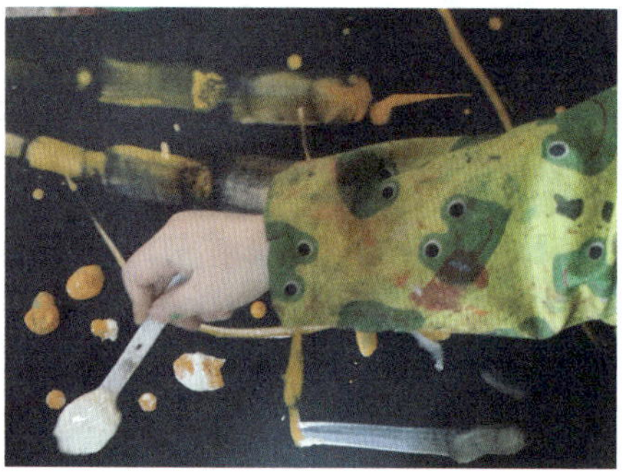
图 8-63 勺子痕迹变化

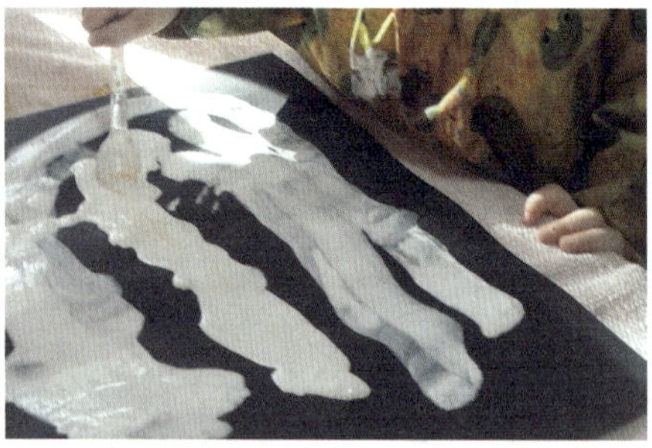
图 8-64 勺子重复痕迹变化

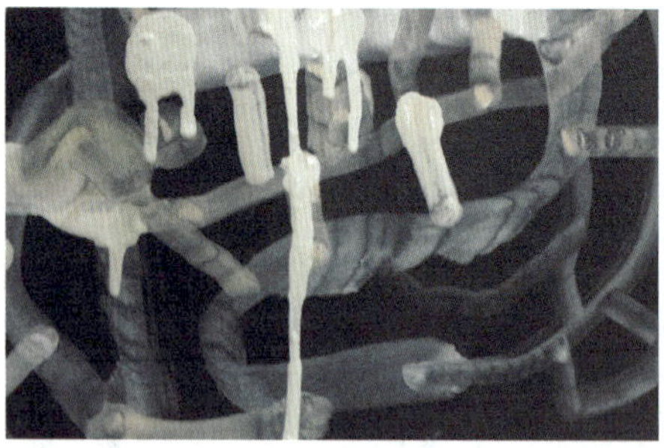
图 8-65 作品被贴在墙上痕迹变化

图 8-66 出现了粗细线的变化

根据幼儿探索过程留下的痕迹，教师引导幼儿观察总结哪些材料和方法最易表现出由粗到细的线。

（4）材料在户外活动中的作用

一类户外活动是对幼儿大肌肉动作发展和体能进行练习，因此，提供的材料

[1] 图 8-57 至图 8-66，由首都师范大学学前教育学院刘立新老师提供。

须与锻炼部位紧密联系并起到作用。如沙包、纸飞机是对大臂和肘腕手力量的锻炼；脚蹬车是对腿部力量的锻炼；木桩锻炼平衡能力；攀爬锻炼手脚力量和协作能力等（见图 8-67 至图 8-69）。

图 8-67 缸制作的平衡桩[1]

图 8-68 过桥

图 8-69 自制沙包

另一类户外活动是具有较强的游戏性和趣味性的游戏，这类活动提供的材料更具特性，玩法也别具一格，包含教师对材料开发的智慧（见图 8-70 至图 8-76）。

图 8-70 桶盖

图 8-71 布帘

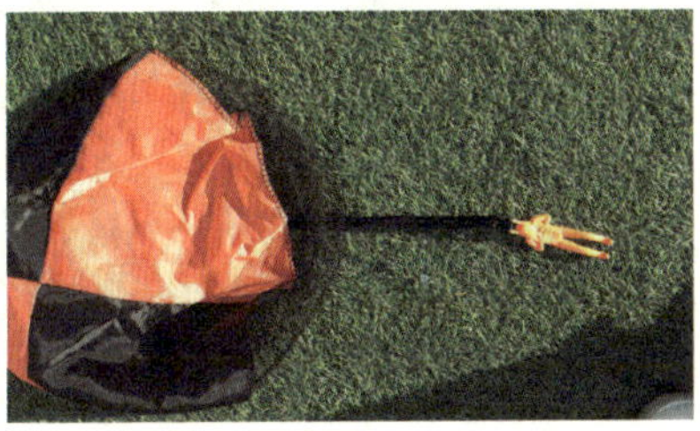
图 8-72 飞行小伞

图 8-73 纸棒

图 8-74 舞龙

图 8-75 抛接球

图 8-76 彩虹伞

（5）材料对环境装饰的作用

幼儿园环境装饰的作用之一是打造适宜幼儿学习生活的专属环境。幼儿园环境具有鲜明的视觉特点：室内外环境用纯度、明度较高的亮丽颜色点缀，视觉形象充满童趣，多种材料艺术和多种艺术形式相融合，室外有漂亮的大型玩具和按教育目标创设的自然环境，各种适合幼儿玩耍的运动器械和自制运动玩具……（见图 8-77 至图 8-79）一眼就能识别是幼儿园而不是小学或其他学习机构的学习生活环境。

学习笔记

[1] 图 8-67 至图 8-76，由北京市西城区西四北幼儿园、住房和城乡建设部幼儿园、大兴区魏善庄镇第一中心幼儿园提供。

图 8-77　室内大厅一

图 8-78　室内大厅二

图 8-79　户外

幼儿园环境装饰的作用之二是美化环境，主要包括活动室、睡眠室、盥洗室、楼道等区域。教师通过智慧和巧手，运用多样材料完善园所审美体验和文化展示效果。环境产生的功能有家园沟通、教育记录与展示、常规导示、幼儿作品展示等（见图 8-80 至图 8-83）。

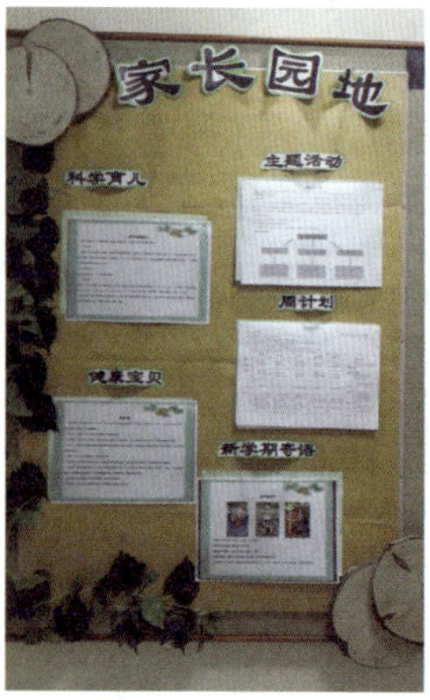

图 8-80　家园沟通[1]

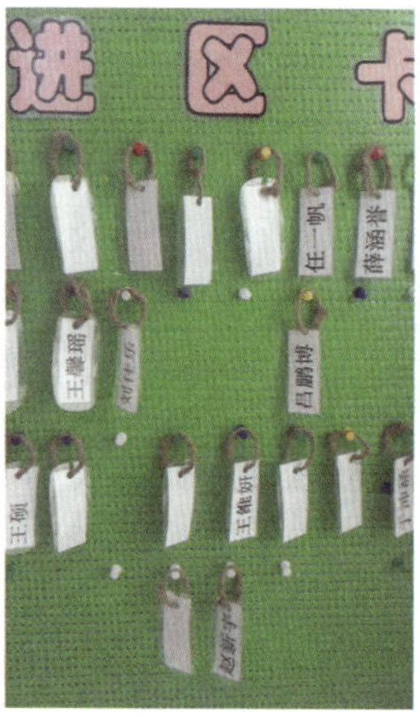

图 8-81　先进区卡

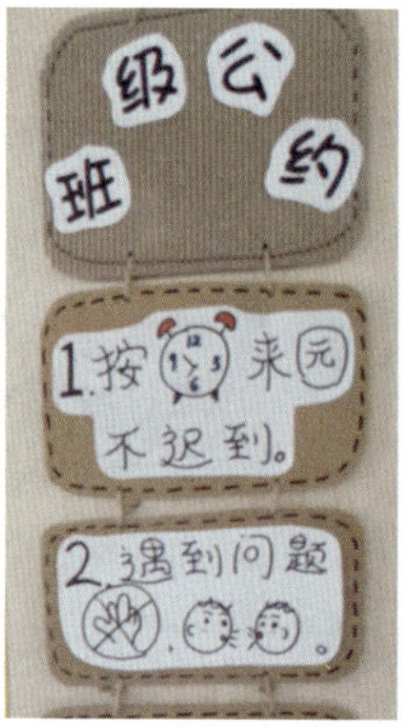

图 8-82　班级公约

图 8-83　导示性装饰

幼儿园环境装饰的作用之三是打造园所文化。每所幼儿园都在塑造属于自己的独特理念和文化特征，而这些理念和文化需要视觉形式外化，因此美感的体现是非常重要的。在参与环境装饰工作的过程中，不同文化内容选择何种材料、视觉效果、保存时长等都是需要考虑的元素（见图 8-84 至图 8-88）。

学习笔记

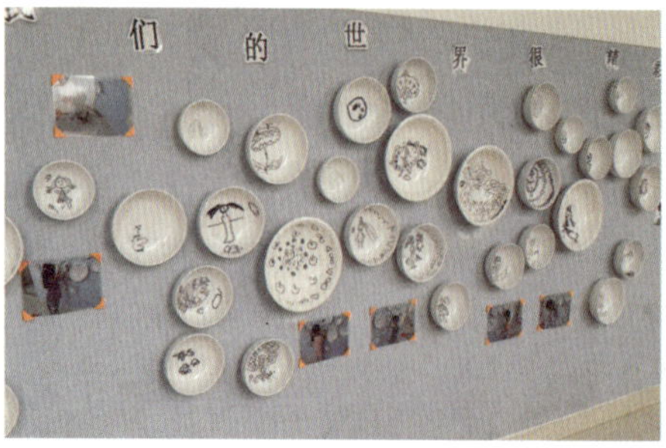
图 8-84　陶瓷文化

图 8-85　名著与京剧文化

[1] 图 8-80 至图 8-91，由首都师范大学学前教育学院刘立新老师提供。

图 8-86 北京小吃文化

图 8-87 民间艺术

图 8-88 庙会

二、幼儿园环境创设材料的种类及特点

幼儿园环境创设中的材料首先包括隐性的精神和文化材料，其次是视觉物质材料。此处主要对环境创设中物质材料的种类和特点进行简单阐述。

学习笔记

（一）幼儿园环境创设材料的种类

我们周围的世界由物质构成，因此涉及的材料比比皆是。通过教师的经验积累被纳入幼儿园环境创设中的材料不计其数，为了便于使用和思考，我们需要将其分类。

环境中材料的分类方法有很多。如从造型元素角度可分为点、线、面、体、色、质等材料；从空间占位角度可分为平面、立体、浮雕等材料；从材料质感角度可分为软、硬、软硬适度等材料；从艺术用途角度可分为绘画材料、手工材料等；从艺术创造及运用的角度可分为可塑材料、不可塑材料等。本书主要从材料生成的角度分类，主要包括自然材料、人工材料两种。

1. 自然材料

自然材料指自然界天然雕琢、无须人工参与且用于幼儿园环境的材料，范围再广些，人工种植的粮黍、花草、蔬菜、瓜果等也包含其中。

从生物角度讲，自然材料中有些是有生命的，有生命的材料指一切有生命生长过程且被用于幼儿园环境创设与教学中的材料，常见的有各种禽蛋类、粮食类等；无生命的材料包括泥土、石、沙、果壳、贝壳等（见图 8-89 至图 8-91）。

图 8-89 有生命材料一

图 8-90 有生命材料二

图 8-91 无生命材料

自然材料是有“温度”“情怀”和“多重身份”的材料，泥土就是这样的一类材料。对泥土的利用，包括可以将其放在陶艺教室里，为幼儿打造特殊的艺

术作品；还可以根据泥土中的成分，将其分为陶土、瓷土、雕塑泥等。

自然材料不仅能以自己的方式适应自然环境，还以自己的方式记录自然界的变化。我们在利用自然材料时，应引导幼儿了解更多关于自然材料的知识。

2. 人工材料

人工材料指由人工制造、能用于幼儿园环境中且安全的产品或材料。幼儿园常见的人工材料包括纸类材料、泥类材料、包装类材料、一次性材料等，还有与以上材料相关的工具等，例如，与纸相关的剪刀、胶棒等。有些幼儿园还开发多种生活中用的成品材料用于环境装饰等（见图 8-92 至图 8-94）。

图 8-92　编织物

图 8-93　芦苇和小笸箩

图 8-94　扇子羽毛和包装盒

（二）幼儿园环境创设材料的特点

任何一个教育阶段的环境都不会像幼儿园环境那样，用如此丰富的材料激发幼儿的兴趣，使幼儿一边与材料游戏，一边建构认知经验，这就是幼儿园环境创设中材料珍贵的原因。在创设幼儿园物质环境时，材料具体表现为以下特点。

1. 材料的安全性

学习笔记

收集、开发和利用材料进行环境创设时，首要关注的就是材料的安全性。这是由幼儿的年龄特点、身心发展水平及健康要求所决定的。例如，很多剪刀是尖头的，对于精细动作、手眼协调能力等发展不完善的幼儿来说具有一定的危险性，因此，幼儿园环境中的剪刀是圆头的，且没有那么锋利，目的是保障幼儿的安全。

安全性的保障还不只是视觉上的，有些材料存在隐性安全问题，也要被排除。材料的成分、味道、重量等都在排查范围内，如建筑乳胶的包装，其化学成分及味道都不适合幼儿使用，因此幼儿园的乳胶是质量较好的手工制作专用乳胶，且配有专用小瓶，方便幼儿使用。

2. 材料的多样性

幼儿园环境中的材料种类繁杂，总体呈现出多样性的特点。即使是简单的纸张，也有多种颜色、多种规格、多种质地、多种视觉肌理的不同，如不同克数的打印纸或手工纸、锡纸、素描纸、水粉纸、生宣纸、砂纸、刮画纸、软皱纹纸、硬皱纹纸、瓦楞纸、手揉纸、绵纸、包装纸、废旧报纸等。

学习笔记

3. 材料的互动性

材料能引起幼儿的互动和共鸣是材料的价值体现。对于教育环境而言，能够互动的材料是最有教育潜质的材料。根据幼儿特点，有些材料具有直接感知和互动的特性，有些材料的互动性需要成人来引导。例如，足球、篮球等就具有直接互动的特征，幼儿发现它时的直接反应是抱起来或踢一脚；吹气球需要成人引导，先将气球吹圆吹大，然后才能挖掘气球的各种有趣的玩法（见图 8-95 至图 8-100）。

因此，幼儿园环境材料可分为直接互动性和间接互动性材料两种，后者需要教师用适当的方法引导。

图 8-95　气球[1]

图 8-96　跳摸气球游戏

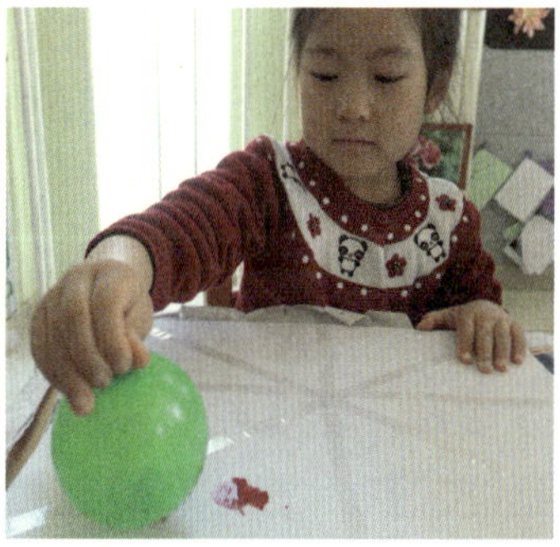

图 8-97　用气球进行美术游戏

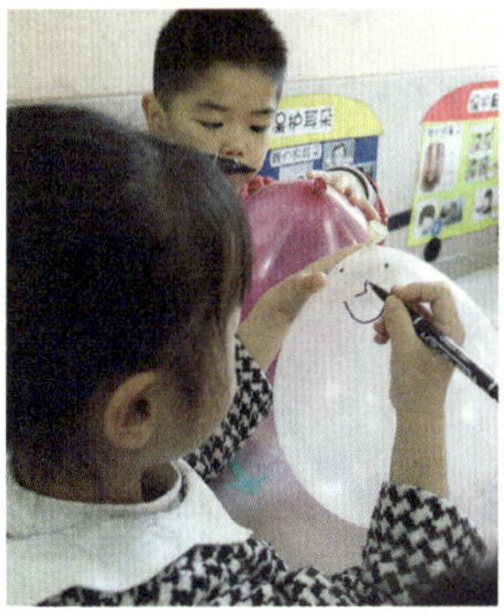

图 8-98　气球娃娃

图 8-99　气球创意形象

图 8-100　气球构成

4. 材料的低结构性

自然中泥、沙、水、石等自然材料是幼儿特别喜欢的材料。这和材料所处的环境有一定的关系，幼儿在室外与低结构材料互动时是一种游戏心态，感觉自由，形式上不受约束，自然就表现出游戏状态。如果把水、沙等放在容器中摆放在活动室的桌子上，幼儿会产生上课的仪式感，也会有被约束的感觉，思维、行为等都会受到约束。因此，有些幼儿园会在室外设计专门的沙水环境，便于幼儿在宽松的环境里自主游戏（见图 8-101 至图 8-104）。

[1] 图 8-95 至图 8-100，由首都师范大学学前教育学院刘立新老师提供。

图 8-101　水

图 8-102　雪

图 8-103　沙坑

图 8-104　塑料袋[1]

学习笔记

为了激发儿童的创造力和想象力，幼儿园教师应给他们创造更大的空间，尽量在各区域投放低结构材料，使其自由自发地活动，并对自己的想法自主表达。

5. 材料的教育性

幼儿园环境中的材料具备教育引导性，幼儿在与材料的互动中能够获得充分发展。瑞吉欧教育观念是“没有无用的材料”，而有用不是简单的使用，而是能起到引发教育过程，对幼儿发展有激发兴趣和促进发展的作用。下图（图 8-105 至图 8-109）记录了北京市西城区西四北幼儿园利用益智玩具材料引导幼儿探索“陀螺”稳定结构的过程。

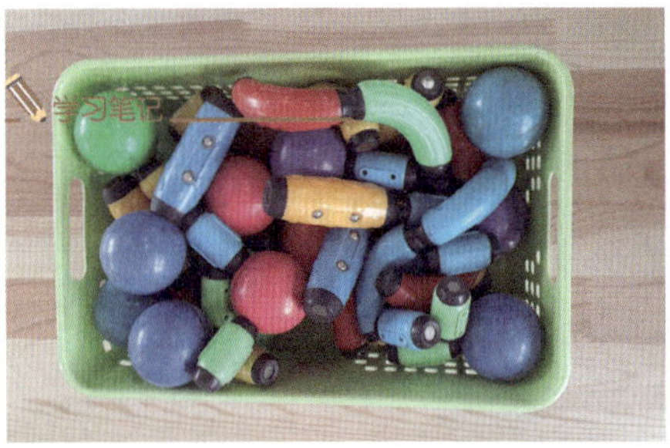
图 8-105　益智材料

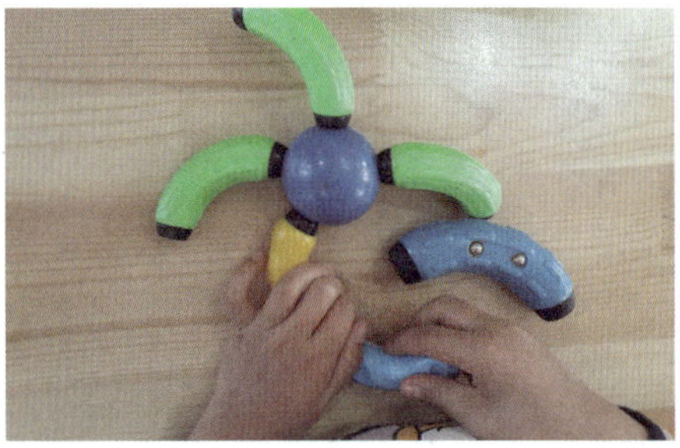
图 8-106　用弧形探索稳定结构

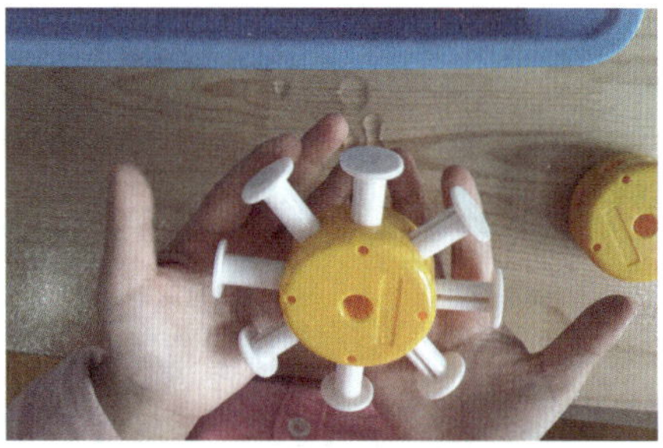
图 8-107　用直线探索稳定结构

图 8-108　探索用纸板创造“陀螺”

图 8-109　尝试分析制作好的“陀螺”

[1] 图 8-104，由北京市顺义区空港第一幼儿园李菲老师提供。

学习笔记

6. 材料的可塑性

可塑性材料特指凭借幼儿能力可以改变形态的材料。材料是否具有可塑性很重要。可塑性材料是解构、重构的物质条件，是激发创造潜能的必要条件。石头、金属材料等是幼儿园中的不可塑性材料，幼儿在运用时只能通过联想、拼接等方式将其与实际物象建立联系，利用这些材料完成活动过程相对受限。

纸是可塑性材料，3~6 岁幼儿可以通过撕、剪、折、卷、团等动作改变材料形态，自主完成创意的全过程。相较而言，自然环境中可塑性材料更多，对幼儿发展更有价值。

学习主题 2　幼儿园自然材料的选择与利用

自然资源包罗万象，由此衍生的自然材料也种类繁多，数不胜数。近年来，幼儿园对自然材料的选择和利用丰富多样：向日葵的花秆捆绑起来做成户外跳跃的材料；树上的松塔变成可爱的吊饰；花生、开心果壳成了幼儿创意作品的心爱之物；飘落的小树叶让幼儿的拼摆粘贴世界更加丰富多彩；零零碎碎的小木块让幼儿成为小工匠，创意制作出自己中意的飞机、坦克作品……这些自然材料的颜色、形状、质感各异，呈现出不同的美感。这些自然材料又多为低结构和开放性的材料，使幼儿感到亲切，易于操作，具有趣味性，能为幼儿游戏的开展提供丰富的原料和素材。利用自然材料创设环境的优势在于，它们非常生活化，获取途径简单易得，还安全环保，更重要的是，它们具有独特的审美和教育价值，能够引发幼儿的审美意识、自主创新和游戏行为，所以深受幼儿喜爱。（见图 8-110 至图 8-112）

图 8-110　玉米皮[1]

图 8-111　树叶

图 8-112　自然植物枝叶

一、自然材料的内容及特点

幼儿对大自然的探究在很大程度上是在观察和操作自然材料中发生的。在大自然中，幼儿通过对苍耳、蒲公英的观察与探究，了解种子的旅行与传播。在蚊虫叮咬后，涂抹八宝草（景天）、芦荟等草叶，会让幼儿想到花草的用处，树上的松塔、吃掉果肉留下的果壳和动物羽毛等会激发幼儿的创意思维，吸引他们展开探索，丰富其相关知识经验，产生揭示大自然奥秘的强烈欲望，并与环境相互

[1] 图 8-100 至图 8-148，由北京市延庆区第四幼儿园张晓雪、刘彩云老师提供。

作用，促进其智力的发展。自然材料在幼儿的学习和生活中无处不在，对幼儿发展产生十分重要的作用。幼儿在生活、探索学习和创意表现中，经常会接触自然材料，或以其为媒介进行相关的观察、探索和创意学习。

自然材料一般具有纯天然、环保、安全、节约、美感等特点，被广泛地应用于幼儿园的环境创设和幼儿的生活、学习、游戏之中（见图 8-113 至图 8-116）。

图 8-113　石头

图 8-114　农作物

图 8-115　泥块

图 8-116　彩泥块

接下来，我们进一步认识自然材料的内容和一些具体特点，这会为我们后续更好地选择和利用自然材料做好准备。

（一）自然材料的内容

大自然是天然资源库。幼儿是从接触形象具体的事物开始认识世界的，五彩缤纷的大自然中，无论是动物、植物还是矿物类的材料都为幼儿探索未知世界提供了资源。无论是一朵花、一棵树，还是一座山、一片沙土、一条河，都是幼儿学习知识的生动教科书。浑然天成的自然风光和可获取的自然物是广义的自然材料，它们可以成为幼儿学习、探索和创新的自然材料。幼儿园中所接触的自然材料从功能和应用角度一般可分为以下方面：

（1）种植类自然材料，如幼儿园里种植的树木、花卉及班级自然角种植的植物等；

（2）装饰类自然材料，如幼儿园公共区域及班级空间里悬挂的树枝、压膜树叶、葫芦、松塔等自然材料（见图 8-117）；

（3）探索游戏类自然材料，如冻冰花，可以探索水的流动、蒸发、凝固的

学习笔记

特性；制作沙漏，可以记录和感知时间的快慢和不可逆性；制作标本，可以认识和探索昆虫结构等；

（4）创意类自然材料，幼儿依据自然材料的大小、形状、材质的不同，利用某一特质进行借形、变形、添加和删减等创意活动（见图 8–118）。

图 8–117　干树叶

图 8–118　葫芦

（二）自然材料的特点

幼儿之所以喜欢并专注于自然材料的学习和探索，是因为自然材料本身的颜色、形状、结构、功用具有这样或那样的特点，这些特点与幼儿的生活、学习有十分紧密的联系，能够启发或调动幼儿的好奇心，支持幼儿去操作和探索，促其创意和快乐地学习。

1. 自然材料的生活化

幼儿所接触的自然材料一般是在幼儿当下的生活环境中所呈现的。我们吃玉米后留下的玉米芯、路边飘落的小树叶、公园路上的鹅卵石、建筑房屋的木材和金属材料等，都是在生活环境中可以看到和感知到的。这些材料具有生活化的特点，是幼儿生活中随处可见并与幼儿的生活环境息息相关的。这可以带给幼儿亲切的感受，幼儿会情不自禁地捡拾树叶，拼摆小石头，数路边植物的种子……幼儿与自然处于和谐的氛围中，可以提升幼儿与自然材料的互动性，陶冶幼儿的情操（见图 8–119）。

图 8–119　葫芦创意制作

2. 自然材料的可变性

随着年龄的增长和心理各方面的发展，大班幼儿有了自己的想法，他们活动的自主性、主动性明显提高，对材料的要求也提高了。树皮、石头、树枝、虎尾草等自然材料不但具有一定的美感，而且是百变、耐用且不规则的低结构材料，它们具有很多高结构材料无法超越的优势和特征，特别能够满足幼儿自主游戏和创意的需要。在利用这些低结构的自然材料进行自主创意的过程中，幼儿会有更多的自主选择和搭配创意材料的机会，使材料发挥最大的作用，这会使幼儿的创意更加富有个性魅力。如幼儿在听“三个和尚”的故事后，利用各种各样的石头创造三个和尚的角色、挑水用具及背景画面，利用虎尾草的可变性和耐用性创造形形色色的小动物形象，它们不但十分可爱，还可以装饰班级的区域环境，满足幼儿个体对区域游戏的人物、动物角色和道具的需要。由此可见，自然材料的多变性和低结构特点可以引导幼儿的创意表现，促其创意作品更加多元，富有个性和韵味（见图 8-120 至图 8-123）。

图 8-120　石头画——鱼

图 8-121　石头画组合

图 8-122　石头画——人物

图 8-123　石头画——景色

学习笔记

3. 自然材料的低成本

自然材料是一种天然材料，是相对于人工合成的材料而言的。很多自然材料不需要花费成本或仅需较低成本就可以获得，如周边的花草树叶，家中或田野里的水果、蔬菜等，幼儿在日常生活环境中很容易接触、获得和使用这些自然材料。秋天的树叶可以成为幼儿的道具，将形状各异的树叶拿回教室玩粘贴游戏，幼儿的手下就可能出现栩栩如生的小动物等。

4. 自然材料的季节性

自然、社会都是活教材，是幼儿最好的课堂。“春有花，夏有荫，秋有果，冬有雪”的自然环境，是幼儿渴望接触的，环境中的自然材料也是幼儿喜欢并渴望探索的。例如，每逢金秋，幼儿园里硕果累累，吸引着幼儿的眼球，他们迫切想要探索果实成熟的秘密。在果实成熟时，幼儿分组合作进行采摘，充分动手动脑，之后探讨摘果子、刨花生、挖红薯的好方法。他们在自主探究中了解到很多果实的秘密。满载而归后，他们在品尝美味花生的同时，还会把花生壳留下来创作，把收集到的树叶、花瓣夹到书里保存，这些自然材料具有明显的季节性特征，也是幼儿与安全、绿色的材料进行乐此不疲的互动的部分原因（见图 8-124 至图 8-128）。

图 8-124　撒树叶游戏

图 8-125　堆雪人游戏

图 8-126　开心晾晒

学习笔记

图 8-127　摘山楂

图 8-128　刨花生

二、自然材料的选择与利用

苏联教育家苏霍姆林斯基视大自然为“活的思想的发源地”“取不尽的活水源头”，主张在“蓝天下的学校”中开展幼儿教育活动。欣赏感受自然、认识自然、探究自然有助于开阔幼儿的视野，积累生活经验，增长知识和才干。《幼儿园教育指导纲要（试行）》中明确指出：“充分利用自然环境和社区的教育资源，扩展幼儿生活和学习空间。”自然是活教材，自然中的一花一叶、一草一木、一土一石等都是幼儿认识、探索和欣赏的天然景物，也是他们进行创造和游戏活动的天然资源库。为此，我们在活动中应有效选择并充分利用自然材料促进幼儿在探索、创意游戏中自主发展（见图 8-129 至图 8-131）。

图 8-129　玩沙土游戏

图 8-130　石头组合画

图 8-131　木片创意作品

（一）自然材料的选择

自然材料丰富多样，带给幼儿很大的选择空间，教师要考虑幼儿的健康、安全因素，同时结合幼儿的年龄特点，在颜色、形状、大小、质地、功能方面选择适宜幼儿游戏活动的材料。

（1）自然材料的选择要关注安全、卫生方面的要求，要为幼儿的身体健康和安全护理做好保障。比如，一些棒杆、月季花茎等有尖锐、锋利的刺，这种容易划伤皮肤的自然材料要处理一下再投放使用，刨出来的花生先要清洗晾晒，再利用花生壳进行制作活动。

学习笔记

（2）自然材料的选择要符合幼儿的年龄特点。比如，玉米芯、高粱秆芯等自然材料可以作为拓印绘画工具，引导小班幼儿进行操作体验，从而促进小班幼儿小肌肉力量的发展。很多自然材料的选择和利用可以凸显园所或班级特色。比如，葫芦、松塔做成的吊饰环境或墙饰环境，既能凸显绿色、环保、节能的环境，也能提升幼儿的审美意识（见图 8–132、图 8–133）。

（3）自然材料的选择要切合主题活动或游戏活动的要求。比如，在“树”的主题活动中，幼儿在美工区利用小树枝进行“借形联想”的创意活动，在木工区进行“叮叮当当”的小木工制造活动。利用树叶进行环境粘贴活动（见图 8–134）。这些活动能提升幼儿的动手能力，扩展其知识和经验。

总之，自然材料的选择要着眼于材料的安全性、适宜性和相应的教育价值，并在合理选择的基础上对自然材料有效利用，最大限度地促进幼儿发展。

图 8–132　松塔创意活动环境

图 8–133　葫芦区域活动吊饰环境

图 8–134　叶子主题活动环境

（二）自然材料的利用

在幼儿园，自然材料在投放和利用时通常要保证一定的种类和数量。我们通过改变自然材料的形状、组合方式，或者挖掘自然材料的玩法，将已有的自然材料充分运用到环境美化、教育教学、主题活动、区域游戏、户外活动中。

1. 快乐搜集——自然材料创设美的环境和氛围

利用自然材料，创设良好的教育环境，陶冶幼儿热爱大自然的情操，对幼儿的成长具有促进作用。在幼儿利用自然材料美化环境的活动中，我们可以鼓励家长支持幼儿在生活中通过多种途径收集自然材料，让幼儿发现这些自然材料的价值并将其积累成为材料的大本营。当幼儿成为自然材料收集的主角时，他们会带着自身独有的经验和审美兴趣持续关注这些材料。我们要做的就是在环境中自然投放这些材料，引发幼儿的兴趣，引发幼儿与自然材料积极互动（见图 8–135、图 8–136）。

学习笔记

图 8-135　拼摆区域活动环境

图 8-136　葫芦吊饰活动环境

2. 巧妙利用——自然材料引发趣味教育教学活动

地处郊区的幼儿园，大院里的山楂树、柿子树很常见。又红又圆的山楂引起幼儿的关注，并引发幼儿多种感官互动，可以生成社会实践——“快乐采山楂”；绘画教学——“山楂树”；科学——“好喝的山楂水”等系列教育教学活动。在“快乐采山楂”社会实践活动中，幼儿制订计划，寻找工具并实施采摘。采摘过程中遇到够不到的困难，幼儿就搬小椅子过来站在高处摘，或把班级的桌布拿出来铺在树下的草地上，拿竹竿敲打（“奶奶在家里用过这个方法摘山楂”），让敲下来的山楂落在上面再捡起来。捡的时候要小步地挪，这样才不会踩到山楂。怕踩坏的小组可以让四个幼儿握住布的四角，接住掉下来的山楂，也可以用班级自然角的小筐捡，把户外的小三轮车骑过来，筐满了拎不动，倒在三轮车车斗里往回运……在此过程中，幼儿按照自己的意愿分组寻找工具，并按照相应的方法采摘，从而获得自主合作学习的方法，收获劳动的快乐和丰收的喜悦。在“山楂树”绘画教学活动中，幼儿观察到山楂树高大浓密，山楂外形又大又红又圆，细心的幼儿观察后在山楂的表面画了一些小点点。在“好喝的山楂水”科学教育活动中，幼儿知道成熟的山楂的味道有酸有甜，了解到山楂可以制作许多美食，幼儿分组把洗净的山楂尽量捣碎做成山楂泥送到厨房，请厨房阿姨帮助熬制，并把熬制过程录制成视频回班分享，请厨房阿姨把山楂汁分给幼儿园的老师和小朋友们品尝。在延伸活动中，感兴趣的幼儿可以探究冰糖山楂葫芦的制作方法，回家与家长制作并在班级群分享。教师巧妙利用“山楂”，生成一次次愉快而有意义的教育教学活动。

3. 关注兴趣——自然材料为主题活动助力

幼儿具有很强的好奇心和探索欲望，大自然中的万事万物都有可能引发他们的兴趣。关注幼儿的兴趣和生活经验是我们生发主题的基本视角。如小班的“好吃的苹果”、中班的“下雨了”、大班的“土宝贝”等主题活动，都是由与幼儿的生活紧密联系的自然材料和生活中熟知的现象引发生成的。活动中小班幼儿通过多种感官探索苹果的形状、味道、颜色、内部结构等。中班幼儿通过认识雨的特征，表达对雨的感受等。泥巴是幼儿喜欢玩的自然材料，可塑性强，充满大自然的气息。在土宝贝主题活动中，我们与有乡土资源的家长一起搜集和整理

学习笔记

的黄泥让幼儿爱不释手，幼儿充分感受到了泥的特性，并利用泥的可塑性变出了自己喜欢或感兴趣的汉堡、花瓶、小人、冰糖葫芦、汽车、刺猬、长城、小蛇等生动形象的作品，幼儿尽情地揉黄泥在院子里摔瓦罐；在科学区把黄泥揉搓成各种形状进行黄泥图形接龙。活动后开了泥塑商品店，幼儿把作品收藏起来展示和售卖；在搭建区，幼儿用黄泥塑形，进行拼摆和搭建长城的游戏……（见图 8-137 至图 8-139）这种原始的来自生活的黄泥材料具有熟悉亲切的感觉，易激发幼儿想要了解自然材料的动机，调动幼儿的感官，引发幼儿积极探索自然材料的行动，从而生成与黄泥相关的主题游戏活动。这些活动给幼儿带来了更多的新奇体验和快乐感受。在游戏过程中，幼儿的思维能力、动手操作能力、发现和解决问题的能力都得到相应的发展。

图 8-137　黄泥创意活动区环境

图 8-138　“泥巴乐”区域活动环境

图 8-139　黄泥图案拼摆游戏

4. 自然材料在区域游戏活动中的利用

教师要认识到，在幼儿教育中运用好自然材料，不断充实与完善教育内容，不仅可以持续引发幼儿的探究兴趣，还能培养幼儿亲近自然、热爱自然的情感。

（1）感受自然材料的不同特性

每一个孩子都有感受美、欣赏美的渴望和天性。微风中摇曳的小花朵和飘落的小花瓣，吐出新芽的小草、金黄的玉米、美丽的向日葵花盘给孩子们传递着大自然的美丽；同时，大自然的美景赠予我们很多神奇的自然材料，这些材料呈现出不同的美。当落叶纷飞时，我们鼓励幼儿捡拾自己喜欢的树叶，做美丽环保的书签，夹在自己带的书或图书区域的书籍中。组织幼儿到采摘园中，幼儿摘两个柿子，拔点花生，踮起脚尖摘两粒葵花盘上的瓜子，积极探索怎样能更快地剥开花生壳吃到果实。幼儿在采摘中了解到很多秘密。花生的果壳除了做手工外还可以浸泡做小花的花肥；采摘的菊花拿回来可以在生活区开展“香香茶吧”，请客人来品尝；采摘到的丝瓜有什么特性呢？生活中通过帮奶奶洗碗发现了洗碗的工具是丝瓜瓤，好奇心引导孩子们开始探索剥丝瓜瓤及晾晒成功的好方法等。在探索过程中，幼儿既有了对自然材料的感知体验，也获得了无穷的乐趣（见图 8-140、图 8-141）。

学习笔记

图 8-140 “香香茶吧”区域活动环境

图 8-141“开心晾晒”区域活动环境

（2）深入体验，探索自然材料的秘密所在

连续、深入、共同的学习是大班幼儿的主要学习方式，也是大班幼儿在区域游戏中的典型行为表现。在自然材料的自主探究中，“好玩的水”的游戏不仅让幼儿了解到水是无色无味透明的液体，是动植物维持生命的基础，还让幼儿感受到水的流动特性，这引发了幼儿利用多种工具进行接力操作的兴趣。让盥洗室的水流到户外的种植园地，给小花小草浇水，连续深入共同的学习引导幼儿协同合作，利用水的流动性解决生活中的实际问题。在“小脚丫走田野”主题之“开心晾晒”活动中，幼儿初步感知和探究白薯、萝卜、豆角等自然材料的特征，有晾晒生活经验的幼儿还用塑料刀把萝卜洗净切条或切片，细长的萝卜条吊挂在窗前晾晒，幼儿了解到阳光、通风、切片薄厚等与晾晒成功与否密切相关，初步懂得了选择和利用自然资源为我们的生活服务的方法。有的幼儿探索植物种子或果实在沙、水、土中的发芽和生长情况。用不同色素的水浸泡芹菜根、白菜叶等，观察植物根茎、叶脉对色素的吸收情况（见图 8-142、图 8-143）。

图 8-142 沙土水中种植的蒜苗

图 8-143 商讨挖红薯的方法

（3）创意表现，以点带面，拓展经验

自然材料的每一次有效选择和合理投放，都会给幼儿的区域游戏带来意想不到的结果。自然中的很多自然材料本身就是多功能、多层次的低结构材料，投放丰富而适宜的自然材料，能使幼儿在自主作用于材料的过程中，生发出更多、更

学习笔记

综合的游戏，更加开放地挖掘自然材料的价值。幼儿园可以因地制宜，充分挖掘自然乡土资源，这些自然资源给我们带来很多便利的材料，不仅节约了教育成本，还能成为幼儿自主游戏和创意游戏的有效载体。带领幼儿走进大自然，观察和选取他们感兴趣的低结构化的乡土材料进行游戏，如好玩的泥土、柔软的稻草、美丽的鲜花、笔直的葵花秆，大小、形状、颜色各异的植物种子等，这些都是他们进行创意游戏的“宝贝”。生活化的自然材料美观，安全，亲切，越来越受到教师和幼儿的青睐。在幼儿园中，自然材料中的生活化材料随处可见，在“石头创意坊”“干花礼品店”“果壳拼拼贴贴”“树枝联想秀”“瓜瓜乐”等区域中，这些材料既是幼儿熟悉的又富有一定的美感，它们贴近幼儿的生活，易于唤起幼儿的创作热情与创作欲望。这些自然材料让幼儿在区域游戏中的自主创意能力得到提高，让其创新意识更加开阔，能够很好地发展其丰富的想象力。如圆圆的南瓜会变成小人头，长长的冬瓜会变成小人的身体，豆荚会变成眉毛，红红的高粱会变成小巧的嘴巴，玉米皮会变成美丽的头发……这些自然材料的材质和美感给了幼儿自主畅想的天空和自主装扮及大胆创造的世界，为幼儿宽松的、无拘无束的创意活动提供了低成本的、乐趣横生的物质保障。有了南瓜秀的人物造型经验后，幼儿开始以点带面，扩展经验，又进行了树枝小人造型、花生造型创意活动（见图 8-144、图 8-145）。

图 8-144 长瓜人创意游戏

图 8-145 南瓜小人创意游戏

5. 就地取材——自然材料丰富幼儿户外“一物多玩”游戏

为了有效开发自然材料的多种功能，教师和幼儿需要不断地尝试和完善，运用自然材料的自主变化开展户外游戏。如大班的跳竹竿是一项传统的民间游戏，这个活动特点是竹竿与节奏有机结合，节奏鲜明，长长的竹竿在幼儿的脚下灵活摆动，锻炼幼儿各种动作的协调性及灵活性。可以把长长、柔软的柳条编织成呼啦圈，让幼儿进行蹦跳、套圈投掷活动；家长和幼儿对搜集到的葵花秆材料，进行切割和捆绑，做成滚筒、三脚架、赶猪杆等（见图 8-146 至图 8-148）。自然材料的一物多玩户外游戏让幼儿觉得既熟悉又新颖，这些材料既环保又节约教育经费，同时可以很好地促进幼儿走、跑、跳、钻、投等动作的发展。

学习笔记

图 8-146 葵花秆制作的投掷玩具

图 8-147 葵花秆制作的跳跃玩具

图 8-148 葵花秆制作的钻爬玩具

三、自然材料利用的经典案例

小班案例 玉米材料巧利用 ❶

每到金秋十月，幼儿会将玉米带到幼儿园布置自然角，剩下的玉米皮、玉米芯和秸秆成了唾手可得的宝贝。

（一）巧变美工工具

1. 玉米芯大变身

（1）玉米芯印章：将玉米芯一切两半，横截面平整光滑，可以作为拓印工具。

（2）玉米芯滚子：将玉米芯切成长短不一的小段儿，将铁丝做成把手，铁丝两头插在玉米段两头固定（或者将不用的滚子把手与其固定在一起），变成活动的滚子，可以蘸取颜料在纸上来回滚动。

2. 玉米皮大变身

（1）玉米皮拓印卷：选适量的玉米皮竖着折成三层，再一圈圈绑在秸秆上，扎紧扎牢，能拓印出层层花瓣样的纹路（见图 8-149 至图 8-153）。

图 8-149 玉米芯

图 8-150 玉米芯滚子

图 8-151 玉米皮工具一

图 8-152 玉米皮工具二

图 8-153 印章

（2）玉米皮拓印刷：将玉米皮竖着折成三层绑在秸秆上，扎紧扎牢；然后再把玉米皮撕成细细的长条，变成碎花状，这样蘸着颜料就会拓印出一簇簇的印迹。（见图 8-154、图 8-155）

❶ 案例由北京市延庆区第二幼儿园任春艳老师提供。

学习笔记

图 8-154　拓印工具

图 8-155　拓印游戏

3. 秸秆梅花桩

将六根粗细、长短一样的玉米秸秆绑在一起，可以做成梅花桩拓印笔。这些工具更多的是进行拓印游戏或拓印添画。蘸上颜料的工具在纸上拓印出一堆堆、一簇簇的小草或绿叶；还可以拓印出漂亮的小花；玉米芯滚子变成小汽车，蘸着颜料在纸上开来开去，变成一条条小路。小小的玉米芯材料变成了幼儿爱不释手的美工工具。

（二）巧妙布置环境

长长的秸秆可以做成软梯变成作品展示栏，也可以做成一扇扇的镂空窗让自然角的植物顺势爬在上面。玉米皮可以被幼儿刷成不同的颜色，组合成太阳或小花。玉米芯可以粘在一起组装成花盆、小动物等。这些都可以布置到自然角，烘托出田园氛围（见图 8-156、图 8-157）。

图 8-156　玉米皮花

图 8-157　玉米芯创意

玉米皮和玉米芯可以组合起来用于布置主题环境，粘贴组合布置成班级楼道的吊饰环境，幼儿特别喜欢，并初步感受到玉米这种自然物的美观性和实用性（见图 8-158、图 8-159）。

图 8-158　玉米主题活动环境

图 8-159　玉米皮区域活动环境

学习笔记

教育家苏霍姆林斯基说："大自然是第一本教科书，是世界上最有趣的老师，她的教益无穷无尽。"大自然千姿百态，气象万千，蕴藏着巨大的教育财富，是一部具体、形象的百科全书。教师要做个有心人，抓住契机，大胆地带领幼儿走进大自然这个迷人的世界，让自然资源在幼儿的手里大放异彩。通过使用低成本的自然材料，引导幼儿获得最大限度的发展。

中班案例　土宝贝，作用大[1]

泥土对于幼儿来说，有着天然的亲和力。幼儿对泥土有着特殊的感情，和好朋友一起过家家，捏一些盆盆罐罐，垒城堡，摔泥瓦罐。在游戏时放飞自我，充分与泥土互动，可以让幼儿感受泥土带来的艺术美和创造美，体验大胆表现时的愉悦。

（一）集体教学中的土宝贝——促进幼儿创意表现

在泥巴的艺术创作中，幼儿可以张开想象的翅膀大胆地、无拘无束地去构思，去创造，以获得丰富的艺术造型经验。例如，在艺术欣赏活动"说唱陶俑"中，幼儿操作泥土时先揉泥，再根据面部和五官进行分泥，然后按意愿进行五官表情的组合塑造。幼儿尝试将泥捏出陶俑丰富的表情，大胆表现陶俑的美。一幅幅诙谐、滑稽的陶俑表情可以悬挂在主题墙上让大家欣赏。陶泥所具有的可变性、可塑性、可还原性和在指掌间的那种挤压感对幼儿三维空间的创造力培养有独特的作用。

（二）区域游戏中的土宝贝——促进幼儿自主学习

学习不一定是游戏，但游戏一定是学习。"土宝贝"除了在集体活动中的运用外，作为低结构材料投放到区域中更是必不可少的。

例如，在角色区"甜品屋"游戏中，幼儿用泥做出"冰棍""蛋糕""糖果"等，在甜品屋进行叫卖。这样玩泥活动变为游戏和情感交流的场所。

在数学区，幼儿用碎泥块为冰球游戏进行计分，赢得一分，裁判给分数盒放一小块泥土块，分数和泥土块一一对应，帮助幼儿更好地理解数的概念，感知数量的多少，并进行比较。幼儿在用泥巴进行穿珠游戏时，在操作中发现和感受图形规律或者数值大小规律，教师将土块帘子挂在区域中，让幼儿在环境中互相学习，获得排列、分类等数学经验。

在美工区中，幼儿用泥巴制作各种订单作品，如作品墙的相框，饭店内的瓶瓶罐罐、盘碗用具，建筑区的亭子、喷泉等建筑辅材，拼摆区的各种几何图形等。

将泥巴投放到区域游戏中，丰富游戏内容。幼儿自主、有序地参与游戏，不断地获得发展，并在其中放飞自己的心灵，真正寻求属于自己的成长快乐。

（三）环境中的土宝贝——支持幼儿自主发展

幼儿小巧的双手将泥巴制作成泥片，用五彩的颜色装饰表面，悬挂在楼道中，

---

[1] 案例由北京市延庆区第二幼儿园左圆圆老师提供。

图 8-160　泥工吊饰区域活动环境

形成别样的风景（见图 8-160）。著名的教育学家陈鹤琴先生指出：“怎样的环境，就得到怎样的刺激，得到怎样的印象！”用泥巴这个自然材料装点环境，引导幼儿感受其带来的美感时，激发幼儿探索和创作的热情。

学习笔记

大班案例　小树枝，创意多[1]

（一）修剪树枝——引发幼儿的趣味拼摆创意

今天户外活动时，窗前的玉兰树修剪下来的长的、短的、粗的、细的、直的、弯的小树枝吸引着幼儿的注意力，幼儿拿在手里把玩并在地上随意地拼摆着。小兔子、公鸡、海马的形象相继出现。有了初步的拼摆经验后，幼儿又拼摆了花草树木、林荫小路、熊猫、狮子、小朋友和家长等形象，原来这是他们拼摆的游玩世园会。小小树枝大大地激发了他们的拼摆创意的愿望。后续我们和幼儿一同丰富了树皮、木块、树叶等相关自然材料，幼儿拼摆出更丰富的形象。

（二）借形想象——探索树枝小人的创意形象

这两天美工区搜集来的小树枝数量越来越多，欣欣小朋友在美工区把一根有长长主杈，主杈下边有两个分杈，主杈中上部有两个小分杈的树枝借形想象成跳芭蕾的舞蹈演员，并拿来一些卡通眼珠、超轻黏土、包装纸等装饰材料，开始给树枝小人进行五官和服饰装饰。在欣欣的带动下，美工区制作树枝小人成了热点话题和孩子们喜欢的美工活动。孩子们运用树枝主材和辅助材料制作出了投掷小人、模特小人、跳绳的小人、做蛋糕的小人，还有组合的树枝小人一家等。孩子们在创意制作的过程中学会了如何借形想象，体验到了变形、添加、删减等制作方法的运用；借形想象为主的创意方法让幼儿的树枝小人创意更加多元，活动乐趣横生（见图 8-161 至图 8-163）。

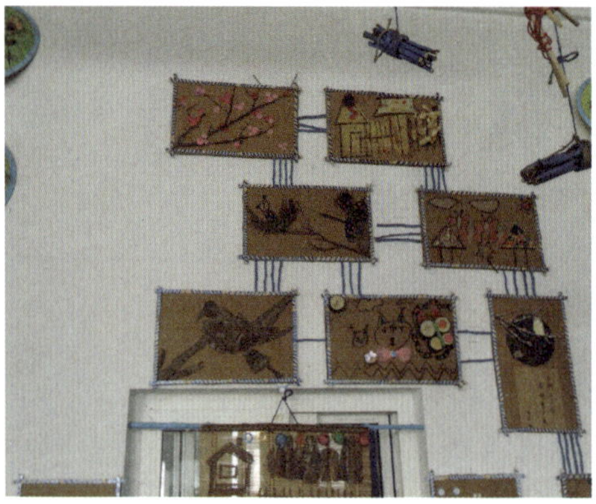

图 8-161　树枝木片创意活动环境

图 8-162　树枝创意作品

图 8-163　树枝小人造型一

（三）环境布置——让幼儿创意更加实用

幼儿利用树枝进行“小制作”，其过程不但是“玩”的过程，而且在不经

[1] 案例由北京市延庆区第四幼儿园张晓雪老师提供。

意间有了新的创造。树枝相框就是幼儿的一个自发创意。当班级作品栏的作品需要设计和制作相框时，幼儿就拿来了自己喜欢的小树枝进行设计和操作，用单条树枝、交叉树枝、捆绑树枝设计出形状各异的相框。同时，环境是重要的教育资源，我们在班级创设了“树枝创意坊”美工区，并以树枝装点和创意欣赏为切入点，注重幼儿的感性经验积累和制作兴趣的激发。美工区里有各种各样的树枝平面，立体制作的成品，以及树枝插花、艺术小装饰品的展示。有的幼儿将长短、粗细不一的树枝刷上颜色，垂吊起来做美工区的吊饰，幼儿的设计和创意越来越实用，在美化生活的同时也提高了他们自身的艺术表现力（见图 8-164 至图 8-167）。

图 8-164　树枝区域活动环境一

图 8-165　树枝区域活动环境二

图 8-166　树枝区域活动环境三

图 8-167　树枝创意作品

学习主题 3　幼儿园人工材料的选择与利用

学习笔记

对于教师而言，材料选择不是无意识的材料堆积，而是有意识、有目标的材料选择，选择过程本身就是一种隐性创造。如果能创造性地运用材料，就是发挥材料教育价值的更高境界。

一、人工材料的内容及特点

在这里，我们仅限于在幼儿园环境中谈人工材料的内容及特点。

（一）人工材料的分类

表 8-1　人工材料的分类

人工材料类别	类别中的具体材料举例
木质类	软木塞、木衣架、衣帽挂、椅子腿、木钉、木制积木、木地板废料、餐巾圈、废弃木料、木相框、木环、木拼图、木地板、线轴、木人等
塑料类	奶瓶盖、瓶子、食物塑料包装盒、塑料管、卷筒、卷轴、佐料盒、胶卷、窗帘环、卷发器、吸管、塑料玩具、塑料珠子、气泡包装、扣子、漏斗、塑料项链、球类、呼啦圈、夹子等
金属类	螺栓、螺帽、金属垫、锡纸、旧金属小玩具、窗帘扣、麦芬烤盘、马铃薯捣碎器、磁铁、钥匙、瓶盖、叉子、勺子、链条、金属罐、顶针、易拉罐拉环、门把手、烛台、金属管等
玻璃类	玻璃球、三棱镜、小镜子、玻璃瓶、玻璃片等

学习笔记

续表

人工材料类别	类别中的具体材料举例
纺织类	雪纺布、绸带、毛织物、围巾、旗子、麻布、棉布、毛线、绣花线、毛毡制品等
包装类	花式包装填充材料、气泡包装、纸盒、纸板废料、纸筒、包装纸、纸胶带、蛋托、丝带卷轴、食物包装盒、包装纸等

根据我国学前教育现状，在以上材料（见表 8-1）的基础上，补充与某一类游戏活动相关的专属人工材料，以便教师和儿童对材料有全方位的认知。

（二）人工材料的特点

1. 人工材料都有自己的历史与文化

以纸为例。纸是我国四大发明之一，纸张的起源可追溯到西汉初年。到东汉时期，蔡伦集前人经验，在蚕丝工艺的基础上，尝试将原料改为树皮、破布、麻头等，制造出植物纤维纸，从此纸得到大量生产，至此纸有了自己的工艺并形成特有的文化。

有些幼儿园不仅引导幼儿探索用纸进行创意制作，还引导幼儿了解纸的发展历史与文化，尝试制作纸张。

2. 人工材料的属性由人决定

人工材料具有自己的属性，如颜色、结构、形态、质地、肌理等，但所有的属性都由人决定，包括材料的质量与尺寸。例如，造纸厂可以按照不同克数制造不同厚度、不同规格、不同质地、不同颜色的纸张。

3. 人工材料都有自己的“角色”

人工材料带有明显的应用指向。如 A4 纸叫作打印纸，花色纸叫作包装纸，素描纸最好的搭档是铅笔橡皮，水粉纸和水粉颜料、水彩纸和水彩颜色是伴侣，生宣纸是为大写意服务的，熟宣纸用于工笔艺术，电光纸最适合用于幼儿撕纸活动，烘焙油纸用于食品衬底，硫酸纸用于印刷制版……

再如陶瓷，陶是陶，瓷是瓷。陶瓷胚土根据质地和包含的化学元素不同被分为陶土和瓷土，衍生出的技巧和工艺也有天壤不同。陶土制作出的器皿粗犷稚拙，成型后需低温烤制；而瓷土器皿精巧细致，品质极高的骨瓷有“白如玉、明如镜、声如磬、薄如纸”的描述，瓷成型后需高温烧制等。

4. 人工材料的用途具有可逆性

人工材料的用途是可逆的。从艺术的发展史窥见，艺术发展的历史首先是材料探索和发展的历史，艺术门类的界限和差别首先由材料的特性决定，其次才是材料反映的技能、技巧或手艺。

在学前教育环境中，在教师的引导下，幼儿不断超越材料的专属用法，创造性地将其进行各种华丽的变身。例如，纸板超越了包装的用途（见图 8-168 至图 8-170），气球超越了烘托气氛的用途，锡纸超越了餐饮甜品包装的用途，报纸超越了传媒身份的用途等。

图 8-168 纸板艺术一[1]

图 8-169 纸板艺术二

图 8-170 纸板艺术三

根据用途，人工材料涵盖吃、穿、住、行、用等方面，对于幼儿而言，在学习活动中使用这些材料还需要教师进行筛选。

二、人工材料的选择

选择人工材料用于幼儿园的教育环境创设，不仅要有一定的方法，还要考虑材料的安全性、可塑性及与教育目标的关系等。根据幼儿的年龄特点及教育目的，教师可筛选以下三类材料。

（一）人工制造的绘画材料

绘画材料涉及幼儿区域活动和美术教育集体活动，有极强的目的性。幼儿通过操作各种绘画材料可促进视觉、触觉等能力的发展，对精细动作及小肌肉发展也有促进作用。

绘画材料种类很多，如水彩笔、A4 纸、素描纸、油画棒、马克笔、海绵戳、水粉颜料、水粉笔等比较常见。水墨、毛笔、宣纸、毛毡、印戳、水彩颜料、水彩纸、湿拓材料、彩色墨水、矿物颜料、广告色、卡纸、纸板、油墨、色粉笔、绒纸、油画色和油画笔等在多数幼儿园不常见。然而，幼儿的发展需要对材料进行广泛的感知和探索，因此，教师需要不断补充和完善材料。

（二）人工制造的可塑性和不可塑性成品材料

可塑性成品材料指在幼儿能力范围内通过剪刀等工具可以改变其形态的材料。手包装类、食品类、玩具类、图书类、一次性纸质餐具等，只要无毒无害安全的材料都可以成为幼儿学习过程中的可塑材料。

不可塑性成品材料指在幼儿能力范围内无法改变形态的材料，如铁盒子、瓶子类、易拉罐、光盘、灯泡、轮胎、牙刷等。

（三）人工制造的其他低结构材料

低结构材料指物质结构相对单一或不具备可视结构的材料。

常见的低结构人工材料包括泥类、点状类、线状类、面状类等材料。泥类材料包括面泥、纸浆泥、黏土、瓷泥、陶泥、雕塑泥等。点状材料包括扣子、珠子、瓷片、瓶盖、保丽龙球、毛球、糖块、巧克力豆、亮片等。线状材料包括扭扭棒、鞋带、麻绳、牙签、冰棒、纸藤、毛线、纸绳、筷子、吸管、铁丝等。面状材料包括绘画纸以外的纸张（彩色 A4 纸、彩色折纸、卡纸、锡纸、废旧报纸、杂志纸、

---

[1] 图 8-168 至图 8-215，由首都师范大学学前教育学院刘立新老师提供。

学习笔记

彩色塑料纸、手揉纸、泡棉纸、包装纸等），布类（无纺布、洗碗布等），以及其他材料（气球、棉花、纱网等）。

三、人工材料的利用

人工材料种类较多，此处不逐一讲述其利用方法，只从可塑性和不可塑性两大维度简单讲述其使用思路。

（一）可塑性低结构材料的利用

由于可塑性材料可以改变形态，因此其可变性极强，变化的可能性取决于教师或幼儿的经验和能力，是开发创造性潜能的重要媒介。利用可塑性材料呈现的视觉样式包括平面式作品或物象、浮雕式作品或物象、立体式作品或物象，主要应用于环境装饰和教育教学过程中。

1. 平面环境装饰或作品的呈现

平面物象的呈现主要利用平面性可塑材料，如纸类材料。在利用纸材的过程中，主要运用剪、撕、镂刻、镂剪、拼贴等技巧（见图 8-171 至图 8-175）。

图 8-171　平面剪纸

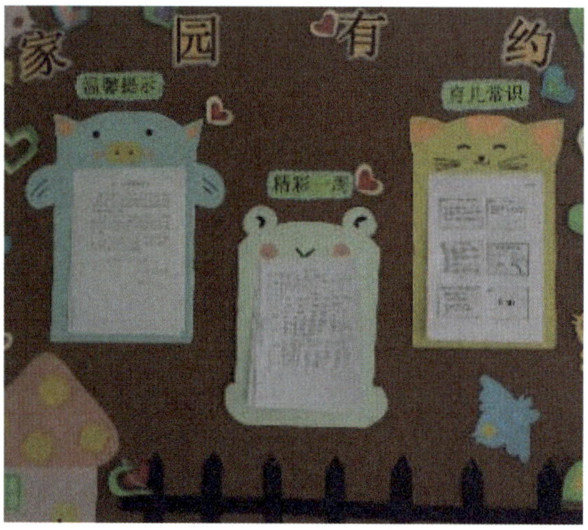

图 8-172　平面环境装饰

图 8-173　平面粘贴

图 8-174　平面撕纸

图 8-175　平面剪贴

2. 浮雕环境装饰或作品的呈现

浮雕属于建筑领域专有名词，意指在建筑上雕刻或附着有凹凸视觉特征的装饰。在学前教育领域引入该名词，特指根据材料特性利用相应的方法或技巧，在平面材料上呈现凹凸有致的装饰作品。浮雕形象多在环境装饰或教育活动中呈现（见图 8-176 至图 8-189）。

图 8-176　泥浮雕

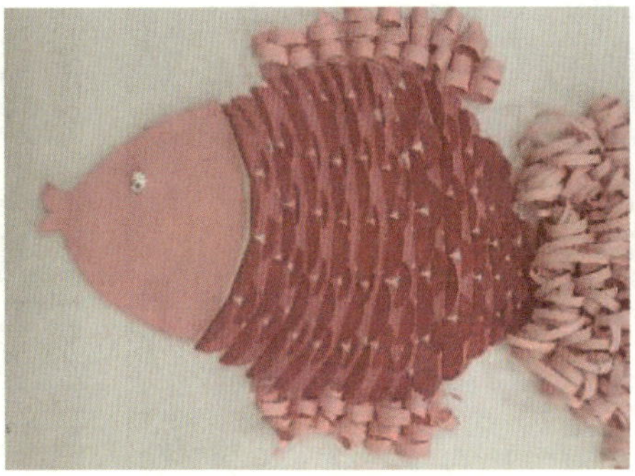
图 8-177　纸粘贴浮雕

图 8-178　剪影和花艺浮雕

图 8-179　纸杯浮雕

图 8-180　对折浮雕

图 8-181　多层粘贴浮雕

图 8-182　衍纸线浮雕

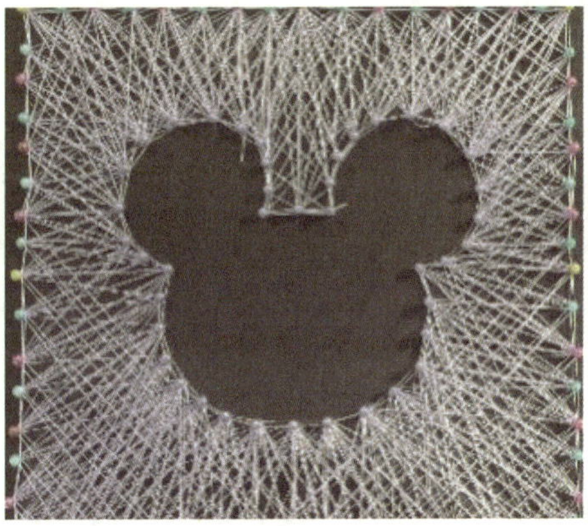
图 8-183　绕线浮雕

图 8-184　剪折结合浮雕

图 8-185　反复折叠浮雕

图 8-186　环境中浮雕运用二

图 8-187　彩泥浮雕一

学习笔记

图 8-188　彩泥浮雕二

图 8-189　综合材料浮雕装饰画

3. 立体环境装饰或作品的呈现

此处的立体指在三维空间内呈现出多角度可观的物象或作品，即可以 360 度无死角观看的环境装饰或作品（见图 8-190 至图 8-198）。

图 8-190　纸浆水果

图 8-191　卡纸立体动物

图 8-192　废旧报纸团拧动物

图 8-193　纸雕塑

图 8-194　彩泥

图 8-195　动物纸球

图 8-196　卡纸立体创意

图 8-197　彩泥立体创意

图 8-198　筷子立体创意

（二）人工可塑性成品材料创意

学龄前幼儿可以操控的人工可塑性成品材料相对有限，气球、纸盒子、箱子、

学习笔记

纸质一次性餐具等是比较应手的材料。由于这些材料本身就具有三维体积，因此将它们用于制作环境装饰和教育活动中的物象，多呈现为立体生动的作品。

1. 完整使用成品材料

所谓完整使用指不改变材料形态，只在原有材料形态的基础上利用添加法使之转化成新形象的过程（见图 8-199 至图 8-203）。

图 8-199　盘子变成小猪

图 8-200　纸杯子变成动物

图 8-201　纸盒变拨浪鼓

图 8-202　盘子变成猴子

图 8-203　气球变成仙人掌

2. 成品材料组合使用

此处的组合是一种创意方法，利用相同或不同的成品材料的形态特点，将其组合成新形象（见图 8-204 至图 8-209）。

图 8-204　气球和盒子组合

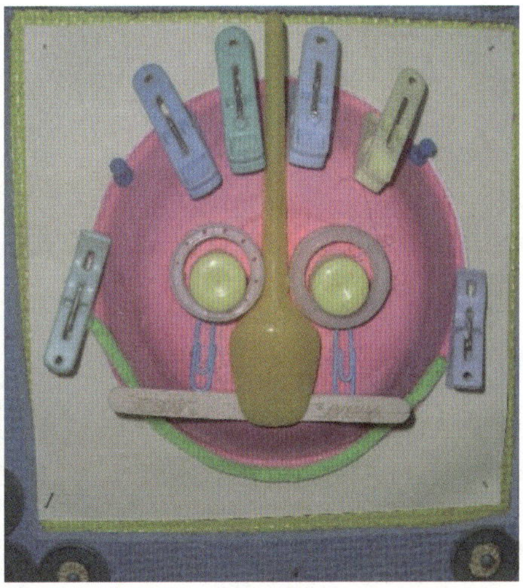

图 8-205　多种材料组合

图 8-206　瓶子和乒乓球组合

图 8-207 箱子组合

图 8-208 勺子和珠子组合

图 8-209 不同形状纸盒组合

3. 成品材料的拆解与重组

拆解和重组是创造性最强的思维过程之一，即将原来的成品结构破解，形成新的视觉特征，之后再创意成新形象的过程（见图 8-210 至图 8-215）。

图 8-210 纸箱创意

图 8-211 纸杯创意一

图 8-212 纸杯创意二

图 8-213 纸瓶创意一

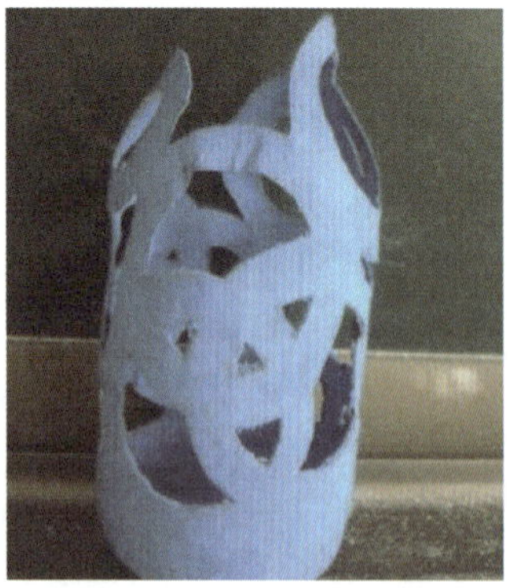

图 8-214 纸瓶创意二

图 8-215 纸盘创意

4. 不可塑人工成品材料创意

幼儿现有能力无法改变部分成品材料的外形、肌理、质地等属性，但可以通过联想和想象的过程将其转化成富有创意性的形象，用于环境装饰或艺术创意活动（见图 8-216 至图 8-218）。

图 8-216　笸箩的创意[1]

图 8-217　塑料管的创意

图 8-218　框盖创意

四、人工材料利用的实践案例

材料是教育活动中的重要部分，教师经常收集和设计人工材料，开展教育活动以促进幼儿发展。然而在活动过程中，教师常常会因不够重视材料而遇到问题和困惑，本案例源于教师遇到的困惑，重要的是呈现了解决困惑的过程。

案例分享　**中班“两片云彩满天雨”**[2]

经验准备：请家长和幼儿一起观察下雨天的情景，特别是天空中云彩的形状。

活动目标：

（1）能够用彩泥团压点。

（2）能用报纸撕出云彩形状。

（3）能感受和想象下雨场景，并用纸和彩泥制作下雨的画面。

材料准备：报纸、多种图形的彩色底纸、彩色黏土、胶棒。

活动导入：听雨的声音导入，引导幼儿说出下雨的情景。

引导性问题：

（1）“你听到了什么？”

（2）“在雨天发生过什么有趣的事情？”

（3）“我们用报纸撕云朵，用彩泥制作小雨点……制作美丽的雨景吧！”

（一）背景简述及价值分析

1. 背景简述

教师体验了彩泥的多种艺术表现，尝试用泥搓条，利用点线组合表现下雨的场景。最后，教师引导幼儿进行教育实践，并反思和分析预设方案与幼儿实践过程及结果的差距。

图 8-219 至图 8-221 所示为教师作品。

学习笔记

[1] 图 8-216 至图 8-218，由北京市丰台第一幼儿园提供。

[2] 案例由北京市顺义区澜西园四区幼儿园屈迪老师提供。

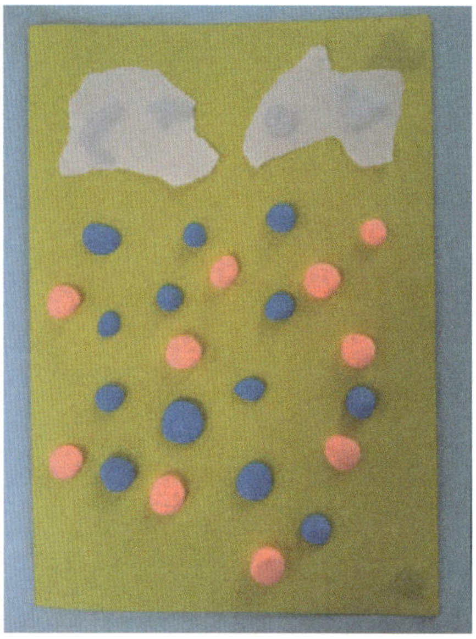
图 8-219　教师作品一

图 8-220　教师作品二

图 8-221　教师作品三

在本次尝试后，教师在中班开展了“两片云彩满天雨”的美术活动实践，通过观察发现，孩子们没有搓出漂亮的点，没有撕出云彩的形状，也没有表现出雨景……个别幼儿实在做不出来，就用画的方法表达（图 8-222 至图 8-224）。

图 8-222　幼儿作品一

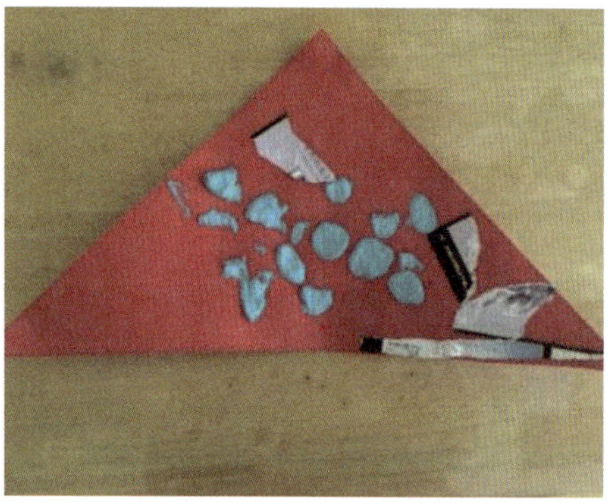
图 8-223　幼儿作品二

图 8-224　幼儿作品三

2. 价值分析

从教师作品和幼儿作品的对比中，我们可以看到，教师们在自我艺术体验过程中的作品出色且具有一定的创造性，然而经调查，大部分教师都不能顺利地将艺术体验转化为幼儿教育活动，哪怕是教师公认的“简单内容”。此案例完整地揭示了教师视角和幼儿水平之间的差距，也为我们提出思考：如何寻找幼儿视角？如何将成人艺术体验转化为适合学龄前幼儿的美术教育活动？

学习笔记

（二）问题解析

通过对活动视频和幼儿作品进行分析，教师归纳出此次活动中未解的关键经验。

1. 关键经验一：幼儿绘画和手工发展水平不对等

在一次教师培训中，与教师分享这个案例时，多数教师和屈老师的想法一致，

学习笔记

认为幼儿是可以完成这个内容的。大部分教师还坚定地认为，中班幼儿完成这个内容太简单！然而，该内容从表面上看没有难度，实际上暗藏玄机，这些不被关注的玄机恰恰决定活动的成效。

教师们对活动预估观点的一致性，表明没有质疑过幼儿的绘画和手工制作能力的差距，也许不了解幼儿手工制作能力不像绘画能力一样，随年龄的增长而自然发展。实践证明：由于幼儿手部肌肉发展的局限性，他们的制作水平及能力发展晚于绘画水平和能力的发展。如果中班幼儿用绘画的方法表现下雨，画面可能会很丰富，然而，本次活动过程中，幼儿表现出迟疑的动作、困惑的表情和不自信的左顾右盼，这都说明此次活动内容难住了他们。所以，如果以幼儿绘画水平为基础设计手工活动目标，会出现目标过高的问题。

另外，材料经验也是阻碍活动成效的重要元素，如果幼儿对此次活动中的材料认知不足，同样会出现问题。

2. 关键经验二：新材料需要有“操作经验”

幼儿需要感受和体验材料的特性，这是幼儿获得新经验的基础。

有人质疑：撕纸是 6 个月婴儿都会的本领，对于中班幼儿来说还成问题吗？如果你也这样想，一定没有意识到 6 个月婴儿撕纸和学龄前幼儿撕纸的本质是不同的。6 个月婴儿撕纸是无意识动作发展的需要，严格地说是无目的扯纸，满足大臂动作撕扯的发展需求；而中班撕纸是有目的的操作行为，需要用双手大拇指、食指和纸张三者之间的协调动作来控制纸的形状。中班幼儿由于没有撕纸经验，同样出现了 6 个月婴儿的撕扯动作，因此，撕不出云彩形状是正常的。

另外，和彩色手工纸比，报纸纤维有极强的方向性，动作稍有疏忽，报纸就会顺着竖纹跑，很难控制。幼儿初次接触撕纸活动，应选择纤维不明显的电光纸、彩色杂志或彩色手工纸。

3. 关键经验三：团压泥点是精细动作

团泥点有那么难吗？要团压出流畅漂亮的泥点确实不容易。我们分别在不同幼儿园做了测试，结果显示：没有经验的中班幼儿多数团不出流畅的小泥球，但通过有目的、有情景的实践，两三次体验材料之后就能团出。小班幼儿几乎不能团出小泥球，如果教师不提供帮助，他们就不理解团小泥球的动作，基本上是随意揪一块泥直接按在纸上，且掌握的程度和速度较慢，需要多次实践，在游戏情境中幼儿经过体验会逐步掌握团压的方法（见图 8-225 至图 8-227）。

图 8-225　泥点盖房子

学习笔记

图 8-226 用泥装饰汽车

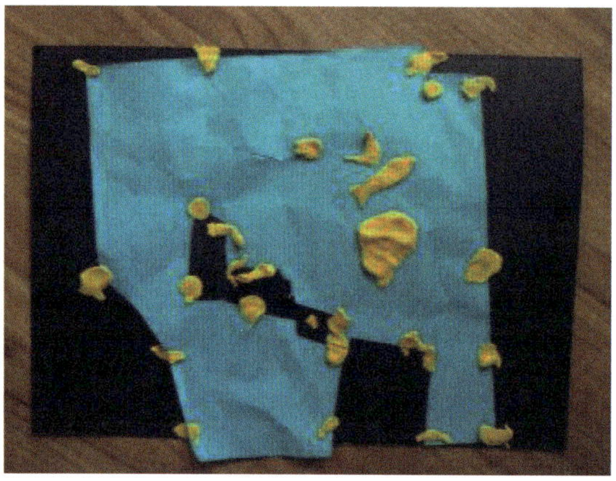

图 8-227 用泥点装饰图形

由此可以证明：幼儿年龄越小，他们的手部小肌肉发育越不完善，手指精细动作存在一定程度的困难。团小泥球不仅是精细动作，还是精细感知的过程。当把泥放在两只手掌中间时，幼儿不仅需要两只手交替协调旋转，还需要精准感知泥在手掌中的形状变化，才能成功搓出小泥球，最后用手指或掌将泥球按压在纸上，一个小雨点才能呈现。

4. 关键经验四：材料表现需要新的经验

中班幼儿的绘画水平已经进入象征期，他们有能力把视觉感知到的事物用表征符号表现出来，例如，当有感知雨的经验后，他们就可以用笔很自然地画出雨天的雨点和有趣的情境。其过程为：感官获取信息后输入大脑，大脑将获取的信息进行编码和表征，最后通过绘画的方式输出。这个过程幼儿已经很娴熟（从涂鸦期到象征期练习过无数遍）。然而，用彩色泥和纸表达雨景就需要新的经验，幼儿如果脑中没有储存过实践的经验，就无法产生新的表达方式。

（三）重新设计活动

经过反思和分析幼儿所需关键经验后，教师们重新设计了四个系列的活动和目标。

A. 活动：大点和小点

目标：分泥练习，精细动作团压泥点练习，在画面中用抽象的点表现画面。

B. 活动：摊鸡蛋

目标：观察摊鸡蛋的形态和结构，继续练习精细动作及团压更小泥点，尝试练习撕纸。

C. 活动：彩色房子

目标：了解房子的形态和结构，认知图形并组合房子的样式，继续手部精细动作练习，用泥点装饰而无需胶棒来粘贴。

D. 活动：一片云彩满天雨

目标：再次感知雨，撕出云彩，表达雨景。

结果呈现

系列活动后，幼儿的艺术表现丰富且有自己的认知观点（见图 8-228 至图 8-233）。实践证明，材料在幼儿美术活动过程中运用得好，可以起到激发幼儿兴趣和促进幼儿发展的作用；反之，会阻碍幼儿的兴趣和发展。

图 8-228　云彩妈妈看着小雨点

图 8-229　云彩戴着漂亮的帽子

图 8-230　我在雨中举着伞，还有彩虹

图 8-231　雨后长出了蘑菇

图 8-232　云彩爸爸和妈妈

图 8-233　云彩变成虫子形状

学习提示

本专题以材料为线索，系统讲述了材料的分类、选择与应用。在应用部分特别强调了两点：一是材料本身的价值体现，二是材料在教育教学过程中的重要性。

云测试

思考与练习

1. 为什么说材料是学习环境创设的基础？

2. 结合你所在的区域，谈谈可以利用的具有区域特点的环境材料有哪些。

3. 选择一个身边的自然材料，以小组形式探索材料的特性和多种可能性。

学习笔记

学习反思

专题九

幼儿园特色活动环境创设

学习目标

- 明确特色活动环境的概念。
- 理解特色活动环境创设的内容和特点。
- 掌握特色活动环境创设的实施策略。

学习导航

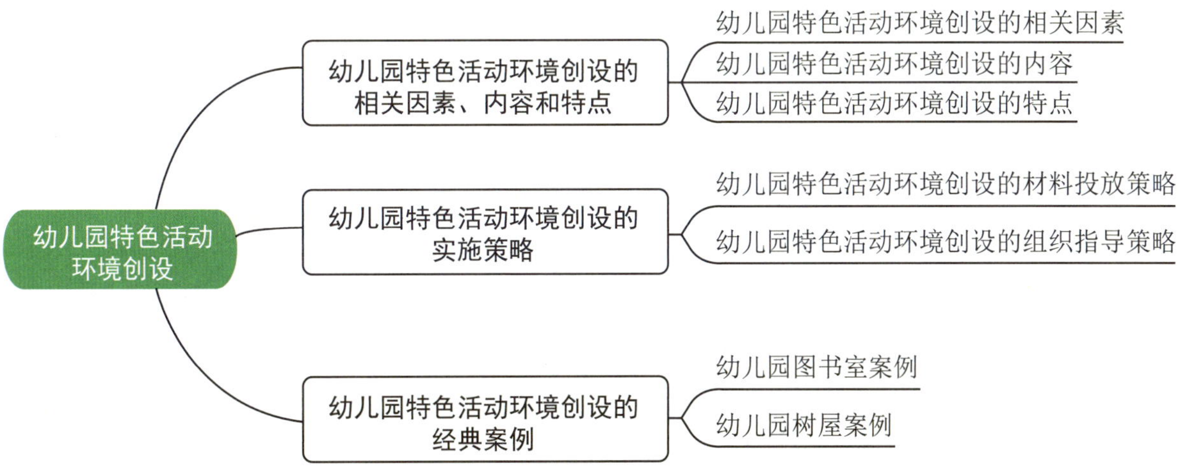

学习笔记

特色活动环境，是幼儿园多种活动环境之一，是幼儿园办园理念和课程实施的具体落实，在满足幼儿兴趣的同时，为其提供更多样、更全面、更深入的探究、创意、阅读等活动体验，让幼儿在专门设计的环境中身临其境，滋养其天性，促其富有个性地发展。

学习主题1 幼儿园特色活动环境创设的相关因素、内容和特点

《3~6岁儿童学习与发展指南》中指出：“儿童的发展是一个整体，要注重领域之间、目标之间的相互渗透和整合，促进幼儿身心全面协调发展，而不应片面追求某一方面或几方面的发展。” 学前教育是为幼儿后继学习和终身发展奠定良好素质基础的教育，是全面发展的教育。因此，幼儿园特色活动环境不应仅满足幼儿的单一兴趣、特殊兴趣，而应是促进幼儿全面发展的教育环境，既有其独特的价值，又符合幼儿园课程实施的整体要求。

特色，指事物所表现的独特的色彩、风格等[1]，是某一事物显著区别于其他事物的风格和形式，是由事物赖以产生和发展的特定的具体环境因素所决定的，是其所属事物独有的。特定的环境因素是特色生成的土壤，每一所幼儿园，其所处的具体发展环境是与众不同的，这为其特色发展提供了先天有利的条件。

幼儿园特色活动，是有别于幼儿园内一般活动的、带有特殊性色彩的活动。幼儿园班级中日常的生活活动、游戏活动、教学活动、户外活动都是一般活动的范畴，特色活动是在以上内容的基础上产生的更具有独特意义、独特价值，以及集中指向某一领域或某一方面能力发展的特殊活动，如与幼儿园办学特色相关的美术创意活动、阅读体验活动、科学探索活动、交往游戏活动等。

幼儿园特色活动环境，是基于幼儿园的办园理念、文化建设、办学特色、课程实施、环境创设等因素，有别于幼儿园班级环境、公共环境、户外环境等一般教育环境的，侧重幼儿某一领域发展或某一方面能力发展的，为满足特殊活动需要而创设的教育环境。比较常见的活动环境有美术室、阅读室、科学室、结构游戏室、室内外种植园地等。

需要说明的是，幼儿园的特色活动不是独立存在的，也不是额外附加的，应是幼儿园课程实施的一部分，是幼儿园活动和幼儿园活动环境的补充，是一种更能反映并满足幼儿需要和兴趣的课程内容的补充和延展，是幼儿园课程的多种实践方式之一。因此，幼儿园特色活动环境的创设，是依据特色活动的开展需要而产生的，依据幼儿在活动中的发展和需要不断调整和改进的，而不是单纯为了凸显特色而设计的。

一、幼儿园特色活动环境创设的相关因素

虞永平教授提出，幼儿园教育应以幼儿的全面和谐发展为方向，注重幼儿的素质教育，关注幼儿的全面成长。[2] 幼儿园教育应注重幼儿的个别差异，关注幼

[1] 《现代汉语词典》（第6版），1274页，北京，商务印书馆，2012。
[2] 虞永平：《学前课程与幸福童年》，231页，北京，教育科学出版社，2012。

学习笔记

儿的兴趣和需要，根据幼儿的兴趣设计区域活动，并采用小组、个体等灵活的学习形式。在满足幼儿全面发展的基础上，幼儿园特色活动环境的创设需要关注以下因素。

（一）培养新时代新人的育人理念

幼儿园特色活动环境创设是基于幼儿园特色活动而产生的，幼儿园特色活动的开展是幼儿园育人目标的落实途径之一。《幼儿园工作规程》指出："贯彻国家的教育方针，按照保育与教育相结合的原则，遵循幼儿身心发展特点和规律，实施德、智、体、美等方面全面发展的教育，促进幼儿身心和谐发展。"《幼儿园教育指导纲要（试行）》指出："幼儿园教育应尊重幼儿的人格和权利，尊重幼儿身心发展的规律和学习特点，以游戏为基本活动，保教并重，关注个别差异，促进每个幼儿富有个性的发展。"《3~6 岁儿童学习与发展指南》也指出："促进幼儿身心全面和谐发展。"以上文件指明了幼儿园育人的目标是促进幼儿身心全面、富有个性的发展。

我们还需关注新时代新人的育人理念，了解关于人的全面协调发展的内容。幼儿园特色活动的开展和特色环境的创设必须从新时代的背景与发展环境出发，必须以我国社会主义事业的发展对教育培养人、造就社会主义建设者和接班人提出的新要求出发，围绕新时代新人的特征，结合幼儿所处的身心发展阶段，深入研究具体发展要求，创设特色教育环境，开展特色教育活动。

（二）幼儿园所在地的地域特点与文化特点

幼儿园在创设特色活动及环境的过程中，可以参照自身所处的独特地域文化资源，充分挖掘幼儿园所在地区的地方文化、民俗民风、艺术特色、传统节庆、传统文化、人文特点等环境因素，创造性地将其转化为贴近幼儿理解水平的活动资源，将其与幼儿发展目标有机结合，开展幼儿园特色活动，创设幼儿园特色教育活动环境。

如幼儿园的特色美术活动室，可结合地方传统艺术特点，创造性地汲取传统文化的养分，形成具有典型地方色彩的美术活动，丰富幼儿的美术欣赏经验与艺术体验。如四川绵竹年画、天津杨柳青年画、江苏桃花坞木版年画等，都可以成为特色美术活动室幼儿体验的艺术活动内容。再如，我国广泛流传于各民族、各地域的剪纸、泥人、泥塑、刺绣、编织、风筝、玩具、民居建筑装饰等，也可以成为特色美术活动借鉴和挖掘的资源。

除此之外，幼儿园还可以挖掘地方人文风俗来创设特色活动及环境。如广西北海的某幼儿园，充分挖掘当地疍家文化的风俗，将"舟楫为家，捕鱼为业"的水上居民"疍家人"的生活迁移到幼儿园特色活动中，设计了独具当地特色的公共社会性交往游戏区，将打鱼、晒鱼、买卖鱼干、制作当地小吃、设计疍家服饰等幼儿熟悉的日常生活内容融合到游戏中，开展跨班的交往游戏，在每周一次的全园性活动中不断丰富特色活动内容，满足幼儿的需求，探索促进幼儿发展的价值，逐步形成本园的特色游戏活动，其环境创设也在不断推进的游戏活动中不断发展。

学习笔记

（三）幼儿园园所文化的实践

幼儿园特色活动环境的创设可以依托园所文化、教育理念和园本课程实践的优势进行。幼儿园的园所文化是在年复一年的发展中积淀出来的，承载着幼儿园管理者与教师的研究和耕耘。园所文化、教育理念不是一句口号，需要在课程中落地，在环境中生根，在幼儿每天的活动中滋养、发展。幼儿园特色活动环境是对接园所文化实践的重点之一。

例如，北京实验学校（海淀）幼儿园依据自身历史背景——前身是香山慈幼院，创办人是教育家、慈善家熊希龄先生。自1920年创办，以“蒙以养正”为育人传统，以“面向社会，全面育人，追求高水平教育”为教育思想，以“健康成长、快乐生活、自主学习”为课程理念——创建了情境化的公共区域游戏活动，在公共区域内提供真实的、生活化的材料，引导幼儿在体验社会角色、参与社会活动的过程中，与环境、材料互动，与小朋友、教师互动，与所遇到的困难和问题互动，从而在游戏中获得直接经验，在实际操作中体会行为的意义，培养幼儿初步适应社会生活的基本能力（见图 9–1 至图 9–4）。

图 9–1　创意坊

图 9–2　小超市

图 9–3　小医院

9–4　娃娃展览馆

（四）幼儿园自身资源的优势

幼儿园特色活动环境的创设可以依托幼儿园自身资源的优势。自身资源包含幼儿园课题研究的成果资源、幼儿园教师专业优势资源、幼儿园家长资源等。

例如，中国人民武装警察部队总部机关幼儿园于2006年开始潜心研究幼儿早期阅读，结合课题研究成果精心打造多姿多彩的儿童图书室，力求为幼儿营造一个好看、好玩又充满书香的阅读环境。幼儿的早期阅读，不仅能满足幼儿心理

学习笔记

需要，也能促进幼儿书面语言、口头语言和早期读写能力的提高。幼儿园通过提供丰富的材料，打造轻松的环境，开展形式多样的阅读活动，培养幼儿早期阅读的兴趣（见图 9–5）。

图 9–5　幼儿图书室

再如，中国人民解放军海军机关幼儿园在引领教师理解课程游戏化的研究过程中，带领教师明晰理念，诊断当前课程建设中的问题，在完善活动方案、加强教师指导等方面进行整体考虑，全面建设和逐步完善课程要素，使课程系统化，科学化，有序化。此过程特别强调教师专业成长，以推进课程可持续发展。幼儿园依托高教育、高品质、开放性、多样性、低结构的积木材料，创设了乐高游戏探索区，使游戏更加贴近幼儿的兴趣、需要、学习特点、发展水平，提升教师专业发展水平，丰富已有的课程体系和游戏方案，进行课程游戏化改革，提高课程实践水平和教育质量（见图 9–6、图 9–7）。

图 9–6　乐高游戏探索区一

图 9–7　乐高游戏探索区二

二、幼儿园特色活动环境创设的内容

幼儿园特色活动环境，是依据幼儿园特色活动而创设的，它既是幼儿园环境教育的一部分，又是幼儿园整体课程的落实途径之一。幼儿园特色活动环境创设好，利用好，对幼儿富有个性的发展具有促进作用。

（一）幼儿园特色活动环境创设的价值

随着学前教育改革的不断深化，幼儿园越来越重视各种类型的教育环境对幼儿发展的支持作用。皮亚杰认知发展理论指出，幼儿的发展是主动的过程。也就是说，幼儿的发展是其认知结构主动建构的过程，幼儿通过自己的主动活动来探索和认识

学习笔记

现实世界。环境在幼儿发展中起着重要的作用。因此，幼儿的发展是主客体相互作用的结果，从某种意义上看，作为客体的环境引导着幼儿的发展。因此，教师必须在环境中物化教育目标，把环境当作促进幼儿发展的一个重要途径。

1. 幼儿园特色活动环境为幼儿的充分感知体验提供机会

幼儿园特色活动环境在幼儿发展指向方面更聚焦，围绕某一个领域为幼儿感知、体验提供更丰富的机会。以幼儿园图书室为例，它在图书的种类、数量、内容、难度级别等方面远远超越班级创建的图书区，幼儿进入其中如同走进小型图书馆，可以按自己的兴趣和喜好自由选择阅读的图书，典雅、安静的阅读环境能够激发幼儿对书的喜爱，利于其养成爱读书、会读书的好习惯。

2. 幼儿园特色活动环境为幼儿之间的互动交往提供平台

幼儿园特色活动环境在使用方面更具互动性，互助性，空间布置也为幼儿之间的沟通和交流提供便利。以幼儿园美术室为例，往往一个班级的幼儿同时在这里活动，美术创作内容丰富多样，幼儿在这里不仅可以充分与各种美术材料互动，还可以在自我想象、创造的过程中与同伴畅快地交流，分享经验、想法，借鉴和欣赏同伴的作品，丰富自己的艺术创意，从而提升幼儿欣赏美、表现美的能力。

3. 幼儿园特色活动环境为满足不同水平的幼儿发展提供支持

幼儿园特色活动环境因其为全园幼儿服务的功能，必须考虑不同年龄段幼儿的特点、发展差异，依此来选择创设具有层次性的环境材料，以保证每个幼儿在感知体验中获得发展，获得成就感、满足感。以北京实验学校（海淀）幼儿园的公共区域游戏为例：其为小班幼儿设计的体验区有小熊穿衣、叠毛巾、撕拆纸巾等与生活有关的游戏；为中班幼儿设计的体验区有切肥皂、做皂液、水吧、小超市等游戏；为大班幼儿设计的体验区有木工坊、创意坊、串珠阁、快递站等游戏。特色活动环境的创设让不同发展水平的幼儿都能在游戏中获得直接经验，在实际操作中体会行为的意义，培养其初步适应社会生活的能力。

（二）幼儿园特色活动环境创设的内容

加德纳的多元智能理论提出，智力是在特定的文化背景下或社会中解决问题和生产产品的能力，是一种受环境、教育影响的潜在能力。幼儿园特色活动环境创设为幼儿多种能力的发展提供了实践机会。特色活动环境的内容，主要依据幼儿园的园所特色和课程实施需要来进行创设，以满足幼儿发展的需要。幼儿园特色活动环境主要有以下常见的内容。

1. 依据各领域发展要求创设的特色活动环境

教育活动内容的组织应充分考虑幼儿的学习特点和认知规律，各领域的内容要有机联系，相互渗透。因此，幼儿园阶段的环境教育需融合健康、社会、语言、科学、艺术五大领域的活动，以丰富多样的教育环境，激发幼儿与之进行互动，激发幼儿探究的积极性和主动性。幼儿园特色活动环境的创设也可以依据各领域教育需要创建不同的内容。

例如，依据语言领域的要求“利用图书、绘画和其他多种方式，引发幼儿对书籍、阅读和书写的兴趣，培养前阅读和前书写技能”，幼儿园创设公共图书室的特色活动环境，为幼儿提供多样的图书选择、丰富的阅读体验，引导幼儿徜徉在有趣的图书氛围中，引发幼儿的阅读兴趣，培养幼儿的阅读习惯。

例如，中国人民解放军海军机关幼儿园创设的图书室，为幼儿提供了安静温馨的阅读环境，引导幼儿通过听、读、看，获得情感上的享受，开阔其视野，丰富其生活经验，增进其想象能力和语言技巧。在幼儿阅读的过程中，教师注重引导幼儿从书中获得更多的社会、自然知识和大量的生活经验，学习新的词汇与语句，培养幼儿热爱阅读、爱惜图书、喜欢分享的良好品质。

图 9-8　图书室整体环境一

图 9-9　图书室整体环境二

图 9-10　图书室温馨的阅读环境一

图 9-11　图书室温馨的阅读环境二

又如，依据艺术领域的要求，在支持、鼓励幼儿积极参加各种艺术活动并大胆表现的同时，帮助他们提高表现的技能和能力。幼儿园创设公共美术室，提供丰富的美术欣赏作品和多样的美术创作材料，引导幼儿感知、体验和尝试运用不同材料充分地想象和创造，让每个参与的幼儿都得到美的熏陶和培养，提高幼儿美术的表现能力。

例如，北京市海淀区富力桃园幼儿园创设的幼儿美术活动室，为幼儿提供了数量充足、种类丰富的美术材料。幼儿在美术活动室可以体验彩色创意绘画、水墨画、剪纸、泥塑等艺术表现形式，在充分与各种类型的材料进行积极互动中创造艺术作品，大胆表现自己的想法，幼儿想象力和创造性的发展需求得到极大满足（见图 9-12 至图 9-14）。

图 9-12　美术室的色彩创意区一

图 9-13　美术室的色彩创意区二

图 9-14　美术室的国画区

学习笔记

2. 依据园本课程创设的特色活动环境

很多幼儿园通过多年的研究和积淀逐渐建构出具有特色的园本课程。在幼儿园课程方面，朱家雄教授提出，课程内容即学习经验，认定幼儿是主动的学习者，是决定学习的质和量的主要方面，幼儿能否真正理解和获得课程内容，主要取决于已有的心理结构，取决于是否有与环境的交互。[1]“知识”是幼儿自己“学”会的，而不是教师“教”会的。受此启示，幼儿园特色教育活动环境的内容可以结合幼儿园的特色园本课程内容而创建。在创设过程中，幼儿园应注重为幼儿的知识建构提供有意义的环境材料支持，让幼儿在与环境的相互作用中获得经验和发展。

例如，北京实验学校（海淀）幼儿园为了落实“健康成长、快乐生活、自主学习”的课程理念，在课程实施方面提出了“自主化的一日生活活动、生活化的单元主题活动、情境化的社会区域活动”的课程模式。其中在情境化的社会区域活动创建中，根据幼儿“做中学”“玩中学”“生活中学”的特点，利用园内宽阔的楼道环境，模拟真实社会场景，为幼儿创建了多个生活化的活动区，包括组装区（见图 9-15）、准备区、小熊穿衣、巧手区（见图 9-16）、美味厨房（见图 9-17）、超市、水吧、小剧场、娃娃展馆、银行、体检中心、数码宝贝（见图 9-18）、图书馆、木工坊、创意坊、乐高、串珠阁、科学探究室、趣味快递，从自我服务、创意想象、社会交往三个角度培养幼儿初步适应社会生活的基本能力，在游戏活动中促进幼儿自主选择、主动参与、勇于探究、乐于思考等良好学习品质的发展。情境化的社会区域活动在实施过程中，注重给予幼儿自主选择游戏角色的权利，尝试通过“大带小”班际游戏的形式帮助幼儿建立游戏中的成就感，支持幼儿在游戏中自主发现和解决问题，同时注重研究游戏中的常规培养，为幼儿自主开展游戏提供保障。

[1] 朱家雄等：《幼儿园课程的理论与实践》，101 页，上海，华东师范大学出版社，2021。

学习笔记

图 9-15 组装区幼儿在尝试拼装物品收纳架

图 9-16 大班巧手生活区练习整理书包

图 9-17 小厨房的环境设施

图 9-18 数码宝贝照相馆的环境设施

3. 依据园内场地优势创设特色活动环境

幼儿园特色活动环境一般需要相对固定的场地，幼儿园可以结合自身场地优势或房间特点来创设特色活动环境。有些幼儿园除日常使用的幼儿班级教室外，还会利用一些空闲教室作为多功能用房来创设特色活动环境。如前面提到的北京市海淀区富力桃园幼儿园的美术活动室，就是利用一组教室创设的。又如，中国人民武装警察部队总部机关幼儿园将地下室改造为幼儿多功能特色活动室，开设了图书室、美术室、沙盘游戏室、手偶表演室等多种幼儿活动环境。

北京五色土幼儿园利用宽敞、采光好的一层大厅和二层走廊、三层走廊创设了公共阅读区（见图 9-19 至图 9-21），一层大厅为小班的公共阅读区，二层走廊为中班的公共阅读区，三层走廊是大班的公共阅读区，每个图书区均采光好，面积较大，整体较为安静。在材料投放与阅读基础设施的配备上，以幼儿的年龄特点为依据，体现功能多样化的特点。幼儿园还考虑到幼儿的心理环境方面，运用适宜的色彩增加幼儿阅读的舒适度，运用适当的阅读规则营造阅读的自由度，利用充满童趣的环境激发幼儿对阅读的兴趣。

4. 依据现有教育资源创设特色活动环境

《幼儿园教育指导纲要（试行）》提出：“充分利用自然环境和社区的教

图 9-19　一层大厅的公共阅读区

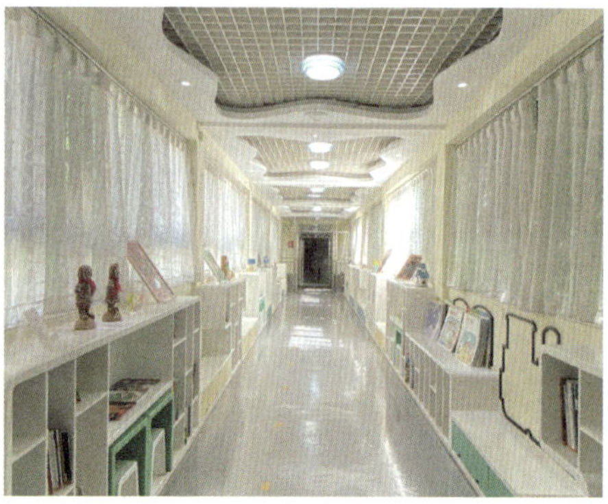
图 9-20　二层走廊的公共阅读区

图 9-21　三层走廊的公共阅读区

育资源，扩展幼儿生活和学习的空间。”家长有不同的文化与职业背景、知识专长、个性优势等，能为幼儿园提供各种信息来源。幼儿园的设施设备及专用室、园内的花草树木、人文景观、室内外种植园地等都是取之不尽的教育资源。社区是为幼儿提供各种各样场所的地方，它带给幼儿不同的信息、感受，开阔幼儿的眼界，丰富幼儿的经验。幼儿园特色活动环境可以将家长、社区、周边环境作为教育资源加以利用。

学习笔记

例如，中国科学院第三幼儿园周围有很多中国科学院的研究所，家长大部分是各研究所的科研人员。幼儿园在中国科学院的支持下充分挖掘家长资源，创建幼儿园特色科学活动环境，建造幼儿园天文观测台，充分激发幼儿对太空探究的兴趣和愿望。

又如，北京市海淀区上庄中心小学附属艺鸣实验幼儿园地处城乡接合地带的北部新区，具有独特的自然环境，院内栽种花果苗木达 30 余种，能够做到三季有花，四季常青。幼儿园利用园外一块闲置土地专门开辟“爱心种植园地”，为幼儿观察、探索自然提供了有力保障。每年幼儿可种植花、果、蔬菜 20 多种，幼儿从春天到秋天可以体验植物种植、养护的全过程，包括播种、浇水、除草、间苗、松土……（见图 9-22 至图 9-24）幼儿在园地中的所有事情都是亲力亲为的，体验“一分耕耘，一分收获”的艰辛与快乐。幼儿在种植、养护、收获、展示的

图 9-22　种植园地一

图 9-23　种植园地二

图 9-24　幼儿园种植园地中幼儿在养护蔬菜

过程中，不仅可以提高劳动能力、实践能力、认知水平和与同伴协作的能力，还能培养探索、观察的习惯及热爱自然、热爱生命的美好情感。丰富的种植活动使

学习笔记

孩子们快乐学习，收获宝贵经验（见图 9-25 至图 9-28）。

图 9-25 幼儿给蔬菜浇水

图 9-26 幼儿收获清洗蔬菜

图 9-27 幼儿在种植园地播种

图 9-28 幼儿清洗种植工具

三、幼儿园特色活动环境创设的特点

特色活动环境除了要具备一般环境的特点，即儿童化、教育化、艺术化外，还必须体现“特色”二字。特色主要表现在以下三个方面。

（一）独创性

幼儿园特色活动环境具有与众不同的独特性和独创性。特色活动环境从设计、内容到实施，都要注意把握与一般活动环境的区别。特色活动环境源于特色活动的开展，它的独特性不是体现在环境创设的方法上，而是体现在独特活动开展的需要上。例如，有些幼儿园创设的图书馆、图书阅读室等特色活动环境，其独特性体现在书籍的多样性、丰富性上，体现在清雅、安静的阅读环境上，体现在满足不同年龄幼儿的不同兴趣爱好的需要上。

（二）功能性

幼儿园特色活动环境具有特殊的功能性，具体表现在选择多样、内容聚焦、材料丰富、可玩性强、体验充分和激发参与主动性强等方面。如在宽松温馨的图书室，幼儿可以有更多的选择，如看什么书，和谁一起看书，在哪里看书。幼儿的选择可以跨越年龄界限和发展水平界限。如小班幼儿既可以选择看自己看得懂的书，也可以翻阅适合大班幼儿的相对复杂的书。大班幼儿既可以自己看书，也

学习笔记

可以与同伴共同阅读。幼儿在美术室中可以与各种类型的颜料、笔、纸张进行互动；可以画画，做手工，捏泥，玩陶土，剪纸，可以自由选用多种材料进行大胆创意，创设自己喜爱的艺术作品。

幼儿园特色活动环境的功能性还表现为这不是为一个班级或一个年龄段服务，各班级幼儿都可以按计划、分时段进入特色活动室进行体验，这是全园幼儿的共享活动空间，满足全园幼儿在其中活动的发展需要。

（三）融合性

幼儿园特色活动环境既区别于一般教育环境，又与幼儿园其他教育环境的优势互补，有机统一，实现其全方位育人的功能。特色活动环境不是独立存在的教育环境，也不是类似于校外机构的某些兴趣班的环境，要在本园课程理念和课程实施的基础上，在某一领域、某些方面给幼儿提供更多、更深、更广、更丰富的活动体验机会，满足幼儿的好奇心和兴趣需求，丰富幼儿的认识和促进幼儿多种能力的发展。例如，有些幼儿园创设了科学活动室、结构游戏室、木工坊等特色活动环境，这些都在幼儿日常班级游戏活动的基础上，为幼儿提供了更多探索的机会、更加多元的体验尝试，从而在拓宽幼儿认知的广度时，激发幼儿的多种兴趣爱好。

学习主题 2 幼儿园特色活动环境创设的实施策略

瑞吉欧教育体系的创办人罗里斯·马拉古奇曾说：“我们重视环境，因为环境有能力去组织、提升不同年龄的人之间的愉悦关系，创造出美好的环境，提供变化，让选择和活动能更加完善。”有特色的学习环境能够鼓励幼儿进行不同形式的活动，并拓展幼儿的兴趣，激发幼儿主动参与活动的兴趣，让幼儿在与环境互动过程中获取积极的情感体验，促进幼儿各方面能力不断发展。幼儿园特色活动环境在创设实施过程中，可以关注以下内容。

一、幼儿园特色活动环境创设的材料投放策略

高宽课程认为，幼儿的主动学习不会自然发生，需要成人提供适宜性的环境，包括丰富适宜的活动材料、自由操作活动材料的机会、选择活动材料与活动的自由，幼儿用语言自由描述他们所做的事情、表达自己的想法，以及成人支持幼儿当前的思维水平并鼓励他们进入新的发展阶段。受此启示，幼儿园特色活动环境创设应为幼儿提供耐用的开放性材料，充分体现多样性、可探索性，为了拓展幼儿的经验，很多材料需要周期性提供，支持幼儿自由选择和操作，鼓励幼儿自由表达使用材料的想法和感受。教师在幼儿与材料的互动中给予适宜的支持和指导。幼儿园特色活动环境的材料投放可以尝试选择以下策略。

（一）丰富的材料满足幼儿

幼儿园特色活动环境的材料投放需要丰富多样的材料支持，这里可以将“丰富”理解为数量充足，种类多样。数量充足，即同样或类似的材料多一些，满足多名幼儿同时选择游戏的需要。幼儿在此年龄段具有模仿性强的特点，迫切希望参加某一项活动，但排队等待或轮流使用对他们来说比较困难，过长的等候会让幼儿厌倦，

学习笔记

失去兴趣，产生挫败感，会使游戏体验变得不愉快，也容易引发冲突。同类材料的数量足够多，能够满足幼儿同时使用，还有助于幼儿同伴间的经验分享。当幼儿注意到同伴在做什么、玩什么时，交流会促进幼儿的社会性交往并培养其洞察力。

种类多样，即不同类型的游戏材料、操作材料，可以为幼儿提供自由选择的机会，促进幼儿自主游戏，学会解决问题、整理物品，满足自我需要。种类多样的活动材料能够让幼儿看到更多不同模式的体验活动，有助于幼儿之间建立有意义的联结。多样的活动材料可以满足幼儿每次活动的不同感受，激发幼儿的参与兴趣，体验不同的学习方式。

例如，北京五色土幼儿园在阅读公共区创设充满童趣、舒适的环境，根据小班、中班、大班幼儿的年龄特点，投放合适的图画书，包括益智类、民间故事类、科普类、童话类图书等，并与幼儿一起制定图书阅读规则，确保幼儿能够遵守规则，自主阅读，快乐阅读（见图 9-29 至图 9-32）。

图 9-29 阅读公共区投放多种类型图书一

图 9-30 阅读公共区投放多种类型图书二

图 9-31 阅读公共区投放多种类型图书三

图 9-32 阅读公共区投放多种类型图书四

（二）有趣的材料吸引幼儿

幼儿有着与生俱来的好奇心和探究欲望，在好奇心的驱使下，幼儿对周围环境产生探究的兴趣，并以自己的方式与环境相互作用。幼儿园特色活动环境的创设要符合幼儿年龄特点和发展规律，根据幼儿兴趣需要提供材料，调动幼儿参与活动的积极性。当材料具有自由选择性、挑战性、探索性、可操作性等特点时，这些材料能够极大地激发幼儿参与活动的主动性。

以美术室的创设为例，要掌握幼儿对美术创意活动的兴趣点，幼儿园可以根

学习笔记

据幼儿审美发展规律来创设美术欣赏环境，提供适宜的美术材料。幼儿审美发展可分为感知阶段、具体化阶段和表达阶段三个层级。在感知阶段，年龄小的幼儿更喜欢直观的图像，并直觉地对愉悦他们感官的作品做出反应，他们还不关心或不理解符号，因此强烈的颜色和醒目的图案最能吸引他们。基于此，美术室为3~4岁幼儿准备的美术材料应体现为诸多可以进行游戏和体验活动的不同颜色、颜料。在具体化阶段，随着幼儿对符号的理解能力的增强，他们的喜好更多地取决于主题，他们喜欢与自己相关的、以简单和现实的方式表现的艺术作品。因此，我们为4~5岁幼儿准备的美术材料可以从幼儿的生活中找到，或鼓励幼儿用不同的美术材料表现人、事、物的“故事”，很多自然物的选择和利用可以丰富幼儿美术作品的表达，如石头、木头、树叶、各种纸张、旧纸袋、瓶瓶罐罐、各种线绳、布头等。5~6岁是幼儿的表达阶段，幼儿逐渐减少以自我为中心的行为，开始以艺术家的视角欣赏艺术作品，尝试揣测艺术家的意图，并将其理解到的表现方法运用到自己的作品中，以表达自己的思想和感受。这个时期幼儿能够意识到不同风格和不同形式的艺术作品，对精妙的颜色、复杂的组合更感兴趣。因此，满足大班幼儿的美术材料应更丰富，更开放，更自由，并充分鼓励幼儿进行自由选择、组合、表达、表现。供幼儿欣赏的艺术作品，可以从不同表现形式、不同表达风格、不同文化背景的角度进行选择，支持幼儿以自己的水平理解和表达艺术作品。

（三）有目标的材料发展幼儿

材料本身的结构特点及运用材料的活动方式往往决定着幼儿能获得什么样的学习经验，得到哪些方面的发展。因此，活动材料应蕴含教育目标，利于幼儿关键经验的获得。《3~6岁儿童学习与发展指南》《幼儿园教育指导纲要（试行）》都明确提出了相关要求，幼儿园特色活动环境的创设要以此为依据，通过物化教育目标促进幼儿的多种经验的获得。

例如，幼儿园创设种植园地，可依据《3~6岁儿童学习与发展指南》中科学领域的内容进行创建。“幼儿科学学习的核心是激发探究兴趣，体验探究过程，发展初步的探究能力。成人要善于发现和保护幼儿的好奇心，充分利用自然和实际生活机会，引导幼儿通过观察、比较、操作、实验等方法，学习发现问题、分析问题和解决问题；帮助幼儿不断积累经验，并运用于新的学习活动，形成受益终身的学习态度和能力。”基于此，幼儿园特色活动种植园地的材料应为以上目标的实现创设条件，满足幼儿体验植物种植、探究植物生长过程、记录植物生长变化、解决养护植物中出现的问题、积累植物生长的知识等发展需要。如北京市海淀区上庄中心小学附属艺鸣实验幼儿园在种植园地创设中，选择了靠近幼儿园门口的一块土地作为植物种植的场地，并按照植物生长的特点做了分区设置，选择便于幼儿观察养护的青菜、萝卜、西红柿、茄子、豆角、丝瓜、南瓜、葱等，为幼儿提供小水桶、小铲子、小耙子、小筐、盆等种植工具，此外还提供鼓励幼儿进行比较、测量的工具，提供符合幼儿理解能力的观察记录工具等。

学习笔记

（四）有层次的材料支持幼儿

幼儿园特色活动环境创设要根据幼儿不同发展水平、已有经验及学习方式，选择适宜的活动内容和活动形式，使每个幼儿都有充分感知、体验和表现的机会，环境中活动材料的提供要有层次性，呈现出由易到难的规律。由于幼儿园特色活动环境一般为全园性的活动空间，要满足全园幼儿的发展需要，因此材料的层次性应表现为两个方面：一是满足不同年龄班幼儿发展的需要，即材料要满足小班、中班、大班不同幼儿游戏和发展的需要；二是满足相同年龄班不同发展水平幼儿的需要，即同一项活动或同一类材料要能够让不同发展水平的幼儿都能够获得充分探索、体验的机会。

例如，在北京实验学校（海淀）幼儿园开展的情境化社会区域活动，就是全园共同参与的游戏活动。在活动内容的设定方面进行了层次性的分级，既有不同年龄班的活动，也有在相同活动内容下不同发展水平的幼儿所需的材料。在每周一次的全园活动中，小班幼儿可以选择在一层玩“小熊穿衣”“撕拆纸巾”“摘菜”等活动，也可以去“小厨房”跟教师一起制作美味食物，还可以去三层的串珠阁选择适合小班幼儿使用的较大的珠子做一串美丽的项链。在游戏计划的选择和记录方面，幼儿园也针对不同年龄班做了分层设计，小班幼儿只需要跟本班教师在活动前的谈话中进行口头的计划；中班幼儿有游戏计划单（见表 9-1），只需在不同区域图标上做标记即可；大班幼儿使用的游戏计划单（见表 9-2）增加了“我想去”“我去了”“我的感受”等引导幼儿按计划做事情的记录内容。

表 9-1　北京实验学校（海淀）幼儿园中班幼儿的游戏计划单

我的区域游戏计划表　（中班）　　时间：　月　日　　姓名______								
F1	组装区	准备区	小熊穿衣	厨房				
F2	超市	银行	体检中心	数码宝贝	小剧场	图书馆	水吧	娃娃展馆
F3	串珠阁	乐高	科学探索	创意坊	木工坊	乐迪快递		

学习笔记

表 9-2　北京实验学校（海淀）幼儿园大班幼儿的游戏计划单

我的区域游戏计划表（大班）	时间： 月 日				姓名______		
	组装区	准备区	小熊穿衣	厨房	汽车展览馆	水吧	我的感受
我想去							
我去了							
	超市	银行	体检中心	数码宝贝	小剧场	图书馆	
我想去							
我去了							
	串珠阁	乐高	科学探索	创意坊	木工坊	乐迪快递	
我想去							
我去了							

二、幼儿园特色活动环境创设的组织指导策略

教师在幼儿园各类教育活动中要成为幼儿学习活动的支持者、合作者和引导者。在幼儿的活动中，教师要耐心倾听，努力理解幼儿的想法和感受，支持、鼓励他们大胆探索与表达，敏锐觉察他们的需要并以适当的方式应答。幼儿园特色活动环境创设的组织指导，也要遵循上述要求，尊重幼儿个体差异，因材施教，努力使每个幼儿获得满足和成功的体验。

（一）分层指导对接幼儿年龄差异

前文中提到，幼儿园特色活动环境是为全园幼儿服务的公共活动场所，要对不同年龄、不同兴趣爱好、不同发展水平幼儿的活动需要实施指导。这主要体现在以下方面。

1. 根据幼儿不同发展水平制定活动目标

幼儿园特色活动环境的创设和使用，要考虑幼儿不同发展水平之间的差异，因此，教师在制定活动指导目标时要特别关注这一点。

中国人民解放军海军机关幼儿园的儿童图书室为满足不同年龄班幼儿的发展需要，特别提出了不同的指导目标。小班的目标包括学习摆放图书的正确方法，知道正确翻阅图书的方法；能倾听他人讲述阅读的内容，能简要地表达阅读信息；初步学习安静地阅读图书。中班的目标包括喜欢阅读各种类型的文学作品，欣赏并初步感受不同文学作品的风格；掌握一定的阅读方法，能看懂并理解画面内容，能根据画面进行思考、想象，并能运用较连贯的语言进行大胆的表述；有良好的

学习笔记

阅读习惯，爱护图书并能主动整理。大班的目标包括喜欢欣赏文学作品，能感受不同类型文学作品的特点；能独立阅读理解画面，有丰富的思维、想象能力；能运用语言对画面内容进行形象的描述；爱护图书，会用工具修补图书并能按类收放图书。

2. 根据不同班级幼儿年龄特点设置游戏时间

幼儿园特色活动环境的使用需要做好时间规划，一般以一周为期限制订各班级的具体使用时间计划。各年龄班幼儿因年龄特点的差异，注意力持续时间和专注程度均有不同，可根据这些差异制订合理的使用计划，小班时间稍短些，30分钟左右，大班因其活动复杂性和多样性，使用时间稍长，一般为40~60分钟。

3. 根据不同班级幼儿游戏能力组织活动

不同年龄段幼儿的理解能力不同，教师在组织特色活动时要考虑幼儿的这一差异，选择相对适宜的方式。

例如，北京实验学校（海淀）幼儿园在情境化社会公共区活动中制订的幼儿游戏计划，是按照不同年龄班幼儿的游戏能力设置不同记录单，除此之外，还在每学年游戏实施的阶段，根据幼儿游戏能力设定不同的活动方式。全园社会区域活动固定在每周二上午8：30—10：00进行，小班幼儿因新入园，在每年入园适应阶段之后才开始参与活动，第一学期是以由教师带领幼儿分组参观为主参与活动，主要观察中大班幼儿的游戏情况，体验每个区域的游戏内容，初步了解活动的规则，第二学期才以一层区域为主逐渐开展自主选择的游戏。中班幼儿已具有小班幼儿的游戏经验，在升入中班后逐渐熟悉二层三层的各种区域内容，自主体验参与各种活动。大班幼儿除自主选择三个楼层的游戏内容之外，还要分班轮流承担各区域“服务人员”和“小导师”的任务，为中小班弟弟妹妹的自主游戏提供带有“职业特征”的服务工作（见图9-33、图9-34）。

图9-33 幼儿设计“小导师”的服务计划

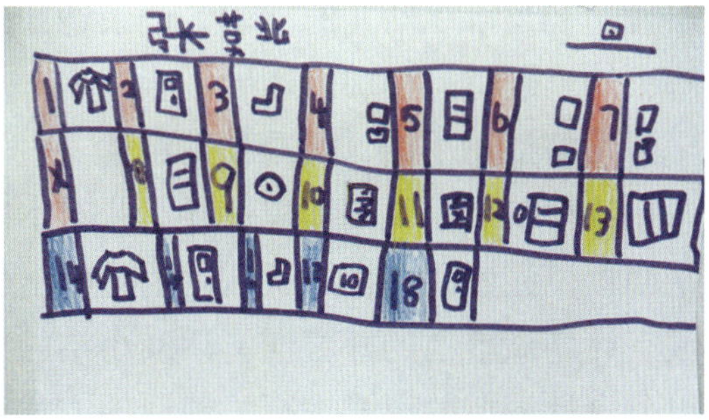

图9-34 幼儿服务流程图

（二）支持性指导激发幼儿探究意识

幼儿园特色活动中教师的指导要具有支持性，教师应鼓励幼儿积极参与活动，引导幼儿对各种活动进行探究，从而在发现问题、解决问题的过程中提升幼儿专注、坚持、不怕困难、敢于探索和尝试、乐于想象和创造等品质。

学习笔记

1. 了解幼儿的前期活动经验

幼儿园特色活动环境是全园共享的活动环境，在每次使用之前，教师须提前了解幼儿的相关经验以设计组织本次活动。幼儿的已有经验包括上次活动中幼儿的感受如何，遇到哪些问题，本次活动幼儿的期望有什么，想选择什么活动等。教师在充分了解班级里每个幼儿的前期经验后，确定本次活动的指导重点，组织幼儿进入特色活动环境中开始游戏，使幼儿在每一次活动中获得新的感受并积累新的经验。

例如，在进入儿童图书室之前，可以采用谈话的方式了解幼儿上一次活动看过哪些书，最喜欢的是哪一本，在阅读过程中遇到了哪些问题，是否得到解决，这次想看什么内容的书，等等，通过这样的谈话，了解幼儿的阅读前期经验，设计本次阅读指导的重点目标。

2. 放手让幼儿自主选择活动

在幼儿园特色活动环境中，丰富的内容让幼儿有更多机会做出符合自己兴趣和能力水平的选择，教师在指导过程中不应干涉幼儿的自主选择，而应以“放手”的态度鼓励幼儿的选择，在幼儿遇到困难的时候提供适宜的指导。在小班幼儿对特色活动环境不熟悉的情况下，教师可以通过介绍活动内容、带领幼儿体验活动等方式，帮助幼儿选择适合自己的活动内容。中大班幼儿积累了一定的活动经验，教师要做的就是观察幼儿每次活动的兴趣取向，适当记录幼儿活动的内容，并鼓励幼儿在不打扰同伴的前提下，可以小群体进行活动，开展相关讨论，分享各自的活动体验。

3. 不轻易介入幼儿的自由活动

在幼儿园特色活动环境中，幼儿的很多活动内容是自由、自主、自发进行的，教师在幼儿没有明显问题的时候不建议轻易介入幼儿的活动，而应以一种安静的观察者的视角审视幼儿的活动，记录幼儿的新想法、新举措，在幼儿确实遇到不能解决的难题时，再加以指导。

4. 用好活动小结，提升幼儿经验

在活动结束后，教师应引导幼儿对本次活动的感受、收获和遇到的问题进行小结回顾，鼓励幼儿在本次活动的基础上做好下一次活动的内容选择，帮助幼儿养成有计划做事情的好习惯。活动小结的组织方式可以用谈话的方式进行，也可以以分享计划单的形式进行。谈话的方式比较轻松、温馨，适合小班幼儿或中班初期的幼儿。幼儿说一说各自的感受，听一听同伴玩了什么，做了什么，用了哪些好的方法解决遇到的问题。分享计划单的形式比较适合中大班幼儿，活动之前可以让幼儿使用教师设计好的计划单制订当日活动的计划，活动后鼓励幼儿看看计划实施的情况，说一说哪些计划做了，哪些计划没有做，没有做的原因是什么，引导幼儿在下一次制订计划时更加合理。除此之外，还可以鼓励中大班幼儿分享活动经验和尝试运用的新方法，以此不断积累活动经验，提升幼儿多方面的能力。

学习笔记

（三）合理性规则满足幼儿有序活动

幼儿园特色活动环境的使用，有些是分班级、分时段按既定使用计划进行的，还有些是全园开放性进行的。无论哪一种方式，都需要制定合理的活动规则以保证幼儿活动的安全、有序。

北京实验学校（海淀）幼儿园[1]的情境化社会公共区域活动在游戏规则制定中有很多具体的措施值得借鉴。例如，选取了适合的音乐进行全园播放，作为开始游戏和结束游戏的信号，提醒幼儿做好准备。编制了适合不同年龄段幼儿的游戏常规儿歌，便于幼儿理解记忆。小班常规儿歌是："小手——扶栏杆儿，眼睛——看前边儿，小脚——像小猫儿，安全第一我知道。"中班常规儿歌是："区域活动开始啦，背好书包去游戏。楼梯扶好慢慢走，楼道不吵也不闹。轻声轻语快乐多，互相帮助多友好。"大班常规儿歌是："公共游戏活动区，做好计划别着急。轻声慢步靠右走，书包背好卡别丢。我是大班小朋友，做好榜样小明星。大胆游戏多尝试，不怕困难多坚持。互相帮助最有爱，快乐游戏靠大家。"为引导幼儿有序活动设定了"计划讨论""体验活动""总结回顾""扩展延伸"等游戏流程；为了鼓励幼儿遵守游戏规则，设计了"认真专注好宝贝""遵守秩序好宝贝""解决问题好宝贝"的小胸贴奖牌，教师观察、评价幼儿在游戏中的坚持性、自主性、主动性、兴趣性等品质，为幼儿颁发胸贴，肯定幼儿活动中的良好品质。

幼儿园特色活动环境从设计创建到有序实施需要较长的实践过程，活动内容、活动常规、幼儿活动情况、教师指导等都需要根据活动的具体推进情况及时反思，调整和改进，从而不断完善和发展幼儿园特色活动环境。

学习主题 3　幼儿园特色活动环境创设的经典案例

幼儿园特色活动环境的创设内容比较丰富，形式比较多样，从现有幼儿园案例中，我们选择了两个经典案例。图书馆的创设是比较常见的幼儿园特色环境，树屋的创设是比较少见的特色活动环境，在此提供给大家学习和借鉴。

一、幼儿园图书室案例[2]

多姿多彩的图书室

早期阅读是幼儿通过色彩、图像、成人语言以及文字来理解儿童读物，甚至是周围生活环境的活动。早期阅读，在满足幼儿心理需要的同时，能够促进幼儿书面语言、口头语言和早期读写能力的发展。提供丰富的材料，打造轻松的环境，以及开展形式多样的阅读活动，有助于培养幼儿早期阅读的兴趣。我园于2006年开始研究幼儿早期阅读，精心打造多姿多彩的儿童图书室，力求为我园幼儿营造一个既好看、好玩又充满书香的阅读环境。

---

[1] 该案例撰写人为贾晓秀、史艳枫老师。
[2] 案例由中国人民武装警察部队总部机关幼儿园提供，撰写人为侯晓云、马蕾老师。

学习笔记

（一）图书室的核心目标

（1）激发阅读兴趣，体验阅读的乐趣。

（2）拓展阅读范围，满足个性化阅读需要。

（3）丰富关于图书、阅读的经验，促进幼儿阅读能力的发展。

（4）遵守图书室规则，正确使用并爱护图书及相关物品。

（5）学习与不同班级、年级的同伴分享、合作、交流、互助等。

（二）图书室的环境创设

我们从图书室色调、家具布局、图书摆放等方面整体打造温馨静雅、轻松自主、便于互动的图书室环境（见图 9–35）。

图 9–35　图书室正面

1. 柔和色彩烘托阅读氛围

幼儿图书室以柔和的米白色、鹅黄色和果绿色作为主色调。米白色的书柜更好地衬托出“主角”——图画书，同时又为色彩缤纷的图书提供了一个闹中有静的“港湾”，使幼儿在畅游书海的时候容易找到自己心仪的图书。

2. 合理布局拓展阅读空间

占据两整面墙壁的长方形书柜，在视觉上给人丰富的冲击，同时扩充了图书的存放量。图书室中间有三组矮柜，既是书柜又是书桌，高度适合中大班幼儿，软包设计使幼儿在阅读中倚靠撑扶更加舒适，弧形的设计与书架上的圆形设计相互呼应，使得整个阅读空间活泼、温馨，又充满了浓浓的书香气氛。

3. 分层摆放便于幼儿取放

我园图书室有 10000 余本图书，并且不断更新调换。为了便于幼儿挑选取放图书，图书的分类、摆放尤为重要。

首先，做好“大”分类。将图书分为故事类、科学类、情感类三大类，并根据各类图书的数量进行书柜的划分。

其次，细化“小”专题。根据幼儿的喜好，在大分类中布置系列图书专栏，如“可爱的鼠小弟”系列、恐龙系列、传统文化系列、名作名家系列等。

最后，划分年龄区。根据幼儿年龄差异、身高差异，我们将适合小班幼儿阅读的低幼阶段读物，集中放置在中央软包矮柜处；将中大班的图书摆放在两边的书柜中，并将适合小年龄段的图画书摆放在偏低的位置，方便幼儿挑选和取放（见图 9-36、图 9-37）。

学习笔记

图 9-36　情感类图书

图 9-37　传统类图书

（三）多彩活动玩转阅读互动

1. 共创“我们约定”

对于幼儿园的图书室，幼儿一起制定规则。中班幼儿说：“看书要安静，不要吵到大家。”大班幼儿说：“这么多书，大家一定要放回原位，千万不能弄乱了。”而小班幼儿则希望，哥哥姐姐们可以带着他们一起看书。共创“我们约定”，使规则有了温度，使全园幼儿与图书室建立了更亲密的情感联结（见图 9-38）。

2. 好书推荐

每周我们都会有一本“好书推荐”，前来阅读的小朋友可以根据自己的喜好，为这本书加星，星星越多，推荐值越大。中大班的小朋友还可以做“图书推荐人”，给大家分享故事，聊一聊自己的感受（见图 9-39）。

图 9-38　“我们约定”

图 9-39　好书推荐

学习笔记

3. 图书借阅

图书室有这么多的书，如果看不够，幼儿还可以做好登记，借回家里看。小班幼儿可以请老师帮忙登记；大班幼儿自己尝试着记录；中班幼儿方法最多，学号、图画、符号都可以代表自己。当然，借书一定要遵守规则，要按时归还。

4. 一起“玩”阅读

为了满足园里不同年龄段幼儿的需要，我们投放了丰富的阅读资料及其他相关资源。小班幼儿可以借助教师们精心录制的故事音频来听故事；中大班幼儿可以利用故事书组织一次“故事会”；几个好朋友，还可以摊开“地板书”、立体书，翻一翻，聊一聊，把阅读“玩”起来。

5. 主题书展

根据幼儿的提议，我们像书店一样，定期做主题书展。于是“春天”“我爱的小动物”“恐龙”“过大年”都成了我们的书展主题。前不久，为了庆祝国庆节，中班小朋友设计了“我爱北京”书展，书展上不仅有图书室里的图书，还有幼儿从家带来的各种具有代表性的小物件。他们录制的宣传小视频，更是吸引了许多小朋友。

二、幼儿园树屋案例[1]

幼儿喜爱的“森林树屋”

在幼儿园南北楼之间有一处长方形的空间，这里生长着八棵两人合抱那么粗的白杨树，它们枝繁叶茂，绿荫如盖，宛若一片小森林。环绕在这些杨树周围的，正是最受孩子们喜爱的“森林树屋”，孩子们的幼儿园生活因此多出一份期盼、乐趣和挑战。

我园遵循快乐与发展的理念，充分挖掘一日生活和环境对幼儿的发展价值，在实践中持续打磨“会说话的教育环境”。树屋作为户外活动中的特色环境，对幼儿的身心健康、社会交往、自然探究等都具有待挖掘的教育价值。

（一）森林树屋的核心目标

1. 具备健康的机体和情绪

这表现为：

（1）具有一定的平衡能力、动作协调度和灵敏度；

（2）在运动中有自我保护的意识和能力；

（3）愿意挑战有一定难度的运动；

（4）在游戏中有愉快安定的情绪。

2. 具备一定的社会适应能力、人际交往能力与品质

这表现为：

（1）具备交往的基本规则和技能，与同伴友好相处；

（2）遵守基本的游戏规则和秩序；

[1] 案例由中国科学院第三幼儿园提供，撰写人为刘乐琼、朱玉姝老师。

学习笔记

（3）喜欢参与群体游戏活动，愿意与陌生同伴交往。

3. 具有初步的探究意识和探究能力

这表现为：

（1）感知并辨别树屋中的空间方位；

（2）在探究中认识周围事物和现象；

（3）体验探索和发现的乐趣。

（二）森林树屋的环境创设

森林树屋坐落在南北楼之间的空地上，两侧有栏杆围护。森林树屋环抱 8 棵白杨树，包含 10 个树屋，3 个平台，4 个滑梯，7 个楼梯，6 个攀登架，1 个整体钻爬，1 个滑道。每一个树屋都有一条独立路线，同时整体是一条完整路线。为了让幼儿参与自然材料的游戏，地面铺松树皮，旁设沙坑一处（见图 9-40）。

图 9-40 森林树屋

1. 安全的树屋

安全是幼儿园教育环境创设的前提。树屋的安全性体现为：每一块木头都是表面光滑、无毛刺的；足够结实，有防滑的台阶和木板；有预防跌落的栅栏、防护网；有边角处的防撞条；有松林材质和绿色地毯组成的可缓冲地面；有无死角、全天候的监控设备。

2. 空间足够充裕的树屋

森林树屋包含 10 个树屋，树屋之间、树屋和地面之间是合理规划的平台、上通道和下通道。在教师配备充足的情况下，这些树屋可同时容纳 100 多名幼儿共同游戏。

3. 富有挑战性的树屋

对于幼儿来说，有挑战的环境才能更好地激发兴趣，有兴趣才能更加专注，

学习笔记

有专注才会促进创造和发展。树屋的挑战性体现为：树屋的设计考虑到小班、中班、大班三个年龄段幼儿的发展水平，每个年龄段幼儿都有适宜的游戏区域。相应地，中班、大班的树屋区域对小班、中班幼儿形成挑战，教师可以结合本班幼儿的实际发展状况去挑战高一级年龄段的活动区域。同一种设施具有不同层次的呈现方式。以“台阶”为例，树屋中有5种类型的台阶，对幼儿的挑战性依次递增：宽且坡度平缓的台阶，宽大的圆形木桩式台阶，中等宽度和坡度的台阶，中等宽度的旋转式台阶，窄且陡峭的台阶。同一种运动类型配备不同难度的设施。以“攀爬”为例，从地面到达树屋的攀爬装置有攀爬架、攀爬网、攀岩墙三种，其中又存在攀爬架和攀爬墙坡度不等、攀爬网疏密不一的差异，支持幼儿不断进行挑战。

4. 细节丰富的树屋

为了赋予多样的教育价值，森林树屋在细节设计上丰富精致。例如：

（1）各种样式的树屋。这些树屋有不同的墙壁，风格各异的房顶及门窗，一定的颜色差异等，对于擅长细微观察的幼儿来说，它们充满了惊喜。

（2）可以四处瞭望的缝隙和玻璃窗。这些缝隙和玻璃窗一方面能赋予幼儿心理上的安全感、深度知觉的体验和挑战；另一方面可以使幼儿借助它们观察周围环境，和他人互动，感受群体游戏带来的乐趣。

（3）近在咫尺的白杨树。借助树屋的设计和高度，幼儿得以与白杨树亲密接触，通过触摸、看、闻、听等感觉体验，在白杨树的树干、树皮、低矮的枝条和树叶上收获最为直观的经验。

（4）楼上楼下“打电话”。在其中一座树屋中安装了垂直传声筒的设备，幼儿借助传声筒感受声音的传播，或者代入角色打电话，生成多种游戏情境。

（三）森林树屋的实施要点

森林树屋是幼儿运动和游戏的场所，也是进行其他学习活动的场所。目前，树屋所在园区只有中大班年级，共计24个班，近900名幼儿，因此，树屋只面向中大班幼儿开放。

森林树屋的开放时间主要安排在各班级的户外活动时间，上下午共4个开放时段。季节不同，活动时间也有所不同。分批错时体验，满足游戏需要，每个时段安排1~3个班的幼儿在树屋分区域游戏。设置单向活动的约定。森林树屋中一共有4个滑梯、7个楼梯、6个攀登架，我们约定楼梯和攀登架作为入口，滑梯作为出口，统一单向活动，这样既保障群体游戏的安全性，又能提升幼儿运动在该时段的使用率。

树屋对幼儿的身心健康、社会交往、自然探究等方面具有丰富的教育价值。幼儿在该环境中的发展成效大致可分为两个方面。

（1）发展运动兴趣，提升基本运动技能。树屋是特别受幼儿喜欢的场所，在激发运动兴趣方面具有先天优势。为支持幼儿提升跑、跳、攀、爬、投等基本运动技能，我们挖掘树屋中每一处设施对幼儿的动作发展价值，方便教师进行指导（见表9-3）。

学习笔记

表 9-3　森林树屋运动游戏方案

图片	适合班龄段	玩法	指导要点	发展能力
	中班、大班	手脚爬	手抓住绳子，脚踩住绳子，依靠蹬腿和手臂后推力量推动身体前进	锻炼四肢肌肉力量，发展动作协调性和平衡性
	大班	手脚爬		
	大班	手脚爬		
	中班、大班	侧面钻	侧对障碍，离障碍远的腿蹲，离障碍近的腿向障碍下伸出，低头弯腰，蹬后腿，屈前腿，前移重心，同时转体钻过障碍	发展动作的灵敏性和协调性

（2）基于游戏中的问题，以项目活动的方式探究并生成树屋的游戏规则。项目活动是我园组织教学的主要活动形式，采取个体、小组、集体相互组合的方式。幼儿围绕一个研究项目，以问题任务为启动，以调查研究、解决问题为过程，以分享表达为目的进行学习。

在树屋开放之初，幼儿在感受乐趣时，亲历了混乱和长时间的等待。对此，大班教师带领幼儿发起了“让树屋游戏更有序”的项目活动，流程为：幼儿先后讨论了造成树屋游戏混乱的原因；商定出游戏规则，张贴到树屋中；再次到树屋中游戏并践行规则；根据亲身体验调整规则和张贴位置；将调整后的规则重新进行张贴。

（3）自由、多元的场地空间，引发“真”游戏。树屋场地比较开放，组合多元，充满了随机组合的可能。教师和幼儿、幼儿和幼儿的互动方式在这样的空间里更

学习笔记

加多样，更加随机，幼儿也更加享受自由的空间和时间，快乐而放松是树屋游戏时的主要精神氛围，在这样的空间里，幼儿更容易萌发“真”游戏，比如，自发地观察动植物，探索玩具玩法，自发地进行角色扮演游戏等，有丰富的同伴交往机会、学习机会，蕴含丰富的游戏价值。在树屋游戏中，幼儿普遍很愉悦，交往互动频次增加，探索欲望增强。

学习提示

幼儿园特色活动环境是幼儿园教育环境的一部分，并非独立存在的，与幼儿园园所文化、课程实施、幼儿发展、资源建设都有关系，因此要以促进幼儿整体发展的课程观、教育观看待特色活动环境创设，要尊重幼儿游戏的需要，尊重幼儿的年龄特点，尊重幼儿的学习方式，不能将其单纯看作某一领域的技能练习。

思考与练习

1. 结合书中的经典案例，谈谈幼儿园特色活动环境创设需要关注哪些因素。

2. 思考并谈一谈幼儿园特色活动环境创设如何满足幼儿发展的差异性需求。

3. 尝试设计一例特色活动环境案例。

云测试

学习反思

专题十

幼儿园环境创设作品展示

学习目标

- 理解幼儿园环境创设的作品展示的意义。
- 了解幼儿园环境创设的作品展示的内容，掌握作品展示的特点。
- 掌握幼儿园环境创设作品展示的流程和基本形式。

学习导航

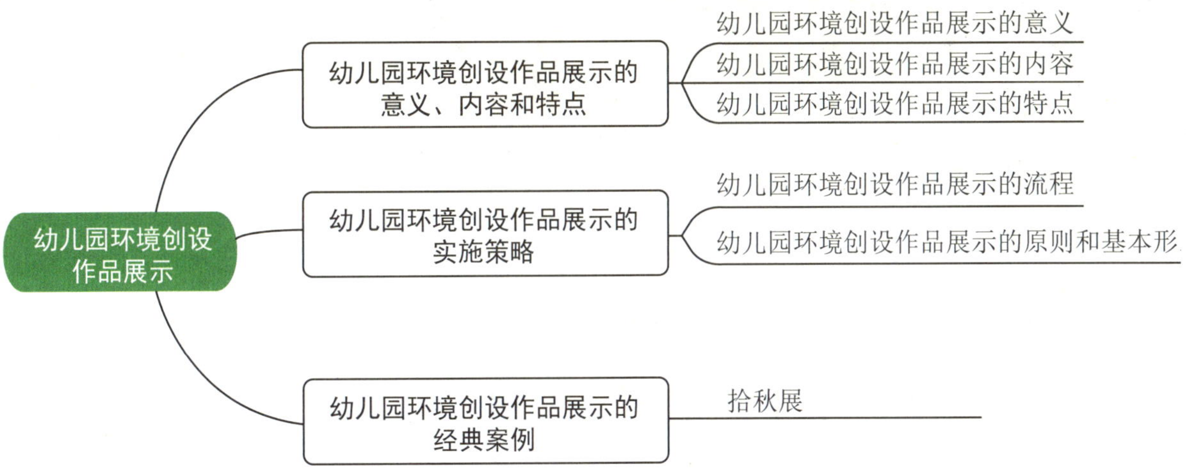

幼儿园环境有一类是“作品展示”，即幼儿、教师创作作品的展示。“作品”在幼儿园中处处可见，它们生动、可爱、有趣、多样，时刻与行走在园区环境中的人互动，在园所不同的位置用迷人的造型、颜色、内容、形式吸引着过往人的眼球，使人不由得驻足观看。

学习笔记

学习主题1 幼儿园环境创设作品展示的意义、内容和特点

作品展示不单单指美术作品展示。幼儿园可展示的内容极为广泛，只要具备视觉性、实践性、审美性并投入思想情感等的人工产物都可以视为作品。展示的形式不拘泥于平面展示，展示位置和规模也各不相同。

一、幼儿园环境创设作品展示的意义

在幼儿园展示相关作品，首先可以为教师、幼儿、家长，甚至社会建立交流的平台；其次，作品展示对于园所、教师、家长，特别是幼儿有不同的意义。

（一）作品展示可使园所教育理念外显

有人说教育理念就是回答“教育是什么”，这也是一种价值观的体现，是幼儿园办园的指导方向，是所有教职工信守的文化与精神。抽象的理念是靠具体的教育环境、课程、活动等体现出来的，作品展示便是一种具体的说明（见图 10-1 至图 10-5）。

图 10-1 以自然知识为主线的教育

图 10-2 以老北京文化为主线的教育

图 10-3 以传统文化为主线的教育

图 10-4 以故事书为主线的教育

学习笔记

图 10-5 以陶艺为主线的教育

（二）作品展示是交流的平台

教育交流有多种形式，有的需要走出去，有的需要请进来。根据需求，作品展示既可以走出去，如到专业展厅、社区文化展示场所、信息平台等地进行展示和宣传；也可以走进来，如在幼儿园的大型教室、宽阔的大厅、合适的长廊，甚至活动场等地办展，请家长、社区友邻、其他园所教师等走进来观看。

无论以什么样的形式展示作品，作品展示都会依据展示的形式而形成交流平台。如安吉游戏、瑞吉欧教育等，就是用走出去的方式将教育理念作用下教育过程中产生的“作品”进行展示，使更多学前教育工作者根据可视具体的教育过程和作品了解他们的教育理念、教育过程和教育成果。

另外，通过作品展示，各园教师之间可以在教学内容、教育形式、作品呈现形式等方面进行相互学习和借鉴，根据各园的教育教学经验取长补短。

（三）作品展示有助于家长了解园所教育内容及幼儿发展状况

幼儿园环境创设应该包括家园共建。家园共建的形式、内容有很多。

根据调查获悉，家长愿意参与和了解幼儿园的各种活动，核心目的是了解幼儿在幼儿园的学习状态和过程。作品展示可以让家长了解幼儿园的教育教学内容和自己孩子在幼儿园中的表现。

（四）作品展示可使幼儿看到自己

人的一生都在进行自我认知，这是一个漫长的自我发现和自我实现的旅程。幼儿通过教育活动和艺术体验认知事物、发现自我，是非常重要的过程，在参与活动后，幼儿会在自己的作品前流连忘返，他们除了表达对同伴作品的喜好外，还会对自己的作品情有独钟，特别期待教师的鼓励和表扬。作品展示过程不仅可以使幼儿体会自我实现的乐趣，还可以作为幼儿发展和成长的见证（见图 10-6 至图 10-8）。

学习笔记

图 10-6　幼儿观看和研究作品

图 10-7　玩颜色体验

图 10-8　幼儿观看自己的作品

作品展示可以使幼儿回忆学习的过程，重温学习过程中的美好体验和感受，在回忆和再现的过程中，他们有可能看到自己，看到世界。

作品展示可以引发幼儿对不同类型艺术作品的欣赏、评论和交流。一方面，作品展示可以增加艺术欣赏的机会，提升艺术欣赏的效果，系列作品展示的艺术效果远比单一作品展示所带来的艺术效果更震撼，更有感染力；另一方面，作品展示可以促进幼儿在欣赏中学习、借鉴不同的艺术形式、不同的艺术表现方式等。

二、幼儿园环境创设作品展示的内容

幼儿园作品展示是外显的，凡是能体现幼儿园教育理念、教育教学过程和成果的作品，都可以作为展示的内容。展示的内容大致如下。

（一）幼儿美术作品展示

美术作品是幼儿园作品展示的重要组成部分，根据教育活动内容，作品可涵

学习笔记

盖绘画、制作两部分。美术作品可以用于常规或规则说明，也可以是艺术作品的展示。幼儿美术作品更多地以班级为单位在班级教室内外展示，具有一定的动态性，即随着教育活动的进展进行调整和更换。有些幼儿作品也用于特定地点的静态展示，例如，大厅、美术教室等地的作品多为静态或阶段性静态展示（见图 10-9 至图 10-14[1]）。

图 10-9　楼道展示一

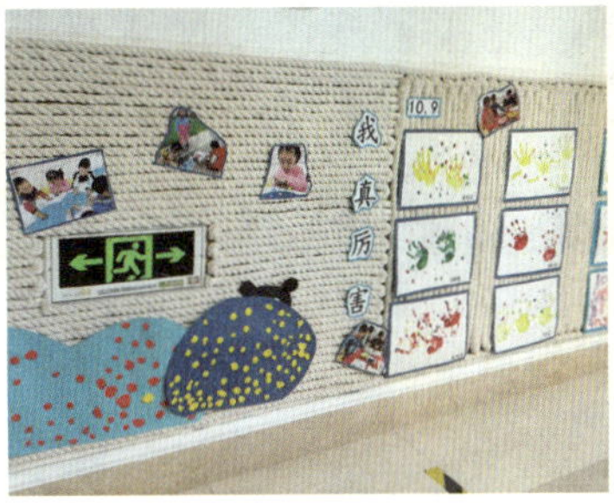

图 10-10　楼道展示二

图 10-11　室内展示

图 10-12　大厅展示一

图 10-13　大厅展示二

图 10-14　楼梯拐角展示

（二）教师和艺术家作品展示

教师作品是幼儿园环境装饰或教学欣赏中的一部分。艺术家作品展示更倾向于美工区域环境创设中的装饰和欣赏，教师作品更多地用于楼道等公共区域的环境装饰（见图 10-15 至图 10-18[2]）。

图 10-15　美术教室

图 10-16　教师作品一

[1] 图 10-9 至图 10-14，由北京市顺义区空港第一幼儿园提供。
[2] 图 10-15 至图 10-18，由首都师范大学学前教育学院刘立新老师提供。

学习笔记

图 10-17 教师作品二

图 10-18 教师作品三

（三）教育过程中收集的作品展

照片是记录教育过程的一种方式，有些艺术体验的过程和作品不容易保存，可以用照片的方式将作品保留下来。综合材料制作多以浮雕和立体作品为主要展示方式，这些作品需要特殊空间才可以展示，如皮影、服装等（见图 10-19 至图 10-26）。

图 10-19 拼摆过程[1]

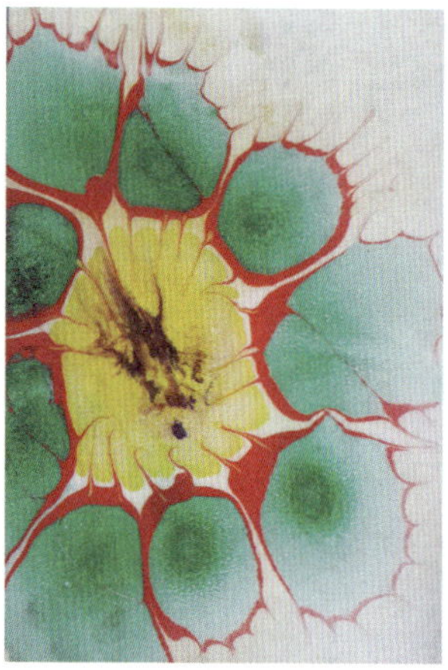

图 10-20 湿拓作品[2]

图 10-21 湿拓过程

图 10-22 喷印过程

图 10-23 皮影

图 10-24 提线偶

图 10-25 串珠

图 10-26 黏土作品

❶ 图 10-19、图 10-22，分别由北京市顺义区澜西园四区幼儿园李晴老师、王晓萌老师提供。

❶ 图 10-20、图 10-21，由北京市顺义区滨河幼儿园周亚芹老师提供。

学习笔记

三、幼儿园环境创设作品展示的特点

幼儿园环境创设作品展示有多种功能，每个功能不仅有自身的独特性，还构建了幼儿园整体视觉环境，从色彩、形式上呈现出统一协调的视觉美感。特点如下。

（一）动态性

动态的作品展示包括三层含义。其一，如搭建、插接等实践活动会有幼儿引以为傲的作品呈现，但因活动内容和材料的局限性，幼儿在完成后再拆解，然后再重构，这样的作品是相对动态的，我们不能忽略这部分作品的存在。其二，作品的更替速度较快，有些作品按照月甚至周来更换，这样的作品也具有动态性特点。其三，作品积累和呈现不是一次性完成的，而是需要不同时间点的聚合才能完成，如季节或主题环境作品（见图 10-27 至图 10-33）。

图 10-27 建构作品一[1]

图 10-28 建构作品二

图 10-29 建构作品三

图 10-30 沙和模具作品[2]

图 10-31 面食作品

图 10-32 绘画和综合材料作品

（二）多样性

幼儿园环境创设作品展示的多样性体现在以下方面。其一，没有哪个层次的学习过程像幼儿园一样，可以由丰富的材料和作品形式组成，因此环境中材料的丰富性成为作品展示的特征之一。其二，幼儿园活动的内容丰富，涵盖健康、语言、

❶ 图 10-27 至图 10-29，由北京市顺义区澜西园四区幼儿园提供。

❶ 图 10-30 至图 10-32，由首都师范大学学前教育学院刘立新老师提供。

学习笔记

图 10-33 “好玩的秋天”主题环境作品呈现

社会、科学、艺术五大领域，活动类型灵活多样，这为作品展示的来源、主题和内容提供了丰富的、多样化的可能性。其三，幼儿园不同类型的活动有不同特点、不同表现形式和风格，这为不同艺术表现形式的作品展示提供了多样的选择（见图 10-34 至图 10-39）。

图 10-34 泥材料作品

图 10-35 纸材料影子作品

图 10-36 水果作品

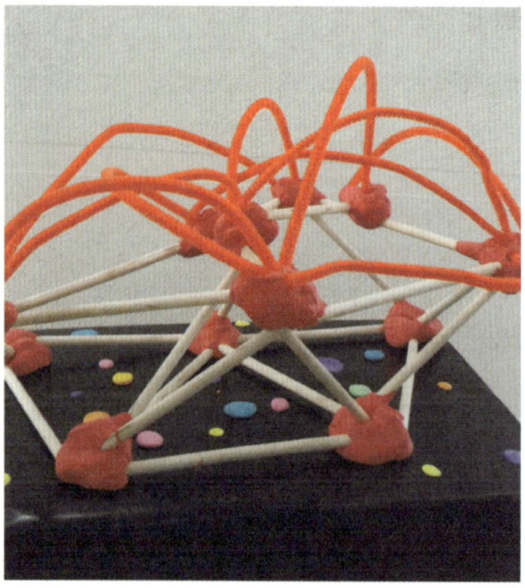

图 10-37 毛根作品

图 10-38 蔬菜作品

图 10-39 树枝作品

（三）陈述性

陈述性包含三方面的含义。一是展示作品主要用于说明活动过程、幼儿商定的公约规则或某件事情的常规说明等，这些用视觉符号绘制的图画，都是幼儿的作品和活动结晶。二是展示作品用于讲述幼儿发展的故事，比如，通过主题作品展呈现幼儿成长变化的过程，用作品的变化呈现幼儿的成长和发展。三是展示作品用于讲述近期教育活动的故事，比如，对某个主题活动中幼儿探索过程的呈现和展示（见图 10-40 至图 10-44）。

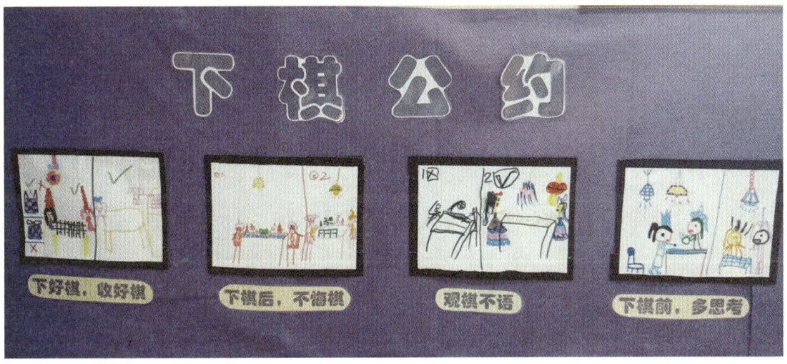

图 10-40　下棋公约

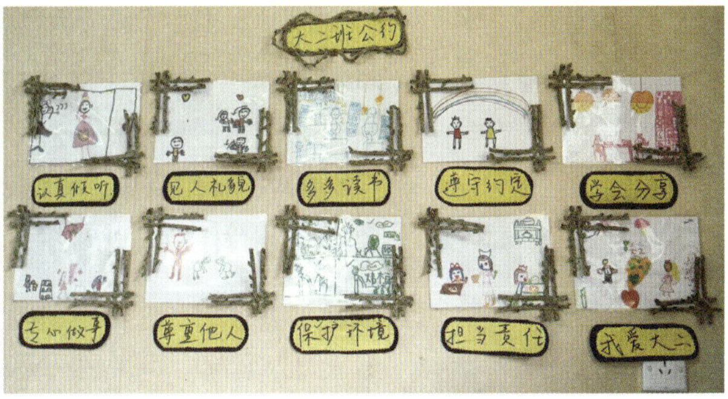

图 10-41　综合性公约

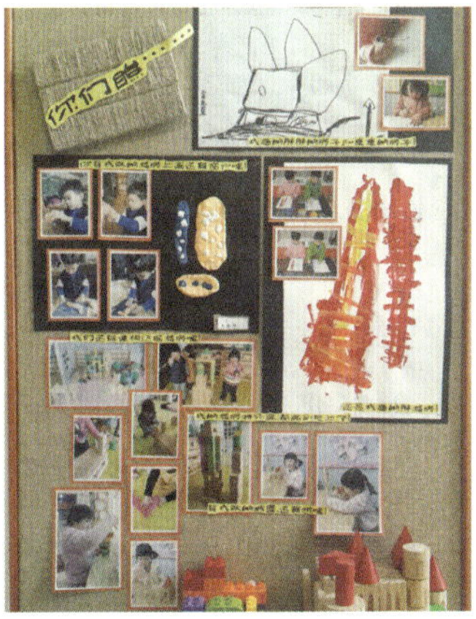

图 10-42　幼儿探究过程

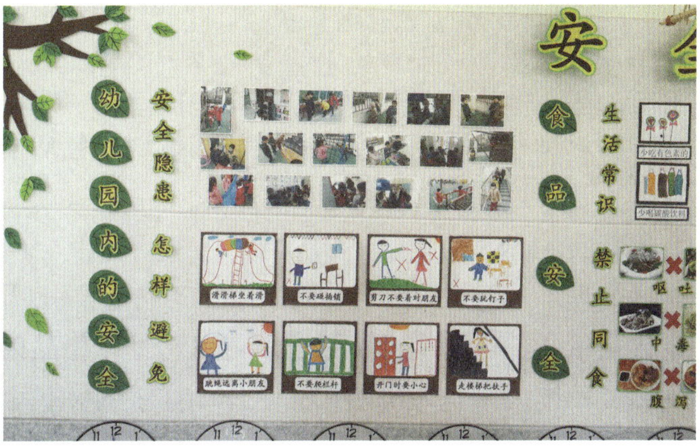

图 10-43　呈现安全问题

图 10-44　展示插接过程

（四）空间利用性

在幼儿园环境中，处处可见幼儿和教师的作品，尤以幼儿作品居多。如区域环境、墙面环境、桌面、柱子、盥洗室、门、室内屋顶、厕所，都会有孩子的符号印记（见图 10-45 至图 10-50）。

图 10-45　门上方展示

图 10-46　楼道拐角展示

图 10-47　区域展示

图 10-48　室内展示

图 10-49　悬挂展示

图 10-50　柱子、区域及空间展示

学习笔记

学习主题 2　幼儿园环境创设作品展示的实施策略

幼儿园环境创设作品展示的形式和规模依办展目的、作品种类和形式而定，既包括班级内小型展示，又包括阶段性园所环境中的大型展示。这里主要讲述阶段性大型展示。

一、幼儿园环境创设作品展示的流程

办一个让人印象深刻、流连忘返的展览是需要设计的。我们先要了解办展的基本流程，在此基础上再精思细磨，不断完善预设环节，才能达到办展的具体目标。

（一）基本构思

基本构思指针对展览进行文案设计和策划，包括拟订主题、编写计划，在必要的情况下还可以制作预设图。

1. 拟订主题

主题是理念、创意或精神导向的缩影，也是吸引观者、激起观者兴趣的前提。如“世界是纸做的”，从展览主题就可以想见，作品以纸材料为主，那么纸都可以做什么？不同的纸呈现出的作品是什么样子的？我可以从中学习到什么？对这些问题的好奇心油然而生，一下就能吸引观者。

2. 编写计划

编写展览计划涉及场地选择和考察（包括场地大小、空间特点、光线等），会场布置安排和流程（人员名单、签到、讲座、亲子活动、食物、鲜花等），作品范围（根据主题选择作品范围和数量），海报设计（海报是展览的招牌，图案、颜色及文字位置和大小等都应精细设计），简介或前言，邀请函，作品标签，作品展示的基本形式及空间运用规划等环节。

（二）整理作品

整理作品不是简单地将作品堆积叠放在一起，而是需要根据场地和作品样式进行统一装裱和规划。

1. 选择作品

作品的选择要考虑作品的规格、数量、形式等。作品在选择时，一般要有多余的备用。平面绘画作品要有相近的规格，大型展览一般需要选择规格较大的作

品，其效果较好，如果规格小的作品居多，也可以考虑将内容类似的小作品整合成视觉震撼的大作品。如果场地允许，可以同时选择平面、浮雕和立体作品，并用新颖的形式将作品展示出来。

2. 平面作品的装帧

每个幼儿的创作过程都应被尊重，因此装帧幼儿作品是展示的第一步。由于幼儿表达美的能力有限，因此没有装帧过的作品会显得不规整，好像未完成，很随意的样子（见图 10-51 至图 10-53）。

图 10-51　未装帧作品一

图 10-52　未装帧作品二

图 10-53　未装帧作品三

幼儿作品装帧是对构图的进一步完善，可以从审美角度达到视觉的最佳状态，即使再简单的作品，在装帧后也会更美（见图 10-54 至图 10-60）。

学习笔记

图 10-54　作品一

图 10-55　作品二

图 10-56　作品三

图 10-57　作品四

学习笔记

58　作品五

图 10-59　作品六

图 10-60　作品七

装帧作品一般遵循这样的规律：小型平面作品可配不同色的底纸，也可以配同类色底纸，还可用统一配底纸（一般彩色画面配深色底纸）或同色底边的方法来完善，使作品看上去有画边和画心两个基本结构，有同色底纸的小作品在组合成大作品时也很好看（见图 10-61 至图 10-66）。

环境装饰中的其他展示性装饰也要按照这样的方式先构图和装饰。

图 10-61　不同颜色底纸

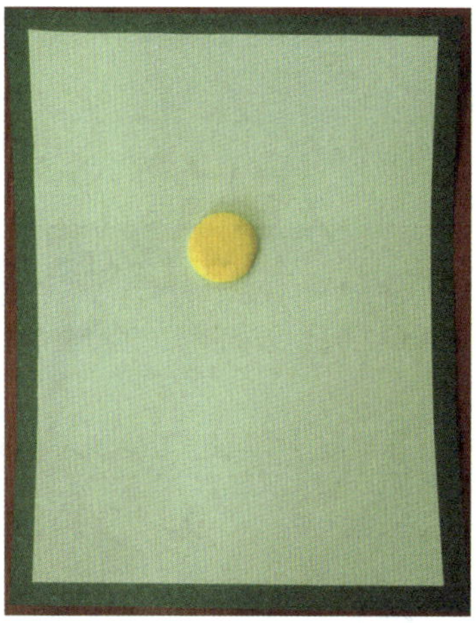

图 10-62　同类色底纸

图 10-63　同色底纸构图一

图 10-64　同色底纸构图二

图 10-65　配统一的框

学习笔记

图 10-66　配统一的底纸

大型平面作品最好配置适宜的画框，画框可选用简洁的木条框（见图 10-67）。

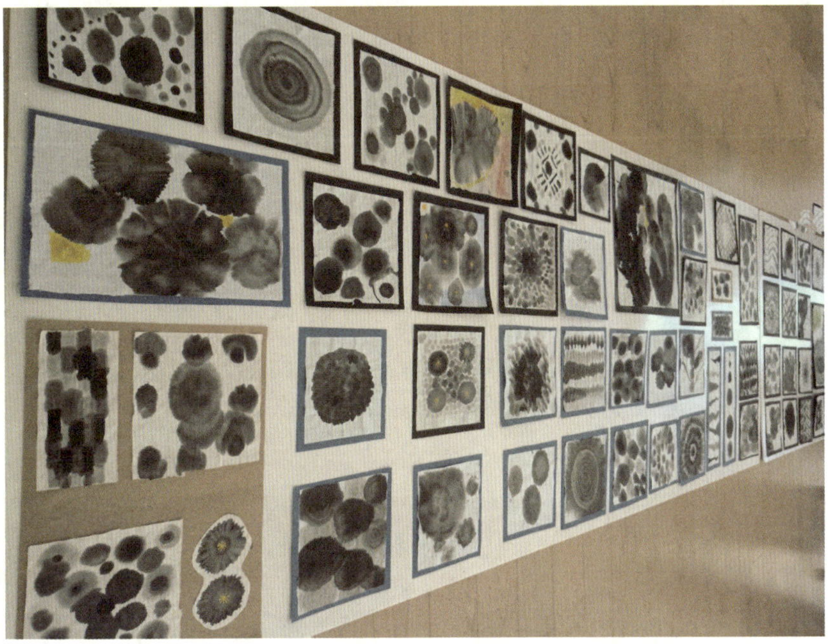

图 10-67　由小作品组成的大幅作品

3. 浮雕作品的装帧

为展览绘制或制作的浮雕作品要事先选用统一的底板或框子，展览时有些作品可省去配框或装帧环节（见图 10-68 至图 10-79）。

图 10-68　圆形底框

69　长方形底框

图 10-70　制作好的作品

大型浮雕作品要配框， 就需要选择有厚度和深度的框子，因为浮雕有一定

学习笔记

的厚度，简单较细的流线木条框不适合。另外，纸浮雕或泥浮雕尽量选择有厚度的带玻璃的框子，否则作品容易损坏。坚硬的实物作品可选择开放式的有深度的框子，无须配玻璃框（见图 10-71 至图 10-74）。

图 10-71　衬纸边框

图 10-72　木制边框

图 10-73　绘制边框

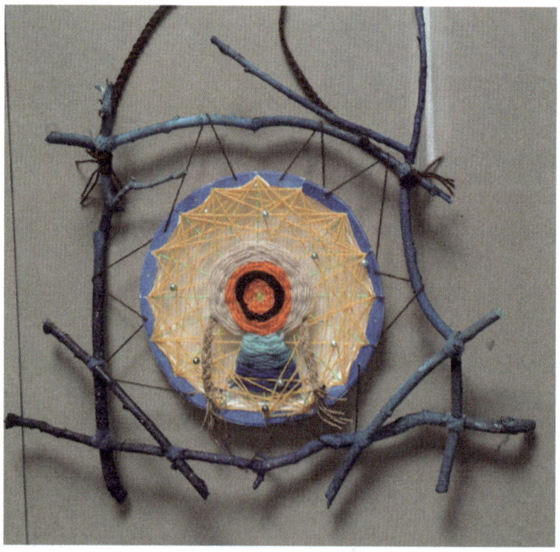

图 10-74　特殊的框

4. 立体作品的修整

立体作品的牢固和稳定性很重要，不能摇摇晃晃一碰就倒下。因此，适宜地安放加固作品是必需的过程。有些作品可能还需要教师和幼儿一起对较粗糙的部分进行修整（见图 10-75、图 10-76）。

学习笔记

图 10-75 底座固定

图 10-76 平衡固定

（三）布展

1. 前言和宣传册

无论是大展还是小展，在较核心位置或观展的起点位置应有醒目的展名或前言。

当然，隆重的展览还需要设计海报或宣传页，如果是园内展示，可将这个环节直接变为幼儿艺术设计的环节。

2. 作品悬挂和摆放

作品的悬挂和摆放需要根据场地特点进行设计，作品数量和作品表现形式等是布展考虑的因素。一般悬挂作品数量少，会拉开距离，使墙面构图均衡即可；作品数量多，除去缩短距离外，还可考虑多个小作品的组合悬挂，且悬挂的形式依创意而不同（见图 10-77 至图 10-81）。

图 10-77 作品上下错落

图 10-78 玉渊潭实验 1

图 10-79 摆放

图 10-80 墙面粘贴

图 10-81 悬挂

3. 三维空间布展

数量和形式众多的作品，会根据场地特点，考虑利用光影及三维立体空间布展，如在高大宽敞的室内设展台、展架等设施，利用空间位置等方式，扩大展示空间。

二、幼儿园环境创设作品展示的原则和基本形式

作品展示就像画一张画，需要遵循一定的原则，绘画的核心原则是将绘画中各元素以最完美的样式呈现。作品展示的基本原则和形式如下。

（一）作品展示的原则

作品展示是艺术作品的融合性呈现，除去作品内容要遵循美的法则外，融合性的作品展示也需要遵循形式美法则，如对称与均衡、节奏与韵律、变化与统一等。

1. 对称与均衡

对称即等量等形。均衡即在造型左右、上下或前后相对方向上，在空间布局上出现的形或量之间的状态关系。视觉艺术中这两种形式互相交融，如绘画中的人是对称的形状，人做出的动作姿态不倒便是一种均衡状态。布展要根据场地使悬挂和摆放的作品达到稳定均衡的效果（见图 10-82）。

图 10-82 室内展示颜色位置均衡

2. 节奏与韵律

节奏和韵律是音乐中的概念，同样适用于视觉艺术，表现为作品在摆放规律或重复过程中的动感。布展时的节奏与韵律指作品悬挂和摆放的疏密、规格大小及位置等的视觉关系（见图 10-83 至图 10-87）。

学习笔记

图 10-83　相同节奏与错落韵律

图 10-84　相同节奏与重复韵律

图 10-85　玉渊潭实验 2

图 10-86　节奏韵律起伏类似

图 10-87　不同节奏和韵律二

3. 变化与统一

变化指在造型、颜色、材料及表现形式上寻求个性。统一是一种手段，指和谐或形式、颜色等方面的视觉协调关系。布展时的变化指作品的规格、表现形式等是变化的，但在装帧和摆放时需要达到和谐、统一的视觉关系。在变化中寻求材料、颜色或表现形式上的统一（见图 10-88 至图 10-89）。

图 10-88　变化统一（一）

图 10-89　变化统一（二）

学习笔记

（二）作品展示的基本形式

作品展示的形式是审美呈现的方式，也是创意的再现，包括三种基本方式。

1. 平面陈列展

平面陈列是大展馆常用的方式。陈列悬挂的作品之间距离相对较远，主要为观看作品的人留出较大空间，观者可以彼此不妨碍地安静观看作品。如果幼儿园的作品展放在空旷的室外，利用展示架悬挂，也会有类似的效果。

儿童作品展的特点是数量多，因此同类作品规律摆放也是陈列的方式之一（见图 10-90）。

图 10-90　墙面展示

2. 平面立体组合展

为了更好地创设美的展示情境，全方位立体呈现作品，布展可以通过平面和立体作品相结合、相互呼应的方式，以最完美的形式展示出来。

3. 光影效果

光影的加入可以让幼儿沉浸在作品展示情境之中，更好地感受、欣赏展示作品。幼儿园作品展也受到外部条件的影响，不可能是纯粹的观影展，但可以根据场地或个别作品的需要将某些作品配以灯光，形与影交合在一起，形成美妙的视觉效果（见图 10-91）。

图 10-91　光影结合一

学习主题 3　幼儿园环境创设作品展示的经典案例

以某个主题项目拓展出的活动时间长，内容丰富，呈现出的作品形式多样。因此主题活动展需要较大的空间位置，因地制宜会成为作品展示的难点之一，下面用案例说明一下。

拾秋展[1]

（一）背景简述及价值分析

秋天是一个丰盈的季节，丰盈的内涵体现在很多方面。物质上直接用累累果实替代；视觉上表现为一望无际的、丰富而成熟的颜色；情感上体现为收获的喜

[1] 案例由北京市顺义区空港第一幼儿园李菲老师提供。

学习笔记

悦、秋风瑟瑟的哀伤……大自然赋予人四季的景和象，我们应该接受和感受秋的馈赠。

秋天的丰盈与美不仅吸引画家和文人墨客，更引导我们的孩子去捕捉和感受秋季。空港第一幼儿园以“拾秋”为主脉络创设活动，目的是教师和幼儿共同在秋景、秋意、秋情中收获成果，拾取关于秋的一切，并进行成果展示。展览之初，教师们首先给幼儿创设出秋美的环境，通过环境感染幼儿，使幼儿感知秋天的美，以秋育美于心灵。

（二）核心目标

（1）将主题拓展中的作品再次呈现，意在教师和幼儿共同回忆秋天的愉悦和收获。

（2）作品展示可以增加幼儿对环境的关注，并让幼儿与他人的作品互动。

（3）作品展示可以使幼儿被肯定和获得自豪感。

（三）具体环境说明

大厅的柱子成为“拾秋”主题天然的展示牌，这里成为“赏秋拾”的第一站，“拾秋”展的内涵和说明也装饰在柱子上（见图 10-92、10-94）。

图 10-92　展示牌

图 10-93　展示说明

图 10-94　主题展形象符号

向日葵有美好的寓意，教师们利用人工废旧材料将秋天的向日葵带入展厅，使人从视觉上感受美（见图 10-93）。

厅内楼梯比较突兀，在“之”字形楼梯下方空间设置展台，既可以利用不规则空间，又化解了楼梯的突兀，这在很大程度上改善了人的视觉不适，使观赏者不由自主地将注意力转移到作品上（见图 10-95、图 10-96）。

学习笔记

图 10-95　蔬果及作品一

图 10-96　蔬果及作品二

作品题材是秋天的果实，教师带领幼儿在感知、了解用自制纸浆再现果实的过程中，不仅获得了感知艺术的心理和思维经验，还获得了对自然深层次的认知和无限的创造力。

教师和幼儿还共同创设出生活的场景：门前的池塘，长满了芦苇，鱼篓里装满了刚打捞的鱼，将鱼挂在院子前的大树旁；抬头，燕子南飞，枝头挂满了柿子……这些都源于孩子的观察和发现（见图 10-97 至图 10-100）。

图 10-97　师幼共创场景一

图 10-98　师幼共创场景二

图 10-99　利用空间创设情境一

图 10-100　利用空间创设情境二

有三层楼高的中空大厅原本很难驾驭，教师们就利用了这种仰望的辽阔感将幼儿的视线向上吸引，使幼儿看到未来和远方……

和主题相扣，教师用简约洁净的材料为幼儿搭建了高低错落的三维展示平台，使幼儿更方便贴近每一件作品，创设“微展览”效果，这使幼儿在辨认、回忆中与自己的和同伴的作品互动。大中小班幼儿作品混展也使他们得到灵感和学习的机会，特别是在看到与家长、教师共同完成的作品时，他们显得更加愉悦（见图 10-101 至图 10-103）。

图 10-101 三维微展一

图 10-102 三维微展二

图 10-103 三维微展三

（四）实施要点

1. 明确主题

公共区环境是开放的，环境创设点相对于班级环境比较零散，所以要先明确大的环境主题。所有拓展及创设内容都要围绕主题进行。

2. 拟订创设计划

对于如何创设环境，要先拟出计划，确定是串联式的还是片面式的。

3. 营造氛围

围绕核心主题内容向班级征收作品，进行展览，并且营造与主题相应的氛围。

（五）幼儿在发展中的成效

公共区的创设，给幼儿营造出一种秋天的氛围，不单在室外，室内也充满了浓浓的秋意。大自然中的万物皆是宝，在垃圾分类、爱护环境等社会大背景下，幼儿知道，废旧物也可以再利用，也可以创造美，也可以装饰我们的生活环境。

通过寻找秋天，幼儿知道了秋天的果实、秋天的小动物、秋天这个美丽的季节。在生活中，幼儿积攒可回收利用的“垃圾”，通过创意和改造，装饰生活环境。幼儿在家中主动承担垃圾分类。“微展览”的创设，使他们获得了成就感，在观展后相互沟通创作的过程，更激发幼儿创作的欲望和灵感。

学习提示

本专题主要讲述幼儿园环境创设作品展示的基本内容、形式、流程等，需特别关注流程中作品装帧和形式美法则的运用。

云测试

学习笔记

思考与练习

1. 以小组形式设计多种幼儿作品装帧样式。

2. 儿童美术作品的表现形式与提供的材料有关吗？

3. 以美工区幼儿作品展示为例，以小组形式设计一个不同年龄班幼儿美工区作品展示空间。

学习反思

参考文献

[1] 王斐:《幼儿运动能力与幼儿园运动环境质量关系的研究》，硕士学位论文，浙江师范大学，2014。

[2] 陈欢:《基于儿童视角的幼儿园物质环境质量研究》，硕士学位论文，东北师范大学，2015。

[3] 王小英、陈欢:《基于儿童视角的幼儿园物质环境质量评价》，载《学前教育研究》，2016（1）。

[4] 周祥佳:《儿童视角下幼儿园户外活动特征研究：以S幼儿园大班为例》，硕士学位论文，辽宁师范大学，2020。

[5] 赖兵:《妙用自然环境，聚焦生态美育：幼儿园户外活动空间设计探索》，载《教育观察》，2019（3）。

[6] 张利芳、宋彩珍:《从苏霍姆林斯基思想看幼儿园的体育环境创设：以“利津游戏”为例》，载《长沙大学学报》，2018（2）。

[7] 吴海云:《幼儿投掷能力发展特点及支持性策略》，载《教育导刊（下半月）》，2019（1）。

[8] 徐小燕:《户外攀爬区域的创设原则与游戏举例》，载《早期教育》，2018（12）。

[9] 尤淑静:《巧用日常用品促进幼儿平衡能力发展》，载《文学教育（中）》，2013（3）。

[10] 范莲华、包敏:《幼儿园户外自主性运动区域的环境创设》，载《幼儿教育研究》，2016（6）。

[11] 郑艳晖:《幼儿园优质户外环境创设的思考与实践》，载《科教导刊》，2017（2）。

[12] 林远明、叶倩红:《小场地，巧利用：户外体育区环境创设新探索》，载《教育导刊》，2015（22）。

[13] 王伯宇:《幼儿园户外体育环境的创设与利用研究》，载《中国现代教育装备》，2018（10）。

[14] 戴晴:《城市幼儿园户外空间趣味性设计研究：以徐州市区为例》，硕士学位论文，江西师范大学，2017。

[15] 张丽亚:《幼儿园户外活动环境创设中资源的有效开发与利用》，载《当代家庭教育》，2020（18）。

[16] 刁玉翠:《3~10岁儿童基本运动技能发展与教育促进研究》，博士学位论文，华东师范大学，2018。

[17] 闵雅:《幼儿园户外运动区域环境创设的实践与思考》，载《成才之路》，2018（4）。

[18] 张海雯:《从“操场”到“游戏场”的变迁：浅谈幼儿园户外游戏环境创设策略》，载《上海教育科研》，2014（9）。

[19] 赵亚红:《幼儿园大班户外体育活动区域的创设》，载《课程教材教学研究（教育研究版）》，2016（C3）。

[20] 刘娟:《幼儿园高质量室内运动环境的创设》，载《学前教育研究》，2020（6）。

[21] 虞永平:《学前课程与幸福童年》，北京，教育科学出版社，2012。

[22] [美] 爱泼斯坦:《学前教育中的主动学习精要：认识高宽课程模式》，霍力岩等译，北京，教育科学出版社，2012。

[23] [美] 爱泼斯坦:《有准备的教师：为幼儿学习选择最佳策略》，李敏谊等译，北京，教育科学出版社，2012。

[24] 朱家雄、黄瑾、李召存等:《幼儿园课程的理论与实践》，上海，华东师范大学出版社，2012。

[25] 北京市教育委员会:《北京市贯彻〈幼儿园教育指导纲要（试行）〉实施细则》，北京，同心出版社，2006。